南満州鉄道沿線の社会変容

南満州鉄道沿線の社会変容

芳井研一 編

知泉書館

凡　例

1．本書で使用している「満州」の用語は，資料上は「満洲」と記されている場合
　 がほとんどであるが，現在用いられる漢字の用法に沿って「満州」と記載する。
2．引用資料等に見られる「支那」等の用語について，今日では不適切な表記があ
　 るが，この場合は修正せず原文のままとした。
3．引用資料中，文字が読めない部分や文章が途切れて判読できない箇所があるが，
　 そのままとした。

目 次

凡 例 v

序章 .... 芳井研一 3
　第1節　本書の視点 3
　第2節　満鉄培養線問題と自前鉄道の敷設 5
　第3節　都市形成と社会的生活基盤整備 16
　第4節　農村変容と労働力動員 24

第Ⅰ部
南満州鉄道と地域社会変容

第1章　「満蒙」問題の現出と洮索・索温線沿線の社会変容
　　　　 .... 芳井研一 35
　はじめに 35
　第1節　「満蒙」問題の出発と内モンゴル東部地域 37
　第2節　洮索・索温線沿線の社会変容 53
　おわりに 63

第2章　瀋陽・吉林線の敷設と東部地域の都市化 .... 曲　暁範 67
　はじめに 67
　第1節　瀋吉線敷設の歴史的背景 67
　第2節　奉海線の敷設過程 73
　第3節　吉海線の敷設過程 78
　第4節　奉海・吉海線の敷設と奉・吉両省東部の都市化 85

第3章　満鉄の北鮮港湾建設と経営 .... 井村哲郎 91
　はじめに 91

第 1 節　羅津港建設の浮上 ································· 94
　第 2 節　羅津港建設着工と「北鮮ルート」の整備 ············· 99
　第 3 節　日本海航路の開設 ······························· 103
　第 4 節　北鮮ルートの課題 ······························· 104
　第 5 節　北鮮 3 港の輸出入 ······························· 111
　第 6 節　北鮮 3 港の最後 ································ 123
　おわりに ··· 125

第Ⅱ部
南満州鉄道沿線都市の変容

第 4 章　長春市の都市形成 ····················· 武　向平　131
　はじめに ··· 131
　第 1 節　長春の都市としての起源と発展 ··················· 131
　第 2 節　ロシアの中東鉄道敷設と寛城子附属地 ············· 135
　第 3 節　南満州鉄道の日本への譲渡と長春満鉄附属地 ······· 138
　第 4 節　長春の開埠通商と商埠地の経営 ··················· 143
　おわりに ··· 146

第 5 章　奉天市内の交通整備問題 ··············· 殷　志強　147
　はじめに ··· 147
　第 1 節　馬車鉄道会社の成立と運営 ······················· 147
　第 2 節　馬車鉄道会社の解散問題 ························· 154
　第 3 節　市政公所の独自の電車敷設 ······················· 157
　第 4 節　電車の運営をめぐる中日の紛争 ··················· 161
　おわりに ··· 170

第 6 章　大連華人の社会的生活基盤──大連の華商公議会を中心に
　　　　　 ···································· 宋　芳芳　173
　はじめに ··· 173
　第 1 節　租借地華人の選挙権問題 ························· 174
　第 2 節　大連の華商公議会 ······························· 177

第3節　小崗子華商公議会と西崗華人における社会的生活基盤の
　　　　　形成 ……………………………………………………………… 179
　おわりに ……………………………………………………………………… 187

第Ⅲ部
「満州国」期の社会変容

第7章　「満州国」統制経済下の農村闇市場問題 ………… 陳　　祥　191
　はじめに ……………………………………………………………………… 191
　第1節　農村統制政策の構造 ……………………………………………… 194
　第2節　統制政策に対する満州農民の要望と闇市場形成 ……………… 196
　第3節　満州国農村闇市場の実態 ………………………………………… 204
　おわりに ……………………………………………………………………… 207

第8章　「満州国」期の労働力強制動員──関東憲兵隊文書に見る
　　　　動員の実態 ………………………………………… 芳井研一　209
　はじめに ……………………………………………………………………… 209
　第1節　住民の強制動員 …………………………………………………… 210
　第2節　特殊工人の強制動員 ……………………………………………… 230
　おわりに ……………………………………………………………………… 238

注 ………………………………………………………………………………… 239
あとがき ………………………………………………………………………… 263
執筆者紹介 ……………………………………………………………………… 267
索　　引 ………………………………………………………………………… 269

南満州鉄道沿線の社会変容

序　　章

芳井　研一

第 1 節　本書の視点

　南満州鉄道沿線の社会変容の動態を明らかにするため，鉄道延伸をめぐる葛藤，都市形成と社会的生活基盤整備，農村変容と労働力動員，という三つの側面から検討する。

　南満州鉄道（以下満鉄と略称）は，1905 年に締結された日露戦争の講和条約においてロシアから受け継いだ大連（旅順）・長春間の 701 キロメートルを幹線とし，その支線の安東・蘇家屯間などを含む鉄道線である。社線の総延長は 1,100 キロ余であった。「満州国」期に敷設された新線は，1936 年には 1,100 キロに及んだ。その頃満鉄は満州国の国有鉄道 3,000 キロ，朝鮮北部線 300 キロ，中東鉄道 1,700 キロをそれぞれ受託経営していた[1]。近代の日本は，満鉄とその付属地をみずからの膨張の拠点とした。満鉄は日本によるこの地域に対する植民地的支配の有力な手段になっていた。

　満鉄は沿線住民に安定した大量輸送手段を提供した。鉄道を通して人と物の新たな流れがつくられた。それにともない地域社会は大きく変容した。そのような社会変容は，住民生活の向上に結びつく場合もあったが，住民への抑圧や差別の強化に帰結することも多々みられた。つまり住民にとって，鉄道の敷設は生活の向上や利便性とともに新たな抑圧や差別を持ち込むという二面的性格を有していた。

　ということは，鉄道敷設をめぐる地域社会変容にとって，当該住民が何を求め，どのように活動するかが一番重要な要素になっていたということである。とりわけ第一次世界大戦後になると，具体的な「生活の発

展」をめざした認識が諸解放運動のなかで強まったという重要な指摘がある[2]。「生活の発展」のための基盤（生活基盤）は，個人の場合は労働の対価としての安定した収入である。地域社会では，教育や医療・衛生のほか道路や上下水道，公共交通，緑地整備などがあげられる。これらはいずれも近代都市の成立にともない，住民が生活維持のために必要な社会的基盤として余儀なく求めるようになったものである[3]。本書では，このような視点を土台として，最初に挙げた三つの角度からその社会変容の具体相を探ることを課題とする。

近年満鉄に関連する新たな実証研究が，あい次いで刊行された。岡部牧夫編『南満州鉄道会社の研究』や，松村高夫他編『満鉄の調査と研究』などである[4]。また日本植民地研究会編『日本植民地研究の現状と課題』は，「満州」史研究を含む，これまでの植民地史研究を総括的に整理した成果であり，大変有益である[5]。ただ最新の研究を含む，これらの一連の研究成果を見渡してみても，本書のような視点に立った研究はこれまでほとんど見当たらない。

それにはいくつかの理由がある。第1に，日本の「満蒙」政策を，地域社会変容との関係に即して具体的に検討するという問題の立て方が，これまでは薄弱だったことが挙げられる。鉄道敷設に即して具体的に日本の「満蒙」鉄道政策などの実施がどのような政治的影響を東北地域にもたらしたかを探る必要がある。第Ⅰ部では，こうした問題を取り上げる。

これまで取り組まれなかった理由の第2として，現地で暮らし，社会をつくり，政治を運営していた人々の行動や認識を浮かび上がらせるような資料が極度に不足していたという事情がある。残存している厖大な資料のほとんどは，満鉄調査部，満州国政府，関東庁，あるいは外務省文書など日本側の資料である。それらに依拠して堅実な研究をまとめようとすると，どうしてもその作成主体の側の視点や立場を反映させざるを得なかった。その結果日本政府や満鉄，在住日本人にまつわる研究は進んだが，在地社会に根ざした視点は保留されたままになっていた。そこで本書では，第Ⅰ部と第Ⅱ部において，中国の第一線の東北史の研究者や気鋭の研究者の参加を得て，東北地域史の視点に立った鉄道敷設や都市形成，社会的生活基盤整備の問題を考証する。

第3に，地域社会における植民地的な従属や抑圧の実態を末端の村や労働者のレベルで検討する試みは，これも資料的制約のために，本格的に取り組まれてきたとはいえない。第Ⅲ部では，これまで埋もれていた資料や新資料を活用して，社会変容の実態を探る。地域社会で暮らす人々のありようを跡づけ，結果として当該社会にどのような変容がもたらされようとしていたかを考えたい。

第2節　満鉄培養線問題と自前鉄道の敷設

1　鉄道延伸問題の意味

　第Ⅰ部では，満鉄の延伸をめぐる葛藤の過程を，洮索・索温線（第1章），瀋陽・吉林線（第2章），北鮮線（第3章）という3線の鉄道の敷設延伸問題を通して検討する（図1参照）。洮索線や吉会線・北鮮線は，満鉄の培養線として計画され敷設された。瀋吉線は，東三省政府が主導して敷設した自前鉄道である。満鉄包囲網キャンペーンの対象となった路線の一部である。そのため一見するとキャンペーンで示された構図のように，日本による満鉄を介した従属地域支配の拡大と，在地政権による自前鉄道敷設が正面から対立した事例として位置づけられがちである。ただ地域社会変容という視点に立つと，別の側面も見えてくる。国家権力や政権間の葛藤の場であるとともに，誰がよりよく住民の生活向上を実現できるかをめぐるせめぎあいであったことに留意したい。

　その際第Ⅰ部では，以下の3つの論点を念頭においている。第1は，東北アジアの諸地域に近代が持ち込まれた意味である。国境が厳密に線引きされ，その侵犯をめぐって国家間対立が激化した。近代を迎えるまでは，これらの地域において明確な国境は存在しなかった。ところが清国とロシアの間で，1689年にネルチンスク条約が締結され，黒龍江地域などに国境線が引かれた。1860年の北京条約では，沿海州の国境が画定した。この地に住むアイヌ族やイヌイット族などの多くの住民は，それまで国境とは無縁に狩りに励み，農耕を営んでいた。そこに近代が持ち込まれ，実線で国境が線引きされた。諸帝国は，これらの地域を「周辺」化した。その象徴は，露仏銀行の融資によって敷設が可能と

6　　　　　　　　　序　　章

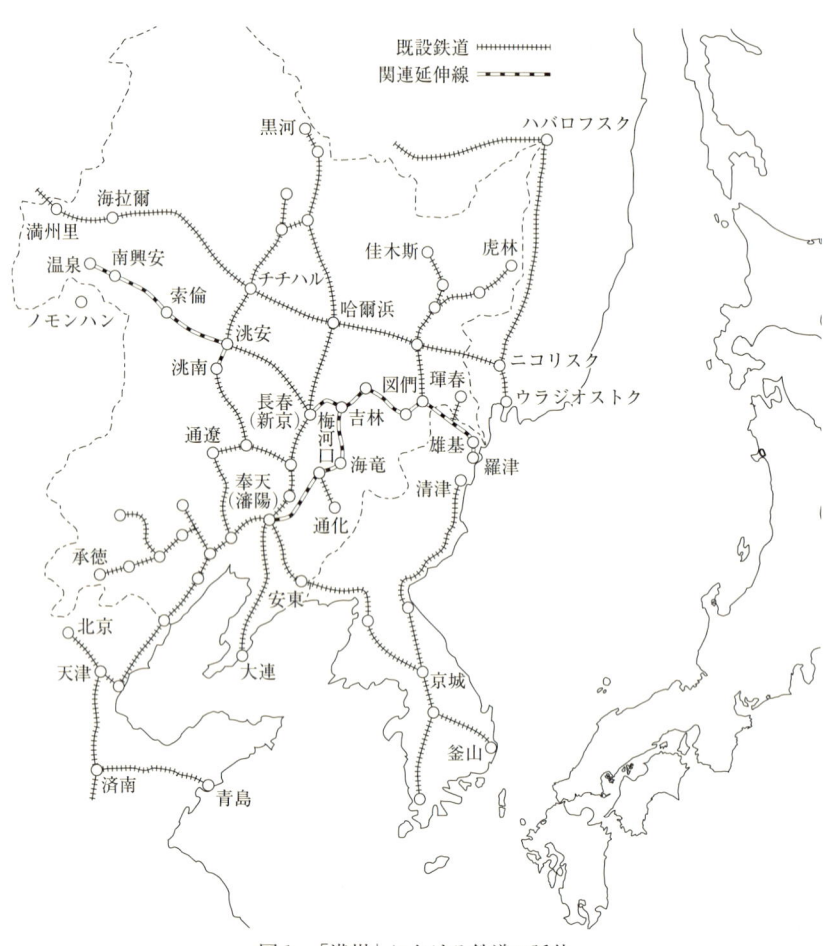

図1　「満州」における鉄道の延伸

なったシベリア鉄道のウラジオストクまでの開通である。ヨーロッパとアジア極東が鉄道を通して直接自由に行き来できる地域になったのは1903年である。その翌年には日露戦争が戦われた。日露講和条約によりロシアから譲渡された鉄道や租借地の利権が，その後の日本の進路を大きく制約することになった。日中戦争とアジア太平洋戦争は，つまるところ日本が「満蒙特殊権益」をあくまで維持しようとしたために勃発した戦争である。そこに至る経緯のなかでも特に重要な「満蒙」問題が現出する過程を，帝国間の対立と妥協の産物として第1章で描く。

　第2に，内モンゴル東部，奉天省・吉林省東部，朝鮮半島北部等の地域が，ロシア・清国・日本などの国家間の葛藤の場となったことを実態的に追跡する。日本の陸軍は次の日ソ戦に備えるため内モンゴル東部のホロンバイルに連接する満鉄培養線の敷設を求め，実現させた。しかしノモンハン事件で敗北しており，諸々の軍事施設は日ソ戦には役立たなかった。鉄道とその沿線の社会が実際には残された。

　それに対し第2章では，奉天省や吉林省東部において東三省政権が主導して自前鉄道の敷設が進められた実態を検討する。日本および満鉄はあくまで「満蒙特殊権益」の維持・拡大という目的に沿ってそれに反対したので，自前鉄道側は沿線住民の利益を実現するという大義名分を掲げて対立した。結果としてナショナリズムに依拠した対抗が表面化した。

　朝鮮半島北部の鉄道が延伸する1930年代から1940年代前半までの状況について，第3章で詳述する。羅津港の建設により「日本海ルート」の貨客輸送が円滑化した。依然大連港経由のルートが9割を占めていて意図したような役割を果たすことが出来なかったものの，北満や朝鮮半島北部の満鉄沿線地域に一定の変容をもたらした。

　第3の論点として取りあげるのは，鉄道の延伸によってもたらされた沿線住民との葛藤である。序章での整理と第2章の分析によって，文明の起動力として期待された鉄道の延伸が，必ずしも地域住民に歓迎されなかったこと，東三省政権が主導して自前鉄道の敷設が進められ，沿線住民の生活基盤の形成に資したことなどを明らかにする。日本とロシア，清国が近代の国家間関係を切り結ぶ中で，様々な葛藤を抱えた様を社会変容との関係でとらえる。

なお，東北アジアで起こりつつあった以上の葛藤に対して，当時強い異議を唱えた人物を紹介しておこう。大庭柯公である。大庭は，第十一師団でロシア語を教え，日露戦争に露語通訳として従軍後，大阪毎日新聞や東京朝日新聞の特派員としてロシアにわたった。その柯公が，1920年に起こった琿春事件について「在満露領の鮮人解放」という小論を書いている。琿春は吉林省が朝鮮国境に接する間島にあり，かねてから朝鮮独立運動の拠点として日本軍を悩ませている地域であった。1920年10月に，琿春の日本領事館が馬賊の襲撃で全焼した。日本政府はこれを，朝鮮独立運動家や「過激派露人」が起こした事件であるとし，日本軍を派遣して「討伐」にあたった。この時柯公は，事件の本質を国境に対する認識の問題にあるとして，次のように述べた。「満州」も，ロシア領も，吉林省も，烏蘇里地方も，沿黒龍地方も，すべて名ばかりであり，それらの地方に居住している人々はさほど国家観念や領域観念にとらわれていなかった。そこに国境という観念を持ち込んだことが琿春事件の基本的な原因である。日本人のみの権利や欲望を，間島やロシア領で伸ばすことに努めることが，決して日本人にとっての利益にはならない，と彼は論じた[6]。大庭柯公は，このようにして，国境をめぐる葛藤が住民にとって持つ意味を達観した。

2　鉄道延伸をめぐる葛藤

鉄道の敷設は，地域経済の発展のための重要な輸送手段を確保することにつながり，重要な生活基盤整備のためのインフラストラクチャーの整備であった。だが植民地や従属地では，支配する側の権力がみずからの権益を拡張するための有力な手段としてそれを用いた。敷設されようとする鉄道の使用目的が支配国のためのものであるか，住民のためのものであるかが問われた。それが住民生活の向上を第一としない，あるいは地域の一方的従属化をもたらす場合には，住民は鉄道敷設が地域の経済発展に役立つことを承知しつつも，反対を叫ぶことになる。すでに指摘したことであるが，以下の3つの事例を紹介しておこう[7]。

第1は天図軽便鉄道の敷設反対の活動である。住民は天図軽便鉄道の敷設を，自分たちの社会的生活基盤の整備ではなく，同地域を従属的な立場に追いこむ「日本帝国」の野望であると認識した。日本側による

天図鉄道の着工強行が現実の問題になったのは1921年である。同年から22年にかけて地域住民の反対運動が激化した。延辺における運動の担い手は商務会・教育会・農務会などで，地域の有力者や教育関係者が先頭に立った。天図公司は日本の外務省の後援の下に1922年8月に工事を着工するが，その後も反対運動は継続された。

　延吉の運動は1922年10月末にはさらに琿春・和龍・汪清の各県にひろがった。各県団体が連携しながら工事の着手に対抗し，これを実力で阻止するための運動を進めていることが，魁吉林省長代理から堺総領事に伝えられた。

　同じ1922年には吉林省議会は天図鉄道の着工に強く反発し，張作霖に反対の電報を打った。さらに吉林省議会・農務会・商務会・工務会・教育者・弁護士会等の各代表10余名が魁省長と蔡交渉員に会見を求めた。天図軽鉄・哈爾濱取引所・哈爾濱電車の三問題に関して議論が沸騰しているので，日本側は厳重に交渉してこれらの活動を抑えないと「収拾すべからざる情勢を惹起すへし」との危機感を持たざるをえなくなった。

　第2の事例は1928年の吉会鉄道敷設に対する住民の反対運動である。運動は在地の各団体から始まり，吉林省議会を巻き込んで各地に波及した。その実働部隊には学生・生徒がいた。発端はどうであれ，彼らは天図鉄道が敷設された時の反対運動と同様に日本による吉会鉄道敷設そのものに反対しており，いつの日か自弁鉄道を敷くことを目標に置いていた。張学良や東三省当局，さらには国民政府の思惑を越えたこのような運動の展開に，日本の外務省は全く対応するすべがなかった。

　第3の事例は，1928年の延辺における吉会線敷設反対運動である。ことは日本政府が最終的に龍井村を経由する南廻り線を採用したという話が延吉に伝わったことに始まる。延吉県の有力者は，これを許すと同地域の発展は望めないとして反対運動を組織した。局子街の川越総領事は，運動が鎮守府などの武官が中心になって始められたこと，「其の真意は依然経済的論拠より局子街を幹線とする北部線建設を要望せるものと観測」していた。発端は確かにそうであった。

　だが実際に運動の担い手がめざした方向は，有力者の思惑とは異なっていた。延吉を出発した商工団体や教育団体の陳情委員は，「外人の築

路に反対す」と記した小旗を持っていた。自弁鉄道の敷設を最終目標としていたのである。しかし田中副領事はそれを「表面の叫にて其内容は結局其の最後に於て局子街の経済価値を有利に導かんとする例の支那一流の懸引」であると報告した。その見方は間違っていた。田中はその後の電報で，「この際日支協定に於て決し得へき当地方路線通過地点如何の如き単なる局地的経済問題のみに由因せるものとは認め難く従って形勢如何に依りては本鉄道問題解決上意外の支障を招来する」かもしれないと述べて，先の見方を修正している。

彼らは日本による吉会鉄道敷設の目的が自分たちの社会的生活基盤の整備や地域経済の発展をめざしたものではないことに気づいていた。それは以上の事例に共通した住民感情であった。この時点で獲得されるべき社会的生活基盤形成のための鉄道敷設は，自前によるしかないと考えられたのである。

3　培養線敷設の実相

次に満鉄培養線をめぐる争点と，その具体相について，第Ⅰ部で述べる論点を明確化するために，以下のように整理しておこう。

満鉄が1920年代に，自線に接続する広い範囲の地域の物流を誘導するために培養線を敷設しようとした経緯は，すでに「満鉄培養線敷設問題」において，陸軍の対ソ戦準備のための鉄道敷設方針と外務省・内閣の意向を背景に，1923年以降満鉄の松岡洋右理事等が中国側の自前鉄道敷設の希望に対抗しつつ四洮線・洮斉線・吉敦線・長大線などの敷設交渉にあたったいきさつを論じた[8]。そこで第1章の前提となる洮昂線と打通線の敷設問題と，第3章にかかわる瀋海線と海吉線の敷設問題について，日本側の動向に即して整理しておこう（図2参照）。

(1) 洮昂線問題

第1は，洮南から昂々渓までをつなぐ洮昂線敷設問題である。日本陸軍は，満鉄線路から直接中東鉄道の斉斉哈爾方面に兵力を移動できるよう同線の敷設を強く求めていた。この方針は加藤高明内閣の第一次幣原外交の下で追求され，日本側が開海線の借款権放棄と奉海線の中国側自前敷設を事実上認める代わりに，中国側の洮昂線建造を満鉄が請け負

序　章　　　　　　　　　　　　　11

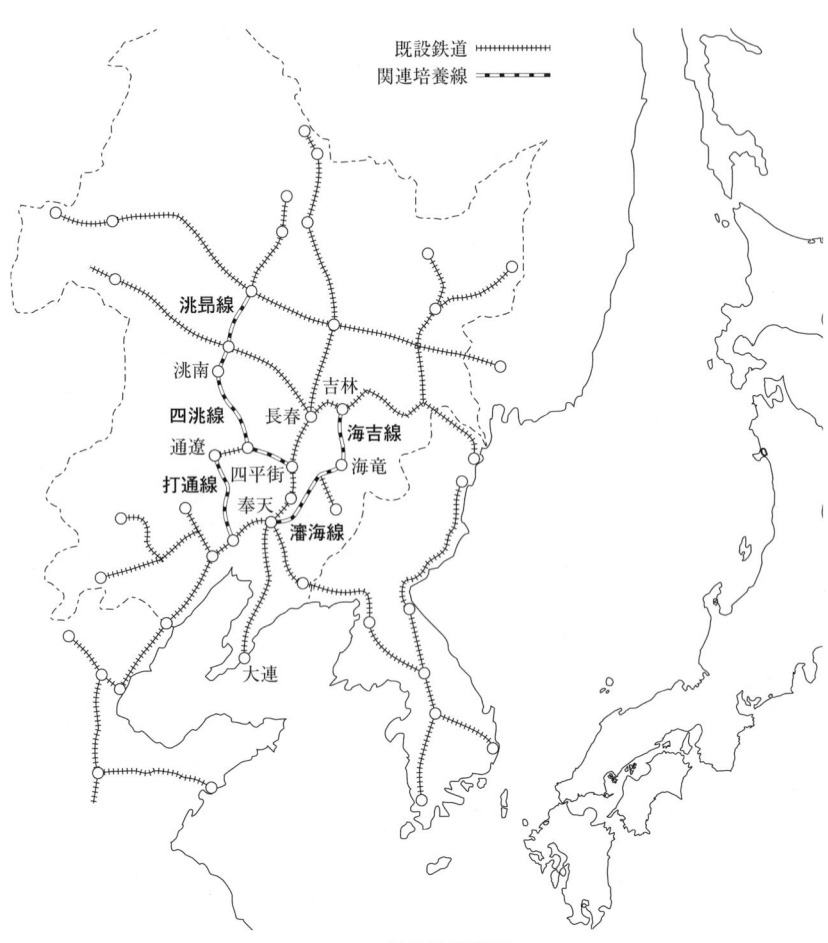

図2　培養線関連図

表1　四洮鉄道借款の推移

年月	内容	借款額	期間・利率
1915.12	四平街・鄭家屯間	500万円	40年 5%
1919.09	鄭家屯延長及通遼間	4,500万円	30年 5%
1920.03	第一次短期借款	1,000万円	7.50%
1920.05	第二次短期借款	1,250万円	9.50%
19210.5	第三次短期借款	1,370万円	9.50%
1921.01	第一次促成借款	300万円	9.50%
	第四次短期借款	1,820万円	9.50%
1923.11	第二次促成借款	810万円	9.50%
1925.01	第五次短期借款	2,840万円	9.50%
1925.05	第六次短期借款	3,200万円	9.00%

注）「四洮鉄道ノ由来」(『第56回帝国議会説明材料』(1928年, 復刻：龍渓書舎, 1986年, 277－286頁) より作成。

うことで敷設に着手することになった。幣原外相も，このような方式ならソ連と中東鉄道から反発を受けないぎりぎりの案だと考えて受け入れたのであろう。表1に示されている四平街から洮南までの四洮線は日本の借款を利用して敷設され，その借り換えの繰り返しにより厖大な額に膨らんでいた。洮昂線は四洮線を延伸する鉄道であったから，満鉄としては四洮線敷設の前例にならい容易に請負金を借款に組み替えることが出来ると考えたのだろう。実際満鉄は，1924年9月に奉天官憲と洮昂鉄道（228キロメートル）敷設の請負契約を請負金1293万円で結んだ際に，引渡後6か月以内に借款に組み替える条件をつけていた。

　全線の敷設工事が終わって営業を開始したのは1925年7月である。だがたびたびの水害で線路が破壊され，営業は不安定なままに推移した。加えて請負金の借款への組み替えがなされなかったので，満鉄側は強く反発した。一方中国側は，工事の途中で工事費の大部分を実費決算で算出することに変更されたので，実際の工事費の決算額が1431万円に増えたことに不満を持った。それを不服として中国側は借款への組み替えを拒否した。結局満鉄が譲歩し，最初の協定通り1293万円を工事費として確定することで妥協した。ただその後も借款への組み替え問題は解決しなかった。

　このような対立は，満鉄と四洮・洮昂線の連絡運輸問題でも表面化していた。満鉄の四平街駅から洮南・昂々渓各駅への接続について協議する打ち合わせ会議は，洮昂線の工事中の1925年3月から進められていた。だが満鉄の「帝国議会説明資料　昭和二年別冊」によると，中国

側の洮昂鉄道は中東鉄道との連絡に関心を示しており，満鉄に対してその利益の3割5分を提供しなければ会議から脱退すると迫ったという。満鉄がこれを一蹴したので，会議は決裂した。満鉄側は，洮昂線の営業収入は低く沿線の開発も遅々として進まないので，中国側がいずれ借款利息の低下等を交換条件にして歩み寄るのではないかと見込んでいた。しかしその後も期待したような交渉の進展は見られず，結局柳条湖事件後に満鉄がこれらの線を委託経営するまで放置された[9]。

(2) 打通線問題

打通線とは京奉線の途中にある打虎山駅から通遼（白音多来）までの251キロメートルの鉄道である。京奉線の支線としてまず打虎山と新立屯の間が敷設され，1926年から新立屯から通遼に向けての鉄道工事が始められた。日本側はこの工事が1905年に締結された満鉄併行線を敷設しないとする「満州に関する日清条約附属取極」の第3条に抵触するとして抗議した。しかし工事は進められ，1927年11月から営業が始められた。さきの「昭和二年別冊」は，この打通線の開通と葫蘆島築港問題をとりあげている。通遼と大連・営口間は距離から見ると打通線を経由する方が有利であるが，大連については満鉄を使う方が運賃は低率である。営口は河口港なので巨船の出入りは不可能で冬の5か月間は結氷により使えないという欠点がある。したがって現状では打通線は満鉄の競争線にはならないとした。だが不凍港である葫蘆島の築港が進んだ場合には問題が起こる。京奉・打通両線を経由すると通遼と葫蘆島の距離は260マイルなので，京奉線の運賃を安くすれば四洮・洮昂鉄道沿線の物資を打通線経由葫蘆島に運ぶことは十分考えられる。そうなると「満鉄は大打撃をこうむることとなるは明である」とした。ただ伝えられる葫蘆島築港計画は港内の一部埋め立てなど小規模のもので，当面は問題が起こることはないとも予想していた。打通線と葫蘆島築港問題は，柳条湖事件直前の時期に日本の「満蒙権益」を侵す満鉄平行線として大々的に取り上げられた問題であるが，当初から満鉄自身にそのような認識はほとんどなかったことが確認できる[10]。

(3) 瀋海線と海吉線の接続問題

1927年9月に開通した瀋陽（奉天）から海龍に至る234キロメートルの瀋海線は，東三省交通委員会が計画した中国側の自前鉄道で，資本

も技術も満鉄の力を借りずに敷設されたものである。満鉄の「昭和二年別冊」によると，同線は「南満の穀倉」地帯を走っており「将来有望」なので，満鉄の営業に何らかの影響を与えると予想していたが，ただし「影響の程度少なりと思惟」していた。

同線は瀋陽駅止まりであったため，人や物資の輸送が満鉄の奉天駅を含むその先の鉄道線につながりにくいという営業上の問題があった。満鉄も，瀋海線と接続することにより利便を得ることが出来た。そこで両線を接続するための連絡協定締結交渉が1926年2月から始められた。20数回の会議を経て1927年6月の会議で協約案がまとまった。しかしその調印に待ったをかけたのが，折から開かれていた田中義一内閣の東方会議であった。「昭和二年別冊」の記述によると，「対支外交問題の刷新」のため協約案に盛り込まれていた積み替え地点の問題，貨車直通問題，旅客の連絡問題，運賃問題について吉田茂奉天総領事が他の外交問題と一括して解決することになり，「該協約案は目下保留」することになった。協約案はその後，瀋海鉄道側から破棄された。案の修正をめぐって両者の応酬が繰り返されることになる[11]。

その間瀋海鉄道側は，瀋海線の車両のやり繰りがつかなくなったので，1928年3月に洮昂線の機関車3両，貨車40両，車掌車2両を瀋海線に移して使用することとし，満鉄側の了解を得ないで車両の移動を開始してしまった。だがこの洮昂線で使用していた車両は，満鉄が代金を立て替えて担保権を保有する車両購入代金立替契約にもとづいて1926年9月に購入されたものであった。満鉄は奉天省長に抗議した。また奉天総領事と芳沢北京公使に対しても，中国側に抗議するよう依頼した。奉天総領事から奉天省長に，芳沢公使から北京政府外交部にそれぞれ抗議がなされた。このような推移のなかで満鉄側は，抗議を受け入れようとしない中国側の動向を強く批判した。

満鉄自身，1928年段階で中国側の鉄道敷設に対して「会社の死命を制」するもので，「既得権をも蹂躙」すると懸念していた。そのため外務省等を巻き込んで強行策が模索された経緯は明らかになっている[12]。田中義一内閣の下で新たに満鉄社長に就任した山本条太郎は，「実務化」「経済化」という新満鉄経営策を追求しつつあったが，これらの推移はその足元をすくいかねない認識と行動であった。

なお日本側の強硬姿勢に対して中国側は妥協に転じた。車両を洮昂線に返却し，瀋海線と満鉄の連絡協定を締結した。1928年9月に結ばれた協定には，瀋陽駅と満鉄奉天駅を接続する連絡線を敷設すること，一部貨物を両鉄道の直通運送とすること，連絡線の運転は当分満鉄が行うこと，満鉄は瀋海鉄道に客車12両，車掌車5両を5年間，機関車1日10両，貨車33米噸，貨車各種1日100両以内をそれぞれ貸与することが盛り込まれた[13]。鉄道車両の貸与が瀋海鉄道側の当面する緊急の課題であったこと，満鉄としては両鉄道を直接連絡することで瀋海線沿線の穀物等の満鉄への引き込み輸送に便宜を得ることが出来ると考えていたことがわかる。その意味では双方が利を得られる協定が締結されたといえる。

他方海吉線を吉林において吉会線に接続する問題は，より複雑な経緯をたどった。海吉線の接続問題は1927年6月以来の交渉案件であったが，海吉鉄道側は1929年に入って満鉄の希望条件通りに接続したいと伝えてきた。満鉄はそれに応じて手続きを進めた。だがたまたま有田八郎アジア局長が出張してきた時にこれに反対し，結局外務省も承認しなかったという。有田が進めた「満蒙」鉄道交渉についてはすでに整理されているが，満鉄側の態度が先に示したような記述内容であったことは注目される[14]。有田外相は当事者間で実務的に妥協を成立させた案件を政治問題として利用するために流してしまったことになる。第二次幣原外交の「満蒙」鉄道交渉の影の側面として留意されるべき問題である。なお「昭和五年一二月別冊」によると，結局この問題は1929年7月の中ソ紛争で中国側が国境に軍隊を輸送するために吉敦鉄道の用地内に海吉線引込線を敷設することで収拾したという。

(4) 柳条湖事件後の満鉄

1931年9月18日に起こった柳条湖事件後の，満鉄と自前鉄道をめぐる動向を整理しておく。関東軍参謀の片倉衷は，満鉄の幹部がまだ関東軍に協力姿勢を示していない10月2日の段階で，関東軍が「最早満鉄を頼りにすること能はざる為瀋海線復旧問題をも独力処理することとせり」と記した。中国側の東北交通委員会（東三省交通委員会）の下にあった鉄道の運行再開とその掌握にむけて動き出したのである[15]。関東軍の傀儡機関として新たに東北交通委員会をつくり，旧東北交通委員会に代

わって満鉄の社外線を運営しようと計画した。そのため満鉄内で「事変不参加主義」の態度を維持している木村鋭市理事とその管轄下にある奉天事務所員を準備会議に参加させなかった。満鉄の村上理事や佐藤應治郎鉄道部長，社員の山口重次・山口十助等と関東軍の板垣征四郎高級参謀などが相談して，10月23日に東北交通委員会を発足させた[16]。片倉衷や山口十助らが満鉄の社外線への影響力排除を求めたが，村上理事らは満鉄の委任経営によって運営することに固執した[17]。その後東北交通委員会の委員長に丁鑑修が就任し，形式的には中国側の自治的な組織にすることになったので，実際には山口十助のような考えは通らず，満鉄の委任経営による社外線運営が維持された。関東軍は占領地の治安維持のために地方維持委員会などを発足させて現地社会に協力を求めざるを得なかったが，東北交通委員会についても同様の態度を取らざるを得なかった。そのような枠組みの中で，東三省交通委員会が採用していた瀋海・吉長・吉敦・四洮各線における中国内の運送荷物と外国の荷物を区別して差別的な等級を設けていた制度も，東北交通委員会により撤廃されることになった[18]。

　1932年3月の傀儡「満州国」の建国に際して東北交通委員会は解散した。「満州国」は国内の鉄道を国有としたが，引き続き満鉄にその運営と新たな鉄道敷設事業を担当させた。1933年2月には正式に満鉄による委託経営契約が結ばれた。また翌1934年には奉山・瀋海・吉海・吉長・吉敦・四洮・洮昂・洮索・斉克・呼海の九鉄路局を奉天・新京・哈爾浜・洮南の4鉄路局に統合し，「満州国」国有鉄道全般の経営を担当することになった[19]。

第3節　都市形成と社会的生活基盤整備

1　社会的生活基盤整備

　本書の第Ⅱ部では，満鉄沿線の3大拠点都市である長春市，奉天市，大連市の事例を分析する（図3参照）。近代都市の建設にともなって求められた住民の社会的生活基盤の整備をめぐるせめぎあいに焦点をあてる。長春市は，中東鉄道と満鉄が接続するところにある都市であり，ロ

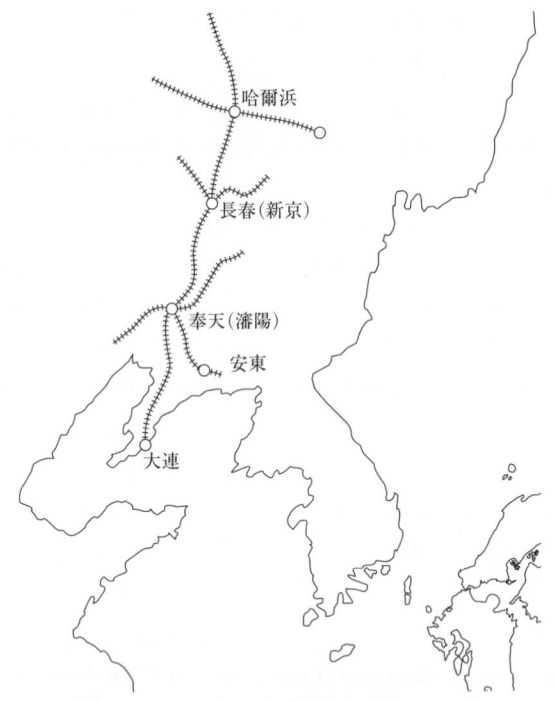

図3　南満州鉄道沿線の大都市

シア・日本・清朝・在地住民がそれぞれの居住地区に住んでいた。それら相互の葛藤の諸相を探る（第4章）。次に奉天市における，公共交通機関としての馬車鉄道の成立から解散までの経緯を詳細に分析する。馬車鉄道会社をめぐる奉天地方政府，大倉組，日本総領事館，日本外務省のせめぎあいを検討することにより，住民にとっての公共交通の歴史的な役割が浮かび上がる（第5章）。さらに日本租借地時代の大連市の華商公議会による，社会的生活基盤形成の取り組みを追う。植民地行政と華人住民による社会的生活基盤整備をめぐる葛藤が焦点となる（第6章）。

　ここで社会的生活基盤という，いささか耳慣れない用語について説明しておこう。社会的生活基盤とは，社会生活の中で求められ，共同的・相互扶助的・自己発展的に形づくられようとする生活基盤のことを指す。個人的な生活基盤の問題ではなく，住民が自分たちの生活自治を維持・発展させるための課題として追求されるインフラストラクチャーの

ことである。その課題を追求する主体は地域で暮らす住民である。彼らは諸社会集団，自治体などの地方組織，地方議会などを通してその実現をはかるのであるが，近代社会ではその過程は往々にして名望家など地域の代表者（首長や議員など）に仮託されて間接的に形成されることが多かった。

このような課題と手段が東北アジア地域の一般住民にはっきり意識されるようになるのは，第一次世界大戦後のことである。そこでは，以下の2つの論点が重要となる。第1は，南満州鉄道沿線の都市社会が，一方では植民地的に再編成されたものの，他方では対抗的に現地住民社会の自治的機能が強化されたことである。長春市では，中東鉄道寛城子附属地と満鉄長春附属地が整備される一方で，旧長春市街と商埠地が維持された。奉天市でも満鉄附属地と旧市街に分かれていたが，両地域をつなぐ中日合弁の馬車鉄道敷設をめぐって対立が起こった。大連は，ロシアの租借地を受け継いで日本が租借した都市という意味では，先の二都市とは性格が異なる。しかし租借地内に華人街があり，華人社会が営々として維持されていたことに留意する必要がある。

第2に，これらの都市における社会的生活基盤の整備をめぐって，ロシア人・日本人・華人などがどのようにせめぎあったかである。長春ではロシア人と日本人が商工業を創設して都市建設を進めたので，伝統的手工業は衰退を余儀なくされ，奇形的な近代化の道をたどった。奉天では，公共交通機関としての馬車鉄道の敷設と経営の主導権をめぐって，大倉組，日本総領事館，奉天省当局などが対立した。馬車鉄道は住民生活の利便性を高めるため大いに歓迎されたが，その敷設にあたっては主権回収などの権利問題が複雑に絡まり合って，調整はなかなか困難であった。それに対し大連においては，日本租借地に住む華人社会の内部における社会的基盤整備の問題をとりあげる。選挙権も付与されていないなど不利な立場に立つ華人社会が，華商公議会を中心に地域内の道路整備や街灯整備，郵便局の機能向上などに取り組み，一定の成果をあげた。

植民地的に編成された満鉄沿線の諸都市においても，住民による自治的な社会的生活基盤整備の取り組みは進められた。それらの営為は，日本が「満蒙特殊権益」の維持・拡大をはかり，また満鉄包囲網キャン

ペーンを展開するなかで,対抗的に抗日へと向かうナショナルな結集に帰結する傾向を持った。

　東北アジア地域の近代は,日本を含む「帝国」への内部化・差別化が進んだ時代にあたる。この 1920 年代から 1930 年代にかけての時期は,ナショナリズムを抱え込みつつ内部化・差別化された東北アジア地域の住民が,共通の課題を意識化するようになった時期としても位置づけることが出来る。それぞれの地域住民が生活の維持・発展のために社会的生活基盤の形成を歴史的課題として認識し,自治的にそれに取り組むようになった時代として位置づけられる。電気料問題や水道問題などをめぐる取り組みがその事例となる。社会的生活基盤を整えるという課題(公空間)をめぐるせめぎあいに向き合う東北アジアの地域住民は,同じ時代を共有しつつ生活していた。そこで,とりあえず本問題の前提となるいくつかの事例をとりあげて検討しておこう。

2　電灯・電気事業

　東北三省における家庭用の電灯事業と,工業用に電力を供給する電気事業の営業形態は雑多であったが,経営形態から見ると,満鉄,在地資本,両者の混交という3つに分けることが出来る。

　まず満鉄付属地である。最初は満鉄自身が,後には満鉄傘下の南満州電気株式会社（1926 年設立,以下満電と略す）が通電する地域が多かった。

　次は中国側の在地資本が自前で電灯事業を起こした事例である。1923 年に奉天省長になった王永江の下で進められた新民や鳳城県における自前の電灯事業がある[20]。奉天から北京方面に向かう鉄道が遼河を渡るあたりにある新民では,1924 年頃から自前の電灯事業を起こすための計画が着手された。奉天鉱務局が管轄する八道壕鉱山の石炭を使い張学良等が経営する黒山県の発電所を拡張して電灯事業を経営する計画であり,採算上からも住民生活上も利便性があると考えられた。送電範囲は黒山県街・新立屯・打虎山・北鎮県街・溝帮子など広範囲にわたっていた。1925 年中には電柱の設置作業を終え,供給が始まった。張作霖の個人資金が使われたという。14 万灯の点灯能力があった。1930 年 7 月に作製された遼寧建設庁「遼寧省電灯電力事業調査」によると,新

民電気分廠が438戸（4060灯），黒山電気分廠261戸（2076灯），北鎮電気分廠199戸（2062灯），新立屯電気分廠255戸（2634灯）であり，この四電気分廠分の合計は1153戸（10832灯）であった。一定部分の住民に限られていたとはいえ東三省政権の下で電灯が供給されていた。

鳳城県には鳳城県電灯公司があり，1930年現在480戸（2898灯）に電灯を供給していた。この公司の資本金はすべて地元の中国人が負担し，1924年から営業を開始していた。ただ会計事務員の不正により営業赤字が重なったので，日本人に委託する案が浮上した。それに対し鳳城県公署は，電灯事業は公共的事業なので外国人の手に委ねることは容認できないと反対した。結果として同案は採用されなかった。

それ以外の地方都市でも，小規模な電灯事業が，在地資本によって営まれた。瀋海線沿線では，1932年において西安県商弁電気股份有限公司（市街戸数5415戸のうち，需要戸数661戸），山城鎮東興電気股份有限公司（同前4200戸のうち790戸），通化県電灯股份有限公司（同前3,672戸のうち550戸）があった[21]。哈爾浜近郊の寧古塔（寗安）では1920年に在地資本によって裕民電灯廠が設立された。間もなく経営難に陥り，1925年に郭松齢の弟が引き継いだ。張郭戦後に張作霖が没収したが，その後張学良が元の所有者に返還するという経緯をたどった。街灯300を含む2,000灯を供給した。1934年に満州電業が引き継いだ。綏芬河ではやはり1920年に在地資本によって実成電灯公司という合資会社がつくられた。1932年には870戸に電灯を供給した[22]。

このような自前の施設による電灯・電気事業において目指されたのは，もちろんその事業収入への期待であるが，中国人住民の生活基盤を整えるという目的も含んでいた。1930年に闞朝爾が計画した吉林省東部の水力発電所設置計画によると，その目的の第1は紡紗廠が低廉な電力を使用して東北民衆に安い衣料を提供できること，第2に電車に使えば住民の交通費を軽減できること，第3に製紙や製材などに用いると外国製品に対抗できること，などであった。設置の趣旨は「東北民生の発展」をはかることに置かれていた。発電所の建設は闞朝爾にとっては営利のためであったが，住民の社会的生活基盤の形成のためのインフラストラクチャーとしても認識されていた。このような観点は中国側の電灯・電気事業において共有された。満鉄による電灯・電力事業の目

的や意図（そのなかに同様の視点が担保されている場合もあるとはいえ）とずれていた。

　問題は，3番目の営業形態である満鉄や在地資本，東三省当局等が混交して運営された事例である。しばしば対立が起こり，経営や利益における妥協点を探らざるをえなかった。以下奉天市，大石橋，安東の順に検討しよう。

　奉天省の省都である奉天市の電気事業は，1910年に満鉄が若松町に発電所を設置したのが始まりで，400kwの発電力があった[23]。同じ頃一般住民向けの電灯事業を行う奉天電灯が設立された[24]。これは満鉄が付属地向けに設置した電灯設備を受け継いで，清国官営電灯局が設立したものである。その設備や技術も中国側に引き渡された。

　1921年に撫順・奉天間に送電線を架設する工事が始まった。事実上満鉄が出資して工事を実施したのであるが，形式的には合弁とし，利益は日本側の6割に対し，中国側4割ということで妥結した。日中合弁の撫奉送電所設立契約が結ばれた。満鉄としては中国側と妥協することで奉天の付属地外にも送電を拡大したかったようである。しかし中国側は自前の電灯供給体制があったのでそれを許可せず，両者は対立していた。

　柳条湖事件後土肥原市長は満州電業の遼寧電灯廠への送電を許可し，さらにその後同電灯廠を合併して新会社をつくった[25]。日本軍の軍事占領下で行われたこの合併により，満州電業がめざした同地域電力供給の独占体制が整えられた。

　次は大石橋である。日本人経営の大石橋電灯会社が満鉄付属地内に電気を供給していたが，1927年には営口県の公議会から中国人居住地にも供給するよう申し入れがあった。「純然たる地方発展の見地」からの依頼であり，受け入れることになった。旧市街の中国人代表者と大石橋電灯との間に契約が結ばれた。この場合中国側による自前の電灯会社が設立されていないので，満鉄と妥協をはかりつつ住民の生活基盤を整えようとした。

　それに対し中国側の会社と満電が住民への電力供給をめぐって正面から対立した安東の事例がある。安東では柳条湖事件前夜に日本側と満鉄側の電力供給をめぐる対立が表面化した。満鉄調査課作成の「満州に於

ける排日運動実例」によると，1931年1月8日付で「安東電灯廠問題に端を発し日本側電灯排斥運動起す」という記載がある[26]。実際5月には中国側の外交協会安東分会は，日本側の妨害が国権を侵害していると批判した。その背景を探ろう。

　安東における電灯事業は，1910年代から満鉄や南満州電気株式会社が満鉄付属地と中国人街を合わせて営業していた。それに対し中国電灯廠がアメリカのアンダーソン・マイヤー社による9万弗余の資金提供によって必要機械を購入して設置事業を進め，1931年に入って供給体制を整えた。これを機に中国人住民は，満電との契約を打ち切り中国電灯廠に切り替えようとした。満電は営業上の対抗策をとることを迫られた。その時中国電灯側の電線工事を進めるために満鉄の安奉線を横切って敷設する必要が生じたことがわかった。中国電灯廠はその許可を日本側に求めた。安東の米沢領事と奉天の林総領事は，1931年1月，場合によっては「実力」によって電線工事を阻止する案も考えられるが，現実策としてはこれを承認し満電側にも有利な条件で妥結したいと幣原外相に打電した。中国人街への電力供給を自前で行いたいとする中国側の意向と，従前の供給体制や利益が損なわれると考えた満電が対立した。日本の出先外交機関はその調整を図ろうとしていた[27]。日中の合弁案や満電からの電力供給案など様々の案が出た。まとまらないうちに柳条湖事件が起こってしまう。

　柳条湖事件後，日本軍が安東の中国側発電所を保障占領した。満電は一括管理の意向を示した。11月には奉天・長春・安東の中国人街の電気事業経営を統括する日本法人の会社を発足させて，満電の発電所から電力を購入して供給する体制を取ることを決めた。安東の中国電灯廠はこの時すでに閉鎖していたので，遼寧電灯廠などに合併を申し入れる形で進められたという。日中の電灯会社が競合した事例では，柳条湖事件後に日本側による強制的な合併方針がとられたのであり，その時点で自前の電灯会社によって中国人住民の生活基盤を整備しようとする諸々の計画は潰えることになった。

3　哈爾浜市制と社会的生活基盤

　第Ⅱ部では満鉄沿線の3大拠点都市を取り上げて検討するが，実は

もうひとつ東北の重要拠点都市があった。中国内を走る中東鉄道の中心都市としての哈爾浜市である。哈爾浜はロシアが中東鉄道建設のための拠点として整備した都市であり，付属地に自治制を導入していた。早くから道路や水道など都市の生活基盤を整備していた。中国人社会と比較する意味でも注目される地域なので，以下検討しておこう。
　哈爾浜は1900年には人口3,000人であったが，1906年には66,500人となり，自治市制（中東鉄道長官の監督下の自治制施行）をしいた[28]。1908年には市会を発足させた。市会は選挙によって選出された60人の議員よりなる立法機関であった。中国側は附属地の管理権は中国側にあると主張したが，ロシアは拒否した。日本もロシアの立場を支持した。1909年に哈爾浜が開港したとき「東支鉄道附属地自治行政ニ関スル露支予備協定」が締結された。この協定は，鉄道附属地に中国側の主権があることを認めつつ，附属地内の重要商業中心地に自治団体を設置することを承認した[29]。附属地行政は中東鉄道民政部が担った。行政の範囲は哈爾浜市の他に満州里・海拉爾・昂々渓・綏芬河を含んでいた。それぞれの地域が市制をしいた。市会議員の選挙権・被選挙権は，25歳以上で1500ルーブル以上の土地または家屋を占有し，10ルーブル以上の課金を納付する等の者に付与された。国籍や人種を問わないとした。なお附属地の村落には1908年に村落自治制がしかれ，村落公議会が設置された。公議員の選挙権・被選挙権は，25歳以上で区域内に価格100ルーブル以上の不動産を有する者であった。市会と公議会には，次年度の歳入出予算の決議権があった[30]。鉄道付属地の社会的生活基盤整備は，このような体制の下で取り組まれた。
　哈爾浜市の自治区域は埠頭区と新市街に分かれていた。それぞれの市区に対する市の事業は以下の4点であった。
　　　一，市の収入として制定された公課金と市有財産の管理。
　　　二，市街の建設，街路，橋梁，公園，水道，電灯，電話，屠獣場等の維持保全。
　　　三，教育，衛生，慈善事業。
　　　四，市場の組織，商業上の監督。
　発足当初の市財政は道路や水道などを含む市街地の整備に多くの費用が充てられた。ちなみに1924年度の市財政収入は176万弗（大洋銀）

であり，建築事業に17万弗（9.8％），慈善事業に21万弗（11.5％），衛生費等に35万弗（19.6％），教育費に23万弗（12.7％）支出されていた[31]。その運営は市参事会が担い，哈爾浜市会の決議により執行された。多数派を占めるロシア人の影響力の下で配分・執行された。

　この中東鉄道附属地にある哈爾浜市の自治権は，ロシア革命後の権益回収の流れ（中東鉄道の中露共同管理化など）のなかで1926年に中国側に移行した。1926年の時点で哈爾浜市会議員60人のうち18人が中国人であった。同年3月，中国人の議員は，議会における使用言語を中露両言語とすべきだと提案して対立した。中国側官憲の出動にともない議会を解散し，中国側のイニシアチブの下に自治臨時委員会を発足させた。以後中国側が主導権を握って生活基盤の整備が進められた。1930年には18万人の市民の需要を満たす上水道の敷設工事（予算200万現大洋元）に着手されたという[32]。哈爾浜の人口は，1924年には24万人，1930年には40万人に増えており，その多くを占める中国人の生活基盤を整備することが社会的に緊急に取り組むべき事業であると考えられたからである。中国側が自治権を握ることにより，多くの市民が恩恵を受ける上水道事業に着手されたことがわかる。

　電灯事業でも，中国側が設立した電業公司が1927年以降に需用者を増やした。哈爾浜では，日本の東洋拓殖会社が出資して1918年に設立された北満電気株式会社が電灯・電気事業を営んでいた。それに対し電業公司側が1927年10月に電車の敷設権を得て電車事業に乗り出した。合わせて電灯・電力供給事業を始めた。そのため北満電気は多大の欠損を見越す状況に追い込まれ，妥協をはかったという[33]。電灯事業の主導権も中国側が握る状況となった。このような電灯事業をめぐる新たな状況は，電灯が生活に密着した文明のあかりであっただけに実は東三省各地が抱える問題であったことは先に見た通りである。

第4節　農村変容と労働力動員

1　総動員社会の矛盾

　第Ⅲ部では，「満州国」総動員体制期に焦点を絞って社会変容の特質

を探る。闇市場の実態と農村社会の変容，労働市場の実態と労働力強制動員について検討する。「満州国」下の農村社会にとって，「満州国」行政との乖離を決定的にしたのは闇市場の存在であった。そこで，これまで明らかになっていない村レベルにおける闇市場の問題を検討する（第7章）。また総力戦の要請に応じて実施された労働力の強制動員の実態を検討する。そのような動員体制こそ，満鉄沿線の社会変容の帰結を象徴するものだったからである（第8章）。

　論点は2つある。第1に，この時期にはもはや旧来の農村社会秩序の維持が困難になっていたことを，いくつかの側面から明らかにする。「満州国」の行政と農政は末端の村に対する指導力を発揮できず，インフレーションが進行するなかで公定価格による流通体制を維持できなかった。したがって地域住民は闇市場に依存して生活を維持することになった。闇市場は，行商人と村・屯の有力者と農民の関係のなかで成り立っていた。

　第2の論点として，移住民社会として編成された東北地域は，日本の総力戦遂行の末端を担わされ，労働力不足を強制動員により調達するシステムを維持せざるを得なかったことを示す。その際満鉄沿線の社会が，移住民によって形づくられていたことが重要である。

2　労働力移動の実情

　そこで第Ⅲ部への導入のために，以下主として山東省から東三省（「満州」）への労働力移動の推移を概観しておこう。

　東三省への移住民の最大勢力は，山東省から移り住んだ人々であった[34]。山東省では農業が盛んであったが，農産物で自給自足することが困難なほど人口が多かったので，ひとたび自然災害や戦災をこうむって生活を維持できなくなった人々が出稼ぎ労働者や流民として省外に流出した[35]。その受け皿となったのが多くの場合東三省地域であった。1925年から1930年までの入「満」者数と離「満」者数を比較するために各年の離「満」率をたどると，1925年には40.3％で，以下1926年が42.1％，1927年が26.9％，1928年が35.5％，1929年が57.5％，1930年が65.3％となる。「満州国」期においても，山東省からの労働力移動は農業従事者が重要な位置を占めていた。個別移動による就労先の職業

表2　入離「満」労働者数の推移

	入「満」者	離「満」者数
1925年	479,475	193,093
1926年	646,617	272,453
1927年	1,043,772	281,295
1928年	967,154	342,979
1929年	941,661	541,254
1930年	673,392	439,654
1931年	416,825	402,809
1932年	372,629	448,905
1933年	568,767	447,523
1934年	627,322	399,571
1935年	444,540	420,314
1936年	358,122	366,761
1937年	319,286	259,098
1938年	492,376	252,795
1939年	985,669	390,967
1940年	1,318,907	846,581
1941年	918,357	688,169
1942年	1,004,479	595,674
1943年	786,638	244,442
1944年	346,448	87,219

注）満州国民生部労務司「入離満労働者統計年報抜刷」
（『満鉄与労工』二-3，95頁）より作成。

を見ると，依然として農業が優位であった。

「満州国」初期には関東軍が治安維持を重視して労働者の入国を厳しく制限することもあったが，満州産業五カ年計画の進行によって労働力不足が深刻化すると多くの労働力需要が生まれ，山東省等から再び多数の労働者が移入するようになった。表2に示されるように，入「満」労働者は1927年の約104万人をピークとして減少傾向となり，とくに1937年には32万人弱にまで落ち込んでいたが，その後1939年には98万人余，1940年には132万人弱まで増加した。1941年には98万人，1942年には100万人と，この傾向はしばらく続いたが，1943年になると78万人，1944年34万人と一気に減少してしまう[36]。彼らは，鉄道や船舶を利用して北上し，満鉄沿線の各地で労働に従事した。

1937年7月の盧溝橋事件により日中戦争の戦場が中国全土に広がるなかで，入「満」労働者をめぐる環境も大きく変化した。満州産業五カ年計画が本格化し，それにともない「満州国」の労働力不足が深刻化したからである。対ソ戦準備のために軍工事に就労する労働者の需要も急

表3　入「満」労働者行先別累年推移

	1937年	1938年	1939年	1940年	1941年
吉林省	32,602	39,905	94,293	150,356	85,252
龍江省	12,267	14,833	22,297	28,666	14,299
北安省	0	0	5,322	24,417	10,374
黒河省	2,334	3,522	11,152	20,360	11,201
三江省	5,279	9,644	18,272	35,236	20,251
東安省	0	0	9,138	40,851	33,098
牡丹江	340	15,308	70,556	56,249	22,359
賓江省	53,516	66,008	106,628	123,443	72,307
間島省	7,609	5,774	21,776	22,400	10,657
通化省	348	5,684	31,079	47,713	21,972
安東省	14,206	22,909	28,786	36,016	18,317
奉天省	86,749	149,644	319,754	454,610	339,613
錦州省	17,869	29,453	49,306	76,056	59,499
熱河省	5,594	9,485	16,419	15,116	8,036
興安各	3,889	5,276	11,836	20,021	9,121
関東州	76,684	114,931	169,055	167,397	182,001
総数	319,286	492,376	985,669	1,318,90	918,357

注）『満鉄与労工』（二－3，99頁）より作成。

増した。

　1937年には31万9286人であった入「満」労働者数は，1938年には49万2376人，1939年には98万5669人，1940年には131万8907人へと急増した（前掲表2参照）。この急増期の労働力移動の特徴を，諸統計を検討するなかで探ることにしよう。

　まず移動先である。表3は入「満」労働者の行先別の累年推移であるが，急増地域が一目瞭然である。ボトムの1937年とピークの1940年を比較すると，各地域ともまんべんなく増加しているものの，とくに奉天省では8万6749人から45万4610人へと5.2倍増加し，最も顕著な変化を見せている。吉林省は4.6倍の15万356人，錦州省が4.3倍の7万6056人，賓江省が2.3倍の12万3443人，関東州は2.2倍の16万7397人であった。

　その職業構成の推移を表4によりたどると，たしかに農業も1937年の5万6183人から，1940年の18万1363人へと3.2倍増えているが，鉱業は1万3496人から12万789人（8.9倍）に，工業は8万8570人から25万9998人（2.9倍）に激増した。また土木業も4万5919人から29万283人（6.3倍）に，建築業は3万1655人から9万9684人（3.1倍）に増加した。鉱工業や土木建築業の労働力需要とその受け入れが一

表4　入「満」労働者職業別累年推移

	農業	林業	漁業	鉱業	工業
1936年	56,288	207	833	9,190	128,745
1937年	56,183	137	323	13,496	88,570
1938年	27,809	194	832	31,528	118,707
1939年	90,884	1,206	1,035	116,152	186,940
1940年	181,363	1,806	1,740	120,789	259,998
1941年	100,360	1,413	1,022	120,318	246,330
1942年	130,013	2,139	1,123	163,064	230,032

土木業	建築業	商業	運輸業	雑業	計
40,610	39,071	23,555	21,702	37,582	358,122
45,919	31,655	51,675	16,017	10,931	319,286
92,609	26,315	60,384	39,570	90,128	492,376
214,991	62,416	63,925	81,638	157,480	958,669
290,283	99,684	89,080	86,988	181,201	1,318,907
111,420	103,294	8,510	79,376	113,805	918,357
134,868	102,030	35,012	79,387	126,801	1,004,479

注）『満鉄与労工』（二－3, 100頁）より作成。

気に増大していたことがわかる[37]。

　次に職業構成の推移について同じく表4により1940年と1942年を比べると、この2年間に農業は5万1350人、土木業も15万5415人それぞれ減少している。その一方で鉱業は4万2275人、建築業は2346人増加した。全体としては31万4428人が減少したなかで、なお鉱業や建設業が増加傾向を示したのである。

　そこで1942年における入「満」労働者の行先別職業構成を表5により見ると、鉱業では奉天省が8万4212人と最も多く、次いで錦州省の3万9408人、四平省の1万3499人であった。建設業でも奉天省が3万7231人と多く、関東州が1万9251人、新京市が9201人であった。

　それに対し工業では、奉天省の9万7701人の次に多いのが関東州の4万848人で、賓江省の2万8132人と続いている。さらにはっきりしているのは土木業で、奉天省が2万6521人と多いものの、次が賓江省の1万8452人、以下牡丹江省の1万3961人、東安省の1万1895人、吉林省の1万891人、黒河省の1万753人、三江省の1万63人と続い

表 5 入「満」労働者行先別職業構成（1942 年）

	農牧業	林業	漁業	鉱業	工業	土木業	建築業	商業	運輸業	雑業	計
関東州	6,633	10	182	646	40,848	8,781	19,251	3,542	43,098	37,743	160,734
新京	9,907	28	9	97	16,090	2,282	9,201	2,085	2,098	7,955	50,712
吉林	18,124	142	11	1,062	7,331	10,891	3,179	1,727	1,733	5,331	49,534
龍江	6,561	11	32	28	2,906	4,201	1,717	631	573	1,493	18,241
北安	2,921	110	1	14	1,867	1,786	1,220	382	219	910	9,483
黒河	237	24	0	12	186	10,753	553	86	317	220	12,388
三江	1,651	403	1	5,218	2,757	10,063	1,697	278	384	1,294	23,780
東安	414	15	0	3,981	851	11,895	2,658	81	135	158	21,511
牡丹江	3,970	80	0	707	3,370	13,961	5,491	330	1,195	2,178	31,288
濱江	15,211	195	48	90	28,132	18,452	8,170	2,817	4,533	11,078	89,022
間島	1,701	20	0	2,857	1,086	602	903	119	335	706	8,422
通化	6,719	92	1	10,237	1,222	1,627	1,888	236	531	1,314	23,370
安東	1,755	9	11	32	5,928	2,207	2,308	508	1,270	2,511	16,530
四平	6,721	16	0	13,499	3,089	505	807	1,132	512	2,556	29,857
奉天	40,044	750	258	84,212	97,701	26,521	37,231	17,176	19,939	42,952	367,790
錦州	4,919	155	571	39,408	11,715	4,801	3,155	2,297	1,171	5,617	73,667
熱河	831	13	0	44	2,589	603	572	1,257	182	676	6,767
興安西	306	7	1	2	161	6	57	120	8	98	779
興安南	1,061	5	3	1	530	43	79	188	54	488	2,423
興安東	142	40	0	8	115	1,007	315	21	59	86	1,776
興安北	178	18	4	878	225	4,162	602	41	74	162	6,441
計	130,013	2,139	1,133	163,064	230,032	134,868	102,030	35,012	79,387	126,801	1,004,47

注）満州労工協会整理部「入雑満労働者統計月報」より作成。

ていた。つまり土木業に従事する労働者の多くは主として「満州国」の北方の省で働いていた。この現象は、明らかに対ソ戦準備のための軍工事に従事させるための労働力であった。すなわち「満州国」末期には鉱工業や土木建築業に従事する労働者が一気に増大したこと、土木業に従事する労働者の多くは主として「満州国」の北方の省（国境地帯）で働いたこと、対ソ戦準備のための軍工事の就労者や鉱山労働者が多かったこと、奉天省を中心に鉱山等が集中する地域において入「満」者と離「満」者数が最も多かったこと、などがわかる[38]。

こうして1940年を頂点として「満州国」への労働力需要が活発になり、とりわけ山東省や河北省からの労働者が「満州国」産業を支える基幹労働力としての役割を果たしたことがわかる。その上、なお極度に不足する労働力を確保するため行政機関を通しての強引な動員割り当てが行われた。農繁期の基幹労働力は奪われた。土木作業の経験のない都市住民は軍工事へと駆り立てられた。財産のある住民は往々にして替え玉を出した。都市では予定数に達しないと浮浪者等を無差別に動員して数あわせをした。労働現場における労働者の死亡率は高く、逃亡事件も多発した。俘虜等の特殊工人は、それに輪をかけて厳しい境遇に置かれた。これらのことを、新資料に即して第8章で考証する。

3　南満州鉄道沿線の社会変容の視界

南満州鉄道にとって、沿線の社会変容はどのような意味を持ったのだろうか。もちろん満鉄が、第一義的には沿線の地域社会を植民地的に編成することにより「満蒙特殊権益」の維持・拡大を目ざしたことは言うまでもない。ただその目的のためには、変容する在地社会と何らかの形で折り合いをつけざるをえなかった。満鉄培養線の延伸に際しては、中国側の自前鉄道の敷設要求との交換条件による妥協の下で進めざるを得なかった。そこには幣原外交のいう「共存共栄」が成り立つ可能性があった。満鉄も、自前鉄道との相互乗り入れを促進することにより、より安定した経営環境を整えることが出来たはずである。実際、そのための交渉が試みられたことは、さきに触れた。

沿線住民に対する社会的生活基盤の整備についても、同様のことがいえる。満鉄や関東庁、「満州国」は、人口が膨張する都市を中心として

電気や水道，公共交通機関などの普及に尽力することにより，地域全体の生活環境を整えることが出来たはずである。実際には多くの場合住民が自らの手で，それを実施せざるを得なかったのであるが。

満鉄包囲網キャンペーンについても，政治や外交による対応ではなく，まず満鉄自身の経営努力が必要であった。実際それを求める声が，現地の日本人商工業者から挙がっていた。全満商工会議所連合会の1931年9月28日付の要請である。柳条湖事件直後の微妙な時期に出されたこの「満鉄及満州商工界根本建直しに関し要請」は，満州商工会議所連合会長の任にある奉天商工会議所会頭から総理大臣以下の各大臣，関東長官，満鉄総裁宛に送られた[39]。彼らは，経済危機の原因について，銀貨暴落の影響のほか，中国の自前鉄道の「活躍」や割安の中国炭の流通の実情に触れた。しかし満鉄包囲網キャンペーンのような，声高な東三省政権や南京政権への批判はここでは見られない。満鉄による経営方針の転換によって，危機を乗り越えようとする自助回復案を提案した。第1は，鉄道運賃と撫順炭地売り値段を大幅に安くすることである。運賃等を下げることにより農民や商人が苦境を脱する道を開くことが出来るので，かえって満鉄の収益は回復する。第2に，満鉄の株主への配当率を引き下げ，政府持ち株への配当を一時中止する。政府の命令により高配当を維持しているが，大減収の折りにこのような措置をとることは当然である。このままでは，「満鉄と共存共栄の関係にある」多数の有力中国人商人も離反してしまう。第3に，満鉄社員の減員・減俸，文化施設への出費の一時的見合わせなどの整理・緊縮を実施する必要がある。このようにして自助努力を惜しまなければ，満鉄を立て直すことが出来るし，満州経済界も不況から脱出することが可能になる。これは「満州商工界を蘇生せしめる起死回生の打開策」となると強調した。このように，「満州」の在地社会で商工業を営む日本人にとって，満鉄の経済的苦境からの打開策とは，満鉄自身の自助努力であったという指摘は注目される。

次に寧古塔に居住する日本人の事例を見ておこう。在住日本人にとっての寧古塔は，植民地的支配に依拠することによってのみ居住可能な地ではあったが，しかしなおかつ日常生活の場であった。寧古塔は哈爾浜に近い中東鉄道近隣の小都市であるが，行政的には吉林省に属し

ていた。『寧古塔邦人史』の著者横地信果によると，彼がこの地に入った1910年頃には，日本人は料理店4，穀物商1，医師2，床屋1などを営む50-60人であったという。シベリア出兵の時期には100人をこえたが，世界的な不況の影響によって1930年には21人にまで減少した。ほとんどが「無職無頼の徒」であるという状態を脱却するため彼らは居留民会をつくり，「私設外交」を担った。天然痘に悩まされていた現地住民に対し，春秋の二回の無料種痘をほどこした。毎年300-500人を施痘した。住民の子弟に日本語教育を行い，数人の日本留学生を送った。地元小学校で日本語の特別授業を行い，小学生23人，中学生以上36人が受講した。地元の中学校や高等小学校の卒業式の際に優等生に賞品を送った。そのためか他地域に比べると，在住者の間で「温か味」のある関係がつくられていたという。彼は生活者としての記憶の場を大切にするところから，この時期の「私設外交」をなつかしんでいる。ただ横地によると，1920年代後半には「北満」は様変わりした。「異常なる発展の道程」をたどりつつある。山東方面からの移住者の開拓地が激増し，沿線各地の経済がめざましく発展した。そこでこの機会を捉えて日本人もより活発な活動を行うべきであり，については，外務省・拓務省・満鉄などが背後で自分たちの努力を支援して欲しい，と述べた[40]。ただ横地も，最後のところでは政治・外交の力に依拠したいと述べて，帝国意識を垣間見せている。この地に根を張って生活を維持したいという執念から発した発言のようである。

　住民相互の生活共同性を追求した布施辰治の発言を最後に見ておこう。布施は日本の植民地支配の過酷さを訴え，その廃絶を展望するが，基本的な視点をあくまで住民や労働者の側に置いていた。

　布施は，住民の生活自治に根ざした願いを基盤とし，国境を越えた共通の認識の発展が可能であると考えた。そしてそれこそが平和を維持・発展させるための唯一の方策であると認識した[41]。第一世界大戦後の日本で生まれていたこのような認識が，「帝国」に「内部化」「差別化」されていく東アジア諸地域でも息づいていたはずである。それらはなお暫定的なものであるが，中国との全面戦争を妨げるための要素として機能しうる可能性があった。

第Ⅰ部

南満州鉄道と地域社会変容

第 1 章
「満蒙」問題の現出と洮索・索温線沿線の社会変容

芳井　研一

はじめに

　阿爾山（アルシャン）は，中国東北地方の北西部にある温泉街である。モンゴル人民共和国の東南の国境に接しており，またロシア国境にも近い。つまり阿爾山の周辺地域は，歴史の波のなかで国家間の軍事的対立に巻き込まれやすい地理的環境にあった。一方阿爾山は古来モンゴル人の「民族的療養地」として名声を博していた[1]。万病を治癒させる温泉として知られ，「満州国」期に作成された地図にも「温泉」とだけ記載されたものが多い（その当時の一般的用法だったので，以下本章では鉄道に関わる呼称としては「温泉」を用いる）。
　この阿爾山を含む国境地帯は，フルンボイル（ホロンバイル，フルン・ボイル，呼倫貝爾とも表記される）と呼ばれ，バルガ族の住む地域であった。といっても単一の民族が暮らしていた訳ではない。モンゴル系やツングース系などいくつかの民族が混住しており，総称してバルガ族と呼ぶようになった。
　20世紀に入ると，この地域を横切ってウラジオストクに至る中東鉄道が開通し，ロシア人が流入した。また清朝もハイラル（海拉爾）と満州里に呼倫庁・臚浜府を置き，自らが統治する行政区域であることを示した。漢人・満州人も移り住むようになった。事態をさらに複雑にしたのは日露戦争後にロシアの権益を受け継いで南満州鉄道株式会社を発足

させた日本が，この地域を含む内モンゴル東部に強い関心を抱いたことにある。この地域は中東鉄道の沿線にあり，ロシアが「特殊権益」があると主張する「北満州」に含まれていた。ところが日本陸軍は阿爾山周辺を，次の対露戦争を戦う際に敵の中東鉄道による軍事輸送を断ち切るための進路にあたる場所と位置づけており，また後にはロシアの影響力の強いモンゴル人民共和国との国境対峙地点であると認識するようになった。そのため陸軍は，この地域への鉄道敷設を強く求めたのである（前掲図1参照）。

1939年には，その近くを流れるハルハ河岸のノモンハンで日ソ間の局地戦争が戦われた。このとき現地で取材に当たったソ連詩人のシーモフは「ハルハ河の回想」のなかで，戦争の原因にふれて次のように記している。

　　この鉄道（索温線－筆者注）の建設が紛争の原因の一つだった。モンゴルと満州の国境から一五キロのところで，興安嶺の最初の支脈がはじまっていた。日本側は，これら支脈に沿って東南から北西に鉄道を延ばしたのは，この鉄道をなるべくチタに近づくように，我が国の国境に持って来ようという計算があったからだ。ハルハ河地区では，モンゴル国境は満州側に大きな突出部を形成しているので，日本側は，ここに興安嶺の支脈を経て道を通るか，あるいは国境のすぐ近くのところに，大砲を射ってとどく距離に道を作る必要があった。日本人はどうやら，そんなことでは満足せず，もっと実用的な目標を定めた――ハルハ河一帯すべてと，それに接するすべての高地を戦術的な支線の敷設を保証するために奪うことで，まさにタムサク・ボラグの突出部の前でとまってしまっている[2]。

日本陸軍は対ロシア戦を想定した中東鉄道沿いのチチハル・ハイラル作戦とともに，洮南・索倫・阿爾山を経て甘珠爾廟に達する洮南・索倫作戦を立案し，その結果ノモンハン戦争を戦ったといえる。であれば，その過程をこれらの地域の実態に即して歴史的に見直してみることが必要となる。第1に，なぜ内モンゴル東部が日本の「特殊権益」地域に加えられたかについての歴史的意味を，フルンボイル地域の実情に即して考えてみる。第2に，そのことがこれらの地域に何をもたらしていくかを，阿爾山地域につながる鉄道の敷設問題を通して考えてみる。敷設

問題をめぐる推移を概観した上で，洮南から索倫に通ずる鉄道（洮索線）と，索倫から阿爾山までの鉄道（索温線）敷設と，それによるこの地域社会の動向を検討する。これらの地域社会の変容の過程がノモンハン事件への道につながっていたことを顧みるのが，小稿のもう一つの課題となる。なお索倫線等をめぐる日本・中国・ロシア（ソ連）の間の鉄道敷設交渉の具体的過程，および田中義一内閣の鉄道交渉については既稿を参照されたい[3]。

第1節 「満蒙」問題の出発と内モンゴル東部地域

1 「満州」問題から「満蒙」問題へ

1905年9月に結ばれた日露講和条約により，日本はロシアから遼東半島の租借権，大連・長春間の鉄道利権等を引き継いだ。ロシアはウラジオストクに通ずる「北満州」一帯の「特殊利益」を持つのに対して，日本は新たに「南満州」に「特殊利益」を確保した。中国東北における両国の勢力範囲の線引きをしたことになる。したがって，この段階では「特殊利益」をめぐる問題は，厳密に「満州」問題であった。

ところが1912年7月に結ばれた第3回日露協約で，北京の緯度である東経116度27分をはさんで内モンゴルを西と東に分け，西側をロシアが，東側を日本が，それぞれ「特殊利益」がある地域として承認した。この時点で日本は，「南満州」に加え，内モンゴル東部を「特殊利益」地域と位置づけることになった。かくしてそれまでの「満州」問題は，「満蒙」問題に転化した。そこで日本の対外政策の大きな転機が，いかなる力学の下で生まれたのかについて，地域の実情に即してその過程をたどりつつ検討しておく必要がある。

1911年1月15日，場所はフルンボイルである。ロシア国境に近い中東鉄道駅のハイラル（海拉爾）に勝福（オロート族）を首領とするモンゴル人の軍が侵攻した。事前にこれを察知した中国側の呼倫庁官吏は，前日の14日深夜に中東鉄道附属地内に逃走した。巡防営と警察隊も相次いで解散し逃亡した。

井原真澄斉々哈爾領事の内田外相宛報告によると，フルンボイルの

モンゴル旗人首領である勝福は，庫倫の活仏（ジェプツンダムバ・ホトクト）の命を受けて1月8日頃に道台黄に対し，清国官吏はすべて興安嶺以東に撤退し，以後嶺西のフルンボイル地域はモンゴル人の管掌とする，もしそれに従わなければ実力を行使することになると書面で伝えた。黄はチチハル巡撫に援軍を依頼した。しかし中東鉄道会社は武器の輸送は許可したものの，軍隊の輸送を拒否したため，援軍を送ることが出来なかった。そこで黄は勝福に会って金銭での解決をはかるが，これも拒否されてしまった。その結果，逃亡という結果になったのである。ただその後黒龍江巡撫がハイラルに特派されて勝福と会見した結果，同地におけるモンゴル人の統治要求を取り下げたという報告がもたらされた[4]。

　この時モンゴルのフルンボイル地域行政の中心地はハイラルであった。清はここにフルンボイル道台と呼倫庁を置いていた。庫倫庁が管轄する区域の戸数は3716で，人口は2万5360人であったという。主としてモンゴル人が遊牧している地域であった。呼倫庁には満州族・蒙古族・漢族が雑居しており，248戸，1200余人が居住していた。

　一方同じフルンボイル道台の管下で，ロシアと国境を接する中東鉄道の駅のある満州里には，清国側の行政庁として臚浜府が置かれていた。その管下には，同じくモンゴル人やソロン（索倫）人等約5000人が住んでいた。満州里は，ロシアと清国の国境にある停車場附属地の名称で，中国人の居住地はなかった。そこで中国側は中東鉄道の附属地に対抗して，新たに附属地の西南方約1里のところに臚浜府を設置したのである。原野のなかに臚浜府知府衛門，同府所属巡警局と附属宿舎，ペスト病菌研究所，臚浜府小学堂が置かれ，半里離れたところに巡防営の兵営1棟があったという。

　清国側は，ロシアとの国境を監視するため，北方については達爾巴幹達呼山から額爾呼納河の河口までの1500余里の間に21の監視所を設け，それぞれに屯田的監視兵30名を置いた。合計で630人を配置した。これらの監視兵は主としてモンゴル旗より採用したとされる。モンゴル人が多かったようである。

　それとは別に，黒龍江省巡防営前路に属する巡防営が臚浜府と扎来諾爾にあり，それぞれ正式に訓練された120騎によって編成された馬隊

の一営が置かれた。ハイラルにも馬隊の一営が置かれたが，実際にはそこから吉拉林等に分遣されていたため，巡防兵の実数は40余人であった。ほかに警察隊として，ハイラルに40余人，臚浜府に20余人いた。これらの巡防営と警察隊は満州人・漢人により編成されていた。これらのすべてを合わせると，この時期フルンボイル地域の清側兵力は，巡防営3営の360騎，警察隊60-70人，国境監視兵630余人であった[5]。

　他方ロシアは中東鉄道沿線に附属地を持ち，この地域の行政に関与していた。勝福の決起の際に，いち早く鉄道守備隊と護境軍団の兵約400名を召集し，1個小隊をフル装備させて鉄道附属地の境界に配置していた。中東鉄道がチチハルの清国軍を輸送しなかった背景には，ロシアの意向があったと推測できる。実際中東鉄道守備軍司令官マルトゥイノフ中将は表向きモンゴル人との会見を拒否してはいたが，彼らと何らかの関係があると見られていた。モンゴル側は，ハイラルでは妥協的態度をとって事態を収拾したものの，1911年2月にはいると満州里への侵攻事件を起こす。この推移はロシア側の何らかの支援を勘案しないと理解できない。ただホルワト長官は，本国政府から満蒙における事件には不干渉を維持するよう訓令されているとした。そのため鉄道守備軍のモンゴル人支援は，鉄道守備軍独自の判断であるとされた[6]。

　次に，2月の満州里における事件の推移をたどろう。2月2日午前3時，モンゴルの騎兵約300人（バルガ族の総管が指揮）が臚浜府衛門を襲撃し，駐屯していた巡防隊の騎兵と約1時間交戦した。モンゴル兵は死者23人を遺棄して北方に敗走した。この交戦における中国側の死者は2人であった。次いで2日後の4日に，今度は約500人のモンゴル兵が再び臚浜府を襲撃して知府衛門を包囲した。今回はロシアのコサック兵の歩騎砲工約500人が出動して砲列を敷くなど威嚇したという。そのため中国兵は戦闘を交えず，武器を放棄してロシアの鉄道附属地に移動した。その結果モンゴル兵は知府衛門を占領し，それを見たロシア兵も解散した。その間に，蜂起の情報がハイラルに伝わり，勝福が中東鉄道を使って援兵を派遣した。彼らがハイラル駅で乗車したときには武器を携帯していなかったが，満州里駅で下車するときには皆武器を持っていたという。その推移をふりかえると，少なくとも現地のロシア鉄道守備隊が，モンゴル人を支援していたことがわかる[7]。

こうした現地のロシア側の態度は，次のロシア政府の意向を考慮にいれるとよく理解できる。1914年1月20日付のクルペンスキー駐中国公使発ウサートウイ在海拉爾副領事宛文書によると，バルガ（巴爾虎）問題に関するロシア政府の対応は以下の通りであった。

　　巴爾虎即ち呼倫貝爾管区は北満州と帰趨を共にせざるべからざるものなり。露国が巴爾虎を自治蒙古に加へず且主義上巴爾虎に於ける支那宗主権の回復に同意せるは，之が為なり。されど右宗主権の回復は平和的交渉により行はれ，且同交渉には露国政府斡旋の労を採らざるべからず。而して武力による巴爾虎の征服は余りに露国の利益を傷つくる所あるべきを以て，我方は之に無関心たる能はず。故に支那が巴爾虎に出兵の準備ありとの情報に接したる時は，其の都度本使は支那政府に対し断乎たる警告を発したり[8]。

　すなわちロシア政府は中東鉄道の通過する「北満州」と呼倫貝爾地域を一体のものとして認識し，その保持をロシアの国益と考えていた。この地に清国の宗主権があることを認めていたものの，ただし彼らが武力を背景としてバルガを制圧することに強い懸念を持った。したがってロシアとしてはモンゴル人の独立運動に理解を示しつつ，それを後押しするのでもなく，逆に清国側の実質的領域支配が進むことのないよう舵を取る必要に迫られていたといえよう。

　以上のような経緯を生み出す背景にあったのが，フルンボイル地域に住む人々の特徴である。フルンボイルには，もともとモンゴル人などの多民族が暮らしていたが，清朝の統治地域であったため，統治の必要上漢族・満州族も居住した。またこの地域を中東鉄道が東西に横切っていたため，鉄道附属地をふくむ鉄道事業に関与しているロシア人が住んでいた。フルンボイル東部のチチハル方面にはオロート族，ソロン族，オロチョン族，ダグール族，エベンキ族などツングース系の民族が多かったのに対し，西部ではハルハ族などのモンゴル系の民族がほとんどを占めていた。バルガ族とは通称で，もともとはこの地域の地名だったものが，フルンボイルの原住民を総称する種族名称として用いられるようになったといわれている[9]。

　以上の経緯のなかで，新たな要因として日本側の思惑が加わった。先に触れたように日露講和条約における日本の「利益範囲」は，長春以南

の鉄道や旅順・大連の租借権など「南満州」に限られていた。しかし日本は，陸軍が構想する次の対露戦の準備のためにも，また満鉄の営業政策にとっても「北満州」に強い関心を持ち続けた。また「満州」に隣接するモンゴル地域にも興味を抱いていた。川島浪速らによって進められた第1次満蒙独立運動は，このような日本の陸軍の意向を背景としながら，モンゴル民族の独立に連帯する姿勢を示しつつ「満蒙」を分離することを意図していた。他方外務省は，モンゴルを舞台とするロシアと清国との関係，東北地域の政治情勢をにらみながら，より有利な権益をこの地に扶植することを課題とした。

　こうした状況を受けて，1912年7月8日に第3回日露協約が締結された。同協約において内モンゴル東部を日本の「特殊利益」地域と位置づけることが可能になったのは，以上の経緯に照らすと，この地域をめぐる諸対立の間隙を突くことが出来たからである。まさに漁夫の利であった。この間外務省は，陸軍が関与する「満蒙」独立運動に対抗し，モンゴル独立の地域的動向をにらみつつ，ロシア・中国・英米等の国家間関係の推移もふまえながら，自らのイニシアチブで「満蒙」の「特殊利益」を拡大する主役となった。それらを背景として「満州」問題は「満蒙」問題に転化した。だからこそ第1次世界大戦の開戦を次の「天佑」として受けとめ，中国に対して21か条の要求をのむよう迫ることになった。

　なお洮南府周辺を含む内モンゴル東部では，その後もモンゴル軍と中国軍の対立が断続的に続いた。以下特徴的な対立を挙げておこう。1912年9月11日には，東三省の呉統領が巡防隊を率いてモンゴル軍の根拠地を攻撃し，この地を占領した。モンゴル側の札薩克図王は索倫山方面に退却したという。図什業図以南のモンゴル王公はこれに反応せず，達頼漢王と卓里克図王は日本人と接触していたという。とはいえモンゴル兵は洮南の西北約2,300清里に根拠地があって，時々小部隊を出して中国兵の宿営地を奇襲し，大きな損害を与えていたという[10]。10月に入ると張作霖を総司令とする中国軍の兵2万2000人が洮南方面に集中し，烏恭王を追撃する作戦が始まった。このことを報じた本多総領事は，以下のようにその状況を観測している。

　　支那軍の目標にして単に今回の事を挙げたる蒙古人のみに止まらば

其兵力は二三千にして足れり。而かも事実前陳の如き大兵を集中せるは其目的右以外に有て存すと期待し置くを安全とす。況や支那軍の不規律且排外主義加ふるに之を率ゆるに張作霖の如き馬賊上がりを以てするをや。蒙古軍追撃の余勢を以て東清鉄道付属地付近に出で如何なる椿事を演出するやも知るべからず。此際最も警戒を要する所以なり。…我政府の無事政策を欲する故にして巴爾幹問題の為めなるべきも東蒙古方面今日の事態を此侭に放置せんには蒙古民族に対する露国の威厳を損するのみならず, 鉄道付近の地域は永く攪乱不定の状態に陥るべく, 斯の如きは露国緊切の利益にも反す。況んや満蒙問題の解決の機会は今日に於て容易に求むべからざるをや[11]。

一方東三省を統治している趙都督にとっては, 事態は風雲急を告げていた。モンゴルの独立を阻止しなければ, 東北地域は維持できないと認識していた。

西蔵の戦あり, 北蒙古の独立を宣言するあり, 為に列強をして一致して同情せしめず。…況んや露国が蒙独立の承認をなすべしとの風説あるが, 若し事実とならんか満州又蒙古に倣うべく, 蒙満を割かんが他十八省は遂に我所有に非さるに至らん事危急に関す。座視するに忍びざるなり。祈るらくは貴総統に於て武力の解決か或は又樽俎の間に解決するかを定められ以て蒙古の保全に勉められよ。蒙古保全は即ち全局の保全なり[12]。

内モンゴル東部の支配権をめぐって, 張作霖など東北の軍閥は, みずからの軍事力を行使してモンゴル側に対抗し, この地域への影響力を拡大しつつあった。日本政府は, ロシアの思惑, 北京政府の動向をにらみながら, やがてその張作霖を支援することになる。

2 内モンゴル東部方面の鉄道敷設計画

内モンゴル東部方面に鉄道を敷設する動きは, いつ頃, 誰によって, どのような形で起こり, 進展したのであろうか。これらの鉄道敷設に関わる提言について, 資料上最初に登場する人物は, 管見では奉天総領事の落合謙太郎である。

落合謙太郎は1911年11月から奉天総領事に就任し, 1912年9月か

ら 1 か月ほど天野恭太郎に総領事代理を任せたものの，1913 年 7 月まで在任している。天野総領事代理の 1912 年 9 月 23 日付内田外相宛電報に付されている「落合総領事持参」の「研究事項」には以下の 4 項が挙げられている。その第 4 項目が鉄道の敷設問題であった。
　一，満蒙に対する今後の方針
　二，宗社党馬賊等政治及外交に影響すべき運動に関係する日本人に対する方針
　三，洮南府及鄭家屯に派遣員を置くこと
　四，洮南府鄭家屯と満鉄の一駅間に於ける鉄道及電信線敷設の問題
　三の方針に沿って，間もなく鄭家屯に派遣員が置かれた。注目されるのは，四である。洮南・鄭家屯を通る鉄道の敷設が日本側の出先外交当局で検討対象となっていたことをうかがうことができる[13]。

　それでは政府レベルではどのように鉄道問題が浮上したのであろうか。政府関係の文書中に明示されているものとしては，外務省政務局長の阿部守太郎の意見書が最初である。阿部は 1912 年 5 月 8 日に政務局長に就任し，翌 1913 年 9 月 2 日に暗殺されるまでの間，外務省の対中国政策の中枢をになっていた。彼は日露戦後の 1906 年 5 月からと，1908 年 10 月からの 2 回在清国臨時代理公使（公使館一等書記官）の任にあり，清国情勢に深く通じていた。その阿部は 10 月 7 日に，西園寺内閣の内田外相から辛亥革命後における日本の対中国政策についての意見を求められ，翌 8 日に意見書を提出している。

　この意見書で阿部は，第 3 回日露協約で内モンゴル東部の「特殊利益」が認められたことに触れ，英仏も承認するに至ったこの新たな「特殊利益」地域について，実際には日本は何ら具体的利権を持っていないので，日本人は活動しにくい状態にあると述べた。彼は，この際奥地に向けて鉄道を敷設し，外国人が通商活動を行うことの出来る市街を開放することが必要であると指摘した。

　そこで阿部は，次のような政策を日本が採ることを提唱する。中国側が，満鉄または日本資本家からの借款により，満鉄線の四平街から奉化県，鄭家屯を経て洮南府に至る鉄道など内モンゴルの枝線を敷設する。また外国人が自由に居住し通商活動が出来るように，内モンゴル東部の北側にある鄭家屯や洮南府，南側の朝陽や赤峰等を開放させるため

の措置をとる[14]。この阿部の意見書が所収されている『日本外交年表竝主要文書・上』には冒頭に「大正二年稿」と記されているが，その元の資料である「松本記録」の該当箇所は「大正元年稿」と読んだ方が適切であろう。意見書の内容から執筆された正確な時期を特定することは困難で，「大正二年」であっても無理とはいえないが，私にはこの意見書が内田外相から意見を求められてとりあえず提出した意見をもとに，それからあまり間を置かない「大正元年」のうちにまとめられた文書であると考えた方が素直に理解できる。「近頃第三回日露協約により」という表現も，そのことを間接的に傍証している。少なくともこの意見書は第3回日露協約の締結を受けとめ，「満蒙」における日本の立場を強化すべきであるとの見解に立ってまとめられたものであり，その主張の柱が満鉄に接続する内モンゴル東部の鉄道敷設案であったことは確かである。すでに1912年末までには，外務省側でそれを推進する姿勢が示されていたことになる。

次に，現地に鉄道敷設の動向が伝わったのは，またはその動きが実際に起こったのは何時かという問題がある。

鄭家屯に在住する長沼啓は，定期的に鄭家屯を中心とする内蒙古の情報を在奉天総領事井原真澄に送っていた。その報告によると，同地方の鉄道敷設に関わる直接の情報がもたらされた最初は，1913年3月8日付の「鄭家屯洮南府間鉄道敷設の議」である。同鉄道については，数年前から提唱され，遼東新聞紙上でも記事が散見されたという。当地ではうわさ以上のものではなく，「或は奉天或は洮南府等にて提唱」されているのではないか，との報告であった[15]。

ところが4月7日付の「鉄道敷設開議」では，呉統領らが現地の自治公所で鄭家屯・洮南府間の鉄道敷設についての会議を開いたとの情報が伝えられた[16]。次いで，4月21日付の「邦人の来往」の報告では，以下のような，すでに満鉄による調査が進められているとの情報が示された[17]。

　　満鉄運輸課谷村氏（偽名山下正友），同工務課員鶴見氏（偽名平野鎮）及同運輸課四平街出張所牛島正巳及公益公司松井小右衛門氏の四名，昨日午前十時四平街より来鄭し満鉄社員は当地より洮南府に至り更に鎮東靖安より斉斉哈爾方面に出つる由，主なる目的は鄭洮間

の鉄道予定線を踏査するにある由なり。

偽名を使っていることから，非公式の調査のようにもみえるが，実は満鉄による鉄道敷設のための実地調査であった。この時の報告が，同年8月3日付で谷村正友と牛島正巳の連名で「東北蒙古踏査報告」としてまとめられている[18]。彼らは4月17日に出発して，四平街から鄭家屯に入った。次いで洮南・大来吉を経て嫩江を渡った。斉々哈爾からは中東鉄道を使って海拉爾・満州里まで足を伸ばし，5月19日に帰任した。彼らは鄭家屯も調査した。四平街から鉄道を敷設すると「鄭家屯の繁栄は更に計り知るべからざるものあるべきや疑を容れず」と記している。

他方満鉄総務部調査課も，ほぼ同じ時期にこの地域に調査員を派遣した。松原菊蔵満鉄総務部調査課員によって実地調査が行われた時期は，1913年5月中旬から6月中旬であった。満鉄総務部調査課はそれらの調査をもとに，1915年5月に，農安県や大賚県・洮安県・洮南県など東部内モンゴル地域の詳細な調査の記録として『満蒙交界地方経済調査資料第三』を刊行した[19]。

こうした満鉄による調査を受けて，日本政府は7月に袁世凱が孫宝琦・李盛沢を日本に派遣した折りに，鉄道敷設についての概略を提案した。山座円次郎は，7月29日に在中国特命全権公使に任命され，北京に赴任した直後から本格的な交渉に入った。山座は北京政府に対して「日支両国実業連絡」が必要であると主張した。その直前に成立したイギリスと中国との浦信鉄道借款契約に準拠し，以下のような鉄道路線を敷設するための借款を結ぶことを提案した。

(1) 四平街より鄭家屯，洮南府を経て熱河に至る線
　　附．洮南府熱河線と満鉄との連絡の為四平街，奉天間の一点より洮南府熱河間の一点に向ふ線
(2) 開原海龍線
　　但し将来海龍より吉林迄延長し得ること[20]

日本側は，この2線が「満蒙」の将来の発展を考慮し，ロシアとの関係にも配慮した案であることを強調した。

1913年8月15日付の山座円次郎在中国特命全権公使から牧野外相に宛てた電報で報告されている曹外交次長との談話要領によると，曹汝林外交次長が，蒙古をめぐるロシアとの交渉が難航していることを愚痴っ

たのに対し，山座は，日本はロシアに対抗する中国の後ろ盾になりうるが，そのためには東蒙南満における日本の利益を維持発展させることを保障することが必要であると次のように示唆した[21]。

　露国の北満西蔵に対する進取的行動は既定の国是にして其圧力は日を追ふて南進す可く貴国の独立を以て之を阻止せしことは思ひも寄らず貴国が之に処するの途は只だ南満東蒙に於ける日本の利益を進め其地域を確立せしめ貴我相携へて露の南下を防止するの一策あるのみ。

　曹次長は，「袁総統に於ても支那の領土を保全する途は日本と提携し日本の勢力を仮りて露国勢力の南下東漸を牽制する外なし」と考えており，とくに「長春洮南熱河鉄道に関する提議も其精神より出でたるものなり」と述べた。ここでは中国側から長春・洮南・熱河鉄道について提案したことになっており，かつそれを推進しようとしていたことになる。

　しかし中国側は、同線を日本からの借款によって敷設する案に対して強く抵抗したようである。中国側が求めたのは，日本側の影響力が確保される浦信鉄道借款方式ではなく，中国の主体性を保ちやすい吉長鉄道借款方式であった。このため日本側は，当初意図していた洮南・熱河線と海龍・吉林線を浦信鉄道借款方式で敷設する案については，敷設の際に日本資本家に声をかけるという案に譲歩し，代わりに四平街・洮南線，開原・海龍線に長春・洮南線を加えた3線については日本の資本家から借款する形式の浦信鉄道借款方式とすることで妥協した[22]。

　その結果，以下の3項目について両者の妥協がなり，10月5日，山座公使と孫外交総長との間で大綱の協定が結ばれた[23]。

　（一）支那政府は日本資本家より借款し左記各線を建設すること。
　　　（甲）四平街鄭家屯洮南府線
　　　（乙）開原海龍線
　　　（丙）長春洮南府線
　　　　以上各線は満鉄及京奉線と連絡すべく其弁法は別に協定すること。
　（二）本借款の細目は浦信鉄道借款契約に準拠し，成べく速に日本資本家と協定すること。

（三）支那政府に於て洮南府熱河線及海龍吉林線を外資本家に依り建設せんとする場合は先ず日本資本家を商議すること。

　中国側にとって大きな禍根を残すことになる鉄道契約を，この時に結ばざるを得なくなった背景として，3つのことが考えられる。第1は，中国がこの時直面していた最大の懸案である，新政府を列強に承認させるという課題にかかわっていた。日本側は中国には列強との仲介者の立場にあることを示し，他方ロシアには「特殊権益」を維持するための協力関係を維持することを強調することにより，鉄道交渉を日本に有利に進めようとした。外務省は，協定締結について「満蒙地方に於ける鉄道網拡張し同地方に対する我利権扶植上一歩を進むることとなりたり」と自賛した[24]。

　第2は，モンゴルとの関係である。実は満鉄の調査に表裏するように4月27日には，蒙蔵交通公司の技師一行が鄭家屯に行き，洮南府までの鉄道の測量を実施していた。こちらは錦州から洮南府までの軽便鉄道の敷設計画で，2カ月後に起工することになっていたという。さらに5月17日付で「鄭家屯より洮南県に至る鉄道は愈々敷設することに議決したる旨同地特派員より通報」があった。しかし9月16日付の横浜正金銀行北京支店取締役から本店頭取宛の通信によると，蒙蔵交通公司による錦州・洮南府間の軽便鉄道計画については，交通部に申請したところ不許可になったという。たしかに9月7日付の『政府公報』の交通部指令によると，この鉄道計画は資金や技術の裏付けがなく，外交関係にも無知で，国家に害を及ぼす可能性があるとして却下されていた。中国政府としては，ロシアの直接影響下にあると考えられた外モンゴルの公司によって同鉄道が敷設されることを避ける必要があった。先の曹次長の提案も，このような背景を勘案すると理解できる。

　第3に，外モンゴルと日本の陸軍が手を握る可能性を恐れたことが挙げられる。6月には日本の独立守備隊第2大隊が鄭家屯を行軍するとの通告があった。この地方で中国人が日本人を蔑視しているので威嚇するというのが，その理由であった。さらに長春吉林間や内モンゴル方面にまで出動が考えられていたという。奉天総領事は，この行軍が外交上の問題を引き起こす恐れがあり，また中国側に日本外交が統一がとれていないと認識されることを心配した[25]。

8月に庫倫を訪れた日本人は，「日本政府を代表して満鉄に近接する内蒙に鉄道を敷設する権利を日本側に許与することを交換条件として蒙古に対し親善及び援助を提議」したという。そこで「三音諾顔」モンゴル首相が日本の天皇に対して親書を作成し，日本政府が内モンゴルに鉄道利権を得ることにより，内モンゴル国境内に中国の軍隊を入れないよう援助することを求めたという。それまで内モンゴルに中国軍隊が侵入して「寺院殿堂を焼却し老若男女を差別なく殺戮し財産及び家畜を掠奪し，為に多くの者は絶えず我が国（モンゴル国―筆者注）の保護と援助を請ひながらも祥りて表面民国を承認するのやむを得ざるに」至ったという。内モンゴルへの中国軍隊の派遣に対抗してモンゴルから兵隊を派遣したが，武器等が充分ではないので思うようにならなかったとする[26]。また関東都督府陸軍参謀長福田雅太郎から外務次官にあてた9月13日付情報には「鄭家屯軽便鉄道創立に就て」という事項が記されている。

日本の陸軍は鉄道敷設を介して外モンゴルとの連携を模索していたので，軽便鉄道の敷設を阻止する必要があった。そのためにも中国側は，日本の外務省の提案に妥協点を見いだして協定を締結するしかないと判断したといえよう。

3　敷設交渉の進展と敷設予定線の調査活動

その後の鉄道の敷設状況は，表1-1の通りである。またその間に実施された敷設予定線にまつわる調査報告を，そのすべてではないが表1-2に整理した。

まず四平街・鄭家屯・洮南線の敷設状況と沿線都市の社会変容を概観しよう。四平街から鄭家屯を経て洮南に至る線については，1915年12月17日に四鄭鉄道借款契約が，1919年9月8日に四洮鉄道借款契約がそれぞれ結ばれ，工事が始まった[27]。

まず鄭家屯を中心として鉄道敷設が進められた。鄭家屯は，かつては内モンゴルの辺境の一小寒村であった。1862年頃から牛馬の定期市場として知られるようになり，1876年に開埠したときには戸数40戸ないし50戸程度になっていたという。近くに遼河が流れており，その水運が開けるにともなって発展し，40余年後の1910年代になると，法庫

表1-1 内モンゴル東部の鉄道敷設状況

		起工	竣工	営業開始	延長距離
四洮線	四鄭線	1917年4月	1917年11月	1922年10月	88
	鄭日線	1921年4月	1921年12月	1922年 1月	114
	鄭洮線	1922年9月	1923年11月	1924年 7月	224
洮昂線		1925年5月	1926年 7月	1926年 7月	224
長白線				1935年11月	
洮索線	白王線		1930年秋	1932年 2月	
	王索線			1935年11月	
索温線			1937年 6月	1941年11月	

注) 鉄道部渉外課「満蒙鉄道関係重要事項年表解説」等より作成。

表1-2 洮索温線関係調査書一覧

刊行	調査書名	調査者	出典・所蔵
1915	満蒙交界地方経済調査資料第三	満蒙総務部調査課	現物所蔵
1915	洮南方面調査復命書	関東都督府民政部	満資 20880
1919	長春洮南間鉄道予定線路踏査復命書	満鉄総務部工務局設計課	満資 05052
1924	洮斉線と北満物資	満鉄哈爾賓事務所調査課	満資 02199
1925	洮南斉々哈爾鉄道の価値	満鉄哈爾賓事務所調査課	満資 05054
1926	洮南満州里間蒙古調査報告書・別冊	満鉄庶務部調査課	満資 20881
1926	洮南満州里間蒙古調査報告書	満鉄庶務部調査課	黒図 K21252
1932	洮索沿線調査報告	洮南公所	満資 02200
1933	洮索沿線偵察報告（索倫支隊）	関東軍参謀部	ア歴
1933	泰来洮安間調査書	満鉄鉄道建設局計画課	満資 06498
1935	洮索素温沿線経済概況報告	満鉄新京地方事務所	黒図 K22845
1935	洮索沿線地方経済事情	満州中央銀行調査課	黒図 K24191
1935	国線調査計画案	満鉄経済調査会	現物所蔵
1935	洮大線懐素線建設概要	満鉄鉄道建設局	満資 05055

注) 出典欄の「満資」は吉林省社会科学院満鉄資料館，「黒図」は黒竜江省図書館，「ア歴」はアジア歴史資料センターの略。

門・伯都納をしのぐ内モンゴル東部で唯一の大市場になった。その理由はモンゴルの奥地に接しているという地の利があり，モンゴル人の出入りが多く牛馬が集まりやすい場所であったこと，平野部なので漢人が入植して農業に従事するようになったことがあげられる。鄭家屯の市場では牛・馬・羊のそれぞれ2万頭が集散し，農産物出回り数量も40余万石に達していた。1913年現在の戸数は6000戸にのぼり，人口も2万8000人に達していた。

　鄭家屯を北に進んだところにあるのが洮安県である。1907年には靖安県（洮南府属）となり，白城子に県城を修築していたが，1914年に洮安県となった。洮安県（旧靖安県）の住民は，1910年ころまでは蒙古人

が7割を占め，残りの3割は漢人であった。ところが，前述したように1912年8月に科爾沁右翼前旗扎薩克鳥泰王が東部内モンゴルの独立を企図して軍事行動をとり，中国軍に敗れて四散した影響を受け，以前に比べるとモンゴル人の占める割合が減ってしまったという[28]。

次は洮南県である。この地は科爾沁右翼前旗扎薩克図郡王の遊牧地であったが，1902年に開墾の許可が下りた。1904年6月に洮南府を置くことが裁可され，翌05年に洮南府が発足している。当初靖安（洮安に改められる），開通，安広，醴泉（突泉に改められる），鎮東の5県を管轄した。1913年2月に府制を廃止して洮南県が発足した。これらの地域は平地が多く，開墾されるにともない漢人が多く入り込み，蒙古人と漢人が雑居して農耕を営むようになった。洮南県の人口は表1-3の通りである。

表1-3 洮南県の戸数と人口

	戸数	人口
中国人	2,906	28,164
蒙古人	2,541	16,020
合　計	5,447	44,184

注）『満蒙交界地方経済調査資料第三』（満鉄総務部調査課）196頁。

なお長春・洮南間の鉄道については，1918年9月24日に「満蒙四鉄道に関する交換公文」が結ばれた。開原・海龍・吉林間，長春・洮南間，洮南・熱河間，洮南・熱河間の1地点より海港に至る間の4線について，日本の資本家による借款によって敷設することが締約された。日本興業銀行など3銀行がこの借款予備契約に調印し，前渡金として2千万円を渡した。これらのうち開原・吉林間については順次敷設工事が進み，1925年5月に完工した[29]。

それに対し洮南・熱河間等の敷設権については，1920年5月に四国借款団にその権利を譲った。また長春・洮南間については交渉がまとまらず，1927年の山本・張作霖会談に引き継がれることになる。

洮南から斉々哈爾に至る鉄道敷設と沿線の社会変容を簡単に見ておこう。斉々哈爾は，哈爾浜から西にいったところにある。中東鉄道が敷設されて駅が出来てから著しい発達を見せ，1910年代には鉄道開通前の

戸数の3倍に増えた。ところがロシア革命の影響で中東鉄道の輸送がほとんど止まってしまったので，一転商業も不振を極めるようになる。だが四平街と鄭家屯をつなぐ四鄭鉄道が開通し，それに連接して馬車輸送が盛んになった。中国人商人は斉々哈爾と洮南の間を行き来し，一挙両得の利益を挙げるために奔走した。斉々哈爾方面の商人は，小麦・麺・芝麻・高梁・紅豆・緑豆・大麻子・蘇子等を洮南に運んで販売した。帰りには石油・蝋燭・煙草・燐寸・綿花・布疋・アンペラ等を積んで斉々哈爾で売りさばいたという。往復にかかる日数は2週間余であった。

　その中継点として重要な位置を占めたのが拝泉県である。拝泉県は斉々哈爾から約四百余支里の距離にあるが，付近は地味肥沃な穀倉地帯であった。近くに海倫・克山・通化・墨爾根・訥河の諸都市がある。この拝泉県に集まった「北満州」の物資は，従来斉々哈爾を経て中東鉄道によって哈爾浜ン等に輸送されていた。四鄭鉄道の敷設にともない，それを洮南に延長することが計画された。また昂々渓・斉々哈爾間の18里については既存の軽便鉄道を買収して改良し，さらに斉々哈爾から訥河・墨爾根・愛琿を経由して黒河に接続し，黒竜鉄道の「ブラゴエチエンスク」に連絡するのが望ましいとされた。そのためには，すぐに洮斉鉄道の敷設を行わなければならなかった[30]。

　しかし洮斉線の敷設計画は，それが日本側のねらいではあったが，中東鉄道と直接利害関係が対立し，かつロシア側の軍事的な安全保障に脅威をもたらす案であった。ロシア側は当然それを阻止しようとする。北京駐在のカラハン大使は強硬に抗議した。張作霖はこれを斥けたので，カラハン大使は西北に隠遁している馮玉祥と結び，また北京政権の王正廷外交部長に圧力をかけて奉天政権を牽制しようとしたという情報が，満鉄北京公所嘱託黄子明により日本側に流れている。日本側から見ると，王正廷は国民外交を盾に，一方では露支細目協定の締結をうたい，他方上海や青島で大罷業を起こさせるなどにより揺さぶりをかける人物であった。したがって，洮斉線を敷設するために頼れるのは張作霖政権のみであった[31]。

　その張作霖との交渉によって「満蒙」鉄道を新たに敷設しようとする企図が，1927年6月に開かれた東方会議の主要課題となった。陸軍は対ソ戦準備のための軍事的必要から至急敷設することを求めたのに対

し，外務省はソ連や北京政権を刺激しないように進めるべきだと主張した。

まず原案の内容を紹介する。長春・大賚線についてである。同線は，1918年に結ばれた「満蒙四鉄道に関する交換公文」で日本側に借款権が認められた路線である。中国側の地方官憲が反対したため遷延した。だが同線は吉会線と共に日本の経済上，軍事上敷設が必要なので，南満州鉄道株式会社において交渉してすみやかに着手すべきであるとした。

次は新邱運炭線である。奉天の西約百里の新邱炭田は埋蔵量が撫順よりも多いと予想されているので，すみやかに敷設する必要がある。また通遼（白音太拉）・開魯線とその延長線，斉々哈爾・昂々渓線，洮南・索倫線も重要である。

洮南・索倫線は，東三省側にとってはソ連が「北満州」と東部内モンゴルに進出するのを抑制し，あわせて経済上の利益を増進することができる。日本にとっても軍事上また経済上満鉄の培養線として重要であった。それだけにソ連の反発が予想された。日本「政府は絶えず時局の推移を注視し事情の許す限り成る可く速に本計画の実現に努むること」とした[32]。

東方会議準備会議では，長春・大賚線等についてとくに異論は出されなかった。唯一南参謀次長が，洮南・索倫線について「対露作戦上重要なるを以て之を前記四線の何れよりも先に実現する」ことを求め，その順位の第一を「吉会線及索倫線」にすべきであると主張した点が際だっている。それに対し外務省の木村亜細亜局長は，近年ソ連側の対日態度が良好なので，先ず昂斉線の東支鉄道横断問題を解決して洮昂線の経済的価値を発揮させるべきであり，彼らの感情を損なう恐れのある索倫線の敷設はその後にした方が良いと反論した。田中内閣の与党政友会幹事長である森恪委員は，索倫線の敷設についての陸軍外務両省の主張を併記し，対ソ関係を考慮して「事情の許す限り可成速に実現を図ること」とすることでその場をまとめた[33]。

そこで結局「（別紙第二号）満蒙に於ける鉄道問題に関する件」の洮南・索倫線の扱いは，原案通り7番目に置かれ，以下の説明が挿入された。

本線は一面に於て東三省側に取りては北満及東部内蒙古地方に対す

る露国勢力の進出を控制し，併て経済上の利益を増進するの目的に供せむが為其の達成を希望するものと認められ，帝国に取りても国防上並に満鉄の営養線として重要なる価値を有す。之と共に他の一面に於て此際我方より強て本計画を促進するときは，其の露国の利益に及ぼす影響の重大なるに顧み，或は同国側を刺激し延て日露国交の大局を危殆ならしむるの虞なしとせず。従て政府は絶えず時局の推移を注視し，事情の許す限り成る可く速に本計画の実現に努むること[34]。

東方会議後の張作霖との交渉を経て，洮索線が着工された。

第2節　洮索・索温線沿線の社会変容

1　洮索線の敷設と沿線の社会変容

洮索線と索温線が敷設されることにより，沿線の地域社会はどのように変容したのであろうか。軍事用の鉄道として敷設が急がれた洮索・索温線が，これらの地域をどのように転変させていったのかを，調査報告等を用いつつ探ることにしよう。

まず関東軍がこの地域をどのように見ていたかについて，ちょっと長くなるが索倫支隊の報告書のうちの「意見」の部分を引いておこう。「満州国」成立後の1932年11月下旬から12月中旬にかけて，関東軍の索倫支隊が洮索沿線を偵察し，フルンボイル方面で対ソ戦を戦う場合の部隊の編成装備等についての報告書をまとめた。その結論は以下の通りである。

　一，給養兵額を減少し追送補給の軽減を計るを要す。之か為精鋭の装備を以てし，成し得れば自動車化部隊となし，勉めて馬匹の携行を減少するを要す。…呼倫貝爾平原に於ては水を得ること亦困難なるを以て馬匹編成部隊は極度に減少し，自動車を以て之に代ふるを可とす。

　二，砲兵は山砲及軽榴を主とし，尚自動車編成の野砲を配属するを要す。

　三，工兵の配属を多くし，道路補修特に架橋を実施せしむるを要

す。又一部の架橋材料の配属を必要とす。
四，後方補給機関は自動車編成とするを要す。
五，防寒具及宿営用具の整備を必要とす。
六，給水機関及水の消毒清浄の研究を必要とす。
七，薪炭及干草蒐集班を必要とす。
八，通信部隊特に無線の配属を必要とす。
九，防毒消毒の装備を完全ならしむるを要す。興安嶺中の道路は何れも谷底を通じ亦山地の特性として車輛等は通路の制限を受くること大なるを以て毒瓦斯の使用に適する所尠からず。従て該地方に作戦するものは防毒及消毒の装備を完全ならしむるを要す。
十，平時飛行場を設備し置くを要す。交通不便なるを以て飛行機に依り連絡補給を要すること少からず。而して戦時遂に飛行場を設備せんとするも付近は人煙希薄なるを以て人夫の徴傭不可能にして速かに構築するを得ず。故に戦時の必要を顧慮し平時より設備するを要す。谷底には平坦なる草地少からず。大なる工事を要せずして構築し得る所多し。但し上流に至に従ひ山高ふ谷幅大ならざるを以て注意を要す。
十一，自動車道及通信線を平時より構築し置くを可とす。
十二，洮索鉄道を速に完成するを要す。目下経済上には成算なきも，同地方将来の開発及作戦上の必要あり。洮索鉄道は速に完成するを要す。其構築は著しく困難ならざるべし。但し水害の影響に対しては相当の考慮を要す。
十三，移民を奨励し，同地方を開発するを要す。五又溝門以東河谷には相当の肥沃なる平地あり。付近漢人逐次移住して開発せられつつあるも，尚一層積極的に移民を奨励して開発し農産物を算出せしむるを要す。水清く山高く，本邦人の移住にも適当ならん。
十四，植林を奨励し燃料の採集を容易ならしむるを要す。
十五，蒙古人を懐柔利用する策を講ずること必要なり。蒙古人は文化程度低きも純朴にして勇敢なり。而して漢人に逐次圧迫せられつつある関係か本邦人に対しては頗る好意を有するが如

し。之を利用宜しきを得ば，軍事的にも相当利用価値あるものと思考す。[35]

　軍側の意向は，これにつきる。洮索線を速やかに完成し，自動車用の道路を補修する。飛行場が必要で，地形上それほど困難なく作ることが出来る。モンゴル人を「懐柔」すれば，軍事上も相当利用価値がある，と。これらの準備を整えることで，フルンボイル方面で想定される対ソ戦を有利に戦うことが出来ると踏んだ。そして実際着々とその準備が進むのであるが，しかし必ずしもノモンハンの戦いには活かされなかった。

　以下この「意見」に対応する形で進められる洮索線の敷設状況をたどり，それにともなって起こった沿線の社会変容を見よう。

　洮索線中の洮安（白城子）から王爺廟までの84キロは，1930年秋に仮営業を始め，1932年2月22日から隔日1往復運行するようになった。洮索線の全通は，1935年に入ってからである。洮安から索倫までは全長190キロで，1935年11月1日から索倫までの本営業が始まった。洮安駅を午前9時20分に出ると，索倫駅（写真1）に午後4時23分に着く。約7時間の行程であった。洮南を起点として，興安北省を阿爾山まで結ぶ道路も建設されていた。同時に新京（長春）と洮南をつなぐ京洮線も建設工事が進められ，第1期工区である洮安・泰賚間は1935年末に開通した。京白線の333キロは，1937年に完工している。営業開始後は，新京を午前7時55分に出発した列車は，洮安に午後7時に到着した。約11時間の行程であった。ちなみに新京から索倫までは，乗車時間18時間である。洮南から4つ目の駅である王爺廟は，王子廟とも呼ばれたが，1929年以降は中国式に懐遠鎮とも命名されている。鉄道開通前の王爺廟は，廟の外にわずかの人々が住む寒村に過ぎなかったが，1929年に屯墾公署が設立され，この地を将来の興安屯墾区の中心地にすることになって以後徐々に開けていった。第一墾殖局が設けられ，屯墾軍第2団の約1000名が駐屯した。洮南県城の2倍にあたる周囲40里にわたる広大な市街計画がたてられ，開発が進められた。各地の商民が続々集まるようになり，次第に市街地が形成された。1932年には，戸数は約400戸，人口は約2000余人，飯館子2，旅店5，雑貨鋪8，小学校1（教師2，生徒40），煉瓦製造工場1（札察克国王　鄒

写真1　現在の索倫駅　　写真2　察爾森の中村大尉事件碑（画面左下）

作奉屯墾軍範統帯の共同出資）を数えるまでになっている。なお9.18事件のきっかけを作った中村大尉事件が起こった場所は，彼が軍事偵察中だった王爺廟の近辺である（写真2）。王爺廟は現在のウランホト市で，かつての面影がまったくみられないほどの発展を遂げている[36]。

　一方索倫は，1932年の調査における戸数は130，人口は600人（そのうちモンゴル人は18戸，80人）で，商店も雑貨店9，理髪店1，麺店1，菓子店1，飯店3，薬店2，肉店1，豆腐屋1，木器店1，皮店1，鉄工場1，煉瓦製造所1であった。それが3年後の1935年には，戸数は400戸に増えた。鉄道官舎や満鉄事務所，治療所等の煉瓦造りの建築物が並んだ。建設ブームとなり，土建業者の出張所の看板が並んだ。日本人の在住者は他の地域に比べて多かった。索倫館という旅館があった。炉もない板の間に莫塵を敷いた座敷に洋鉄製のストーブと洋燈という簡素な設備であった。索倫の人口は約1200人で，満州人・モンゴル人・日本人の人口はそれぞれほぼ400人内外であった。索倫の商店は，いずれも小規模で，資本金200円から300円程度が最も多く，500円以上はほとんどなかった。日本人が営む雑貨商が2軒あった。扱っている商品は主として缶詰類や酒・ビール・サイダー・煙草・綿布などの日用品であった。奥地に住むモンゴル人が獣皮類や薪・乾燥羊肉などを運んできて，金銭や布類・ビール・燐寸・煙草などと交換した。交通が不便なので物価は著しく高く，洮南や洮安に比べると4-5割高かった。

　1935年6月以降に洮索線が開通すると見込まれた。洮南を起点として温泉迄の道路を建設しつつあった。建設関係の輸送はトラックを使っ

ていた。一般の運送には牛車が用いられた。モンゴル人は玉樹という木の枝をはさんで車轍とし，牛に牽かせていたが，あまりたくさんの荷物を積むことが出来なかった。

別の調査によると，1935年9月末日現在で，索倫には合計442戸，1992人が住んでいた。うち満人306戸，1329人，モンゴル人49戸，318人，日本人78戸，307人，朝鮮人10戸，38人であった。

日本側の諸機関は，鉄道守備隊，満鉄治療所，領事館警察官派出所，日本居留民会で，他方満州国側には，旗公署，警察署，小学校，商務会，農務会，郵政局，代弁処があった。この調査では，満人の雑貨店が25であるのに対し，日本人経営の雑貨店も同じ25で，雑貨店2（朝鮮人1），菓子店2，洗濯業1，理髪店1，皮革店5（朝鮮人2），煉瓦製造2（朝鮮人1），旅館3，飲食店5（朝鮮人1），料理店3であった。こちらも商店はいずれも小規模であると指摘されている。

急速に人口を膨張させた索倫の場合，中国人も増加しているものの，日本人が3分の1を占めるようになったことが大きな特徴である。この鉄道の性格上，索倫にはかなりの日本側機関が設置された。日本関係の事業者が工事を請け負った。それにともない商業者などが流れ込んだ。索倫の人々の居住地であったこの地に，満人・漢人・日本人・朝鮮人などが混入することにより、新たな市街地が形成された[37]。

2　索温線の敷設と沿線の社会変容

洮索線完成後の第2期の敷設計画は，索倫から温泉（阿爾山）までの区間であった。同線は「世界の文化から取残されて居る別天地蒙古の住民に対し，近代文明の恵沢を齎すものである」と謳われたが，鉄道経営の面からは採算がとれるという試算はなかった。何故ならこれらの鉄道沿線地域には，めぼしい生産物が見当らず，わずかに農産物・皮革類・畜類があったに過ぎない。たとえ鉄道が開通しても，急速な経済発展が見込めるとは予想できず，かろうじて採算が見込めるのは林業くらいであった。

他方この路線は，軍事的観点からみると，温泉からハイラルまでを結ぶ，ソ連・外モンゴルとの国境線防備のための重要路線であった。陸軍の「意見」に沿って，沿線には飛行場が多く作られた。その建設のため

第Ⅰ部　南満州鉄道と地域社会変容

写真3・4　好仁日本軍飛行場址

写真5

写真6

写真7

写真8

写真9　現在の五叉溝駅

写真10　現在の白狼駅

写真11　南興安隧道址　　　　写真12　南興安隧道堡塁址

に強制動員を含む多くの労働力が投入された（第8章参照）。索倫近郊には，現在も日本軍が使用した好仁飛行場址が残っている（写真3・4）。五叉溝近郊にも日本陸軍の飛行場がつくられ，やはりその残址が残っている（写真5～8）。

　索温線の敷設のためには，索倫から大興安嶺を越える工事が必要であった。1935年11月10日には大興安嶺南麓の七道溝まで竣工した。索倫から五叉溝までは，ほぼ放牧地が続き，次いで大興安嶺の森林地帯に入る。沿線の集落の人口は少なく，生業といっても林業と牧畜以外の生産物はあてにできなかった。索温線沿線の移出金額は，1935年頃で農産物が80万円，毛皮皮革が30万円，その他10万円を合わせても合計120万円と推定された。一方移入額は100万円前後であったという。

　五叉溝（写真9）は索倫から75キロ程奥にあったが，29戸，140人の小さな村であった。しかし索温線工事関係の土木組のほとんどが五叉溝に本部を移転してきたので，にわかににぎわうようになった。

　七道溝は興安嶺の隧道工事に従事する1000余人の工事関係者がいて，標高1200メートルの山腹にバラックの町を形成した。カフェー・料理店・旅館・雑貨商・理髪店等約40戸の商店もすべてバラック建であった。ほかに満州人28戸，140人，モンゴル人3戸，12人が住んでいた。ここから山の頂上までの距離は約2里で，大興安嶺を越えるくねくね曲がった国道が続いていた[38]。

　1936年には，阿爾山のひとつ手前の白狼駅（写真10）まで鉄道がつながった。白狼駅の先には大興安嶺の峰を貫く隧道が掘られた（写

真11）。1937年6月に完工した。標高1227メートルの所にあり，全長3218メートルであった。1937年中には索温線の運転が開始されたようであるが，正式に全線が営業を開始したのは1941年のことであったという。なおノモンハン戦争の現地につながる南興安の隧道入り口には今も日本軍の堡塁が残っている（写真12）。

　阿爾山は，興安北省（新バルガ左翼旗）にある。同地の温泉は，モンゴル人の間で神聖視され，万病を治療する霊泉としてあがめられた。ハイラルのモンゴル系実業公司が，中東鉄道から3万元を借入し，1927年に15棟445坪のバンガローを建てた。客室数は150で，ロシア人の入湯者をあてにして経営を始めた。しかしうまくいかず，地元に住む伝顯亭による個人経営に替わった。1932年からは，やはり地元の産業公司がこれを引き継いで経営することになった。1935年には阿爾山に満鉄の測量班と温泉のボーリングのための駐在員が約20名，それに憲兵が数名いた。「満州国」の警官派出所，日本人の旅館・飲食店・雑貨商，ロシア人のパン屋，モンゴル人の住戸が23戸あった。満鉄・陸軍・「満州国」方面では，温泉の沸出量を増し，療養所設置を計画したが，関東軍将校用とその家族が専用で使ったとされる温泉宿が残され，今も使われている。

　索温線の鉄道工事には多くの労働者が使われた。この地域の人口は元々極度に少なかったので，鉄道工事に地元の労働力を使うことを当てに出来ず，ほとんどすべての労働者が他の地域から動員された。索温線沿線の社会変容といえば，これら多数の労働者の動向を抜きにすることは出来ない。現時点で資料上確認できる労働者の動向について，多少ともわかる範囲でふれておこう。

　まず興安北省における労働者の動向である。1939年5月15日現在の興安北省における労働者の総数は1万9653人で，さらに増加の傾向にあった。その40％にあたる7961人は軍関係労働者で，地方関係労働者は1万1693人であった。日本人労働者も207人いた。一般労働者は1万4643人である。また58％強にあたる1万526人は中華民国出身（「満州国」出身ではない）であった（表1-4参照）。「国境建設工事其他増産計画に基く諸事業の殷賑に伴ひ労働力の不足を来し」ているので，労働者の間には「増長」傾向があるが，今のところ顕著な動きはないと報告さ

第1章 「満蒙」問題の現出と洮索・索温線沿線の社会変容　　61

表1-4　興安北省軍関係工事出身地調査（1939年）

「満州国」	人員	民国	人員
錦州省	2,265	河北省	1,080
奉天省	1,815	山東省	981
安東省	806	山西省	16
熱河省	473	河南省	13
吉林省	284	江蘇省	13
興安各省	80	直隷省	2
龍江省	23		
浜江省	23		
牡丹江省	8		
東安省	5		
三江省	4		
関東州	70		
計	5,856	計	2,105
合計			7,961

表1-5　興安北省軍関係工事死亡状況調査（1939年1月～5月）

死亡別	病名	人員	摘要
病死	急性肺炎	28	
	肺結核	21	
	胃腸炎	14	
	流行性感冒	8	
	黄疸	4	
	急性大腸炎	4	
	阿片中毒	4	
	喀血	3	
	［判読不能］	［14］	
変死	溺死	4	病臥中に川氾濫溺死
	墜落死	1	梯子を踏み外し墜落
	縊死	1	発作的精神異常自殺
合計		106	

注1）海拉爾憲兵隊本部「管内（興安北省）ニ於ケル労働者ノ現況ト対策」より作成。
　2）［判読不能］の理由は，原資料がその部分欠けていることによる。

れている[39]）。

　1939年1月から5月までの軍工事関係労働者の逃走は78人で，そのうち25人は逮捕されて復職したという。また地方工事関係労働者の場合の逃走は24人で，8人が逮捕後復職している。逃亡の理由としては，前借りを踏み倒そうとした，身体が虚弱で連日の就労に堪えかねた，募集条件と合致しないので憤慨した，監督者から殴打された，などの例が示されている。同じく1月から5月までの死亡者は，軍関係工事労働

表 1-6　1941 年度労力需要推定数

	1月	2月	3月	4月	5月	6月
海拉爾	9,700	9,700	9,700	9,800	18,300	22,500
索倫	4,100	4,100	4,100	4,100	6,100	7,200
計	23,610	23,610	23,610	23,810	37,730	47,240

	7月	8月	9月	10月	11月	12月
海拉爾	12,800	22,800	22,700	22,700	20,200	12,100
索倫	7,200	7,200	7,200	7,200	7,200	5,100
計	47,390	47,390	47,390	47,390	43,260	28,910

注）満鉄斉々哈爾鉄道局「興安北省労働事情」(1941年, 27頁) より作成。

者の場合は病死 100 人，変死 6 人，地方関係工事労働者の死亡者は病死 11 人，変死 3 人であった（表 1-5 参照）。

興安北省労務協会支部によると，「満州国」外の労働者では，1939 年から継続して残留している労働者 1 万人，1940 年に新たに加わった労働者 1 万 2000 人であった。また「満州国」内の他省からの残留労働者 8000 人，1940 年における新規労働者 6000 人であった。合わせると 3 万 8000 人にのぼる。これらは海拉爾や牙克石，礼賛諾蘭炭鉱などを含む数である。興北労協支部は，管内における労働者の自由募集を禁止し，各企業が省外や国外の労働者を適宜募集して集めていた。だが 1940 年には工事の最盛期となり，甚だしい労働力不足に陥った。そこで支部は直ちに隣接の興安東省札蘭屯に係員を派遣して，約 500 人を募集斡旋した。さらに本部と交渉して哈爾賓で募集することで切り抜けたという。1940 年度における興北労協支部の斡旋件数は 15 件，人員 1276 人であり，輸送斡旋実績は 41 件，4560 人であった。さらに 1941 年の興北の労働力需要は，表 1-6 のように推定された[40]。

なおとくに索温線敷設工事がらみで報告が残っている 3 つの逃亡事件を見ておこう。まず 1935 年 6 月 14 日午前 3 時頃に，索温線敷設工事の現場である牛汾台（五叉溝と白狼の間の駅）で，労働者 91 人が警備用の洋砲 3 丁を奪って逃走した。工事を請け負っていた吉川組が雇っていた労働者である。吉川組は，同年 4 月に白城子付近で 400 人を募集したが，あまり集まらなかったという。加えて募集地から工事現場へ運ぶ途中，23 人が逃走した。人数が減った分残りの労働者の負担が増え，仕事がきつくなった。また賃金は立替旅費として差し引かれ，1 人平均

約5円の負債があった。それ故作業に従事することを嫌悪し，逃走したと指摘されている。事件後，索倫憲兵分駐所は日満警務機関を指導して防止の手段を講じた。また索倫地方臨時警務連絡会議を開催して，吉川組等の工事請負責任者に対して主要箇所に監視員を立哨させて逃走者の発見・警戒に努めることとした[41]。

1943年8月16日午前2時頃，満州第956部隊出張所現場労働者59人が逃亡した。原因は労賃の中間勘定がないことに不満を抱いたというが，大部分の出身地は華北であった[42]。

阿爾山満州第979部隊に就労中の労働報国隊員7人が，1943年10月5日午前2時頃に作業隊の宿舎から逃亡し，国境線を越えてモンゴル側に入ったことが，阿爾山西南方15キロの所にある勝山監視哨で目撃された。いずれも興安西省から供出された労働者で，9月28日に阿爾山に着いたばかりであった。募集の際の説明と現地の実情が甚だしくかけ離れていて，寒気が厳しい雪中の土木工事を嫌って逃亡したのではないかと見られた。第一線の築城作業に従事していたので，モンゴル側に逃亡したのは防諜上「遺憾に堪へざる」出来事であるとの所見が記されている[43]。

この地域の社会変容の一角を担った労働者の動向については，資料的制約のため断片的にしかわからないが，鉄道工事や飛行場工事等に対して大量の労働力が集中して用いられており，労働条件も過酷であったことがうかがえる。

おわりに

ちょうど20世紀を迎えるころ，多くの民族が協生していた内モンゴル東部を中心とした地域にも，近代国家の領域支配の論理が押し寄せた。住民はこの新たな論理に翻弄されつつ，それぞれの生活を営むために新しい街をつくったり，各地への移動を繰り返した。新しい鉄道が引かれるたびに人々の移動は激しさを加えたが，鉄道そのものは必ずしも現地住民の夢や思惑に沿う形で敷設されたわけではない。ここで対象とした鉄道は，あくまで関係国と地方政権による，それぞれの思惑のなか

で敷設された。

　「北満州」を東西に横切る中東鉄道が開通し，新たな物流と人流が生まれつつあったとき，同じ平原で日露戦争が戦われた。清朝の崩壊が目前に迫ると，モンゴル中心部で起こった独立運動に呼応してフルンボイルの地でも清朝からの独立を求める武装運動が進められた。ロシア政府はヨーロッパにおける国家間関係の方を重視していたので極東における紛争への介入を望まなかったが，すでに中東鉄道附属地を中心に多くのロシア人が暮らしている地域の秩序を維持する必要があった。そこで現地ではモンゴル人を陰ながら支援した。

　このようにフルンボイル地域には，モンゴル人を中心とする独立への希求や，ロシア政府の思惑が渦巻いていた。辛亥革命により誕生した新政権がもたついている間に，日本は，外務省が主導して第3回日露協約に内モンゴル東部の「特殊利益」を盛り込むという「漁夫の利」を得た。それを手がかりとして，日本陸軍の戦略上の拠点としてこの地域を活用するために，洮索・索倫線を敷設した。

　日本はモンゴル人等の独立運動を自らの権益拡大に利する限りにおいて利用した。他方ではその討伐にあたった張作霖政権を支援してロシアに対抗するための満鉄培養線の敷設を進めた。その結果敷設された鉄道沿線の地域社会は，様々な変転を余儀なくされた。その変転は，ここでとりあげた洮索線・索温線の場合には，あくまで日本陸軍の軍事目的に沿う形でのみ許容されたものであった。何故ならこれらの鉄道は，関東軍にとって最も重要な対ソ戦用の軍事鉄道のひとつだったからである。そして日本はノモンハンの日ソ戦に大敗しつつも，実際にはあまり活用されなかったこの地域の鉄道を整備し，さらに戦闘態勢を整えた。この地域への労働力の強制動員が実施され，総力戦体制が準備された。

　今この地域を走る白阿線（白城子・阿爾山間）は，沿線住民の生活にとって欠くことの出来ない路線である（写真13）。鉄道終点の阿爾山も，すでに有数の温泉保養地として，また避暑地としての卓越した地位を高めつつある。その一方で，牛車を引いて荷物を運ぶごとくゆったりとした生活のリズムが，長距離巨大トラックの波にかき乱されていることに象徴される，新たな社会変容の波が訪れつつある（写真16）。

　他方自然保護の観点から，耕地をこれ以上増やさず，積極的に植林を

写真13　白阿線の汽車を待つ住民

写真14　阿爾山駅舎

写真15　大興安嶺と洮兒河

写真16　牛車と長距離トラック

進めるための政策も始動しているとのことである（写真15）。今世紀末には，白阿線（洮索・索倫線）沿線の社会はどのように変容しているのであろうか。

第 2 章
瀋陽・吉林線の敷設と東部地域の都市化

曲　暁範

はじめに

　通常，良好な交通条件は，その地域の社会的発展および住民の生活水準の向上のための前提条件である。民国初期，張作霖が指揮を執る中国東北三省の地方政府は，地域社会の立ち遅れを回復させるため，重なる困難を克服し鉄道によって代表される近代的交通施設の建設と交通手段の導入を強化し，幾つかの成果をあげた。そのうちで，もっとも大きな影響があったのは瀋陽・吉林線（瀋吉線）の敷設である。この路線は，東北地域で最初に中国人自身の資金と技術によって敷設，経営された鉄道であり，1929年に開通した。この線の開通は，沿線地域の社会，経済などの各分野に大きな影響を与え，鉄道背後地の社会発展を推し進める推進力となった。本章では，①瀋吉線敷設の背景，②奉天省，吉林省両省による計画，敷設の具体的なプロセス，および③開通後に生じた鉄道の影響という3点について考察していく。

第1節　瀋吉線敷設の歴史的背景

　瀋吉線は，東三省交通委員会の下で，奉天，吉林両省の政府がそれぞれ計画，敷設を行った，海龍，朝陽鎮を合流点とし両省の東部をつなぐ

標準軌の鉄道の名称である。そのうち，奉天省内の路線は奉海線とも称された。この鉄道は，奉天省の省都にある瀋陽東駅を起点として，渾河に沿って撫順，清原を経て，柳河に沿って海龍平原に入り，山城鎮を通り，海龍鎮に至る。また，支線には次の2つがあった。1つは，海龍から朝陽鎮までの支線（後に奉海主幹線最後の部分となった）であり，もう1つは梅河口から，東遼，東豊を経て，西安（現在の遼源）に至る梅西支線（現在は，四平・梅川口線の一部）である。また，瀋海線の吉林省内の路線は吉海線とも称された[1]。これは，当時吉林省の省都であった吉林の北山前麓から，吉林八百壟（黄旗屯）を出て，温徳河を通過し，双河鎮，煙筒山に至り，鶏冠嶺を通り，玻璃河に沿って明城を経，老爺嶺を通り抜けて輝発河流域に入り，さらに磐石を経て，朝陽鎮に到達し，奉海線とつながる。民国期の奉天，吉林両省がこの地域に鉄道を敷設したこと，および海龍（後に朝陽鎮に改めた）を奉海線の終点，吉海線の始点としたことは，主に以下の3点に起因していると考えられる。

第1は，「東辺」および松花江上流地域全体の特産資源の開発を強化し，地域経済の発展を均質化することであった。「東辺」というのは，清末から民国初期にかけて奉天東辺道に管轄されていた奉天省東部，東北部の長白山地域，および渾江，鴨緑江，柳河流域などの広大な地域を指している。その大体の範囲は次の通りである。西は奉天省中部の磐石，東豊，本渓，鳳凰城を境界線とし，東は中朝国境に至る。南は安東・大東溝から，北は通化，渾江に達する。なお，第二松花江上流域は，現在の吉林省吉林市の北部から長白山天池に至る松花江の主流およびその支流地域である。清末から民国初期にかけてこの地域は，奉天省東辺道と吉林省吉林府の管轄下にあったが，本章では，第二松花江上流地域を，奉天東辺道の管轄区域以外の吉林省の管轄下にあった第二松花江の上流地域とする。この地域は広大であり，中国東北ではもっとも海抜が高く，湿度も高く，山が連なり，河川が縦横に流れている。そのうえ，清朝初期から1870年代までの長期間，この地域は厳格な封禁の地であった。したがって，20世紀初頭に安奉線が敷設され，奉天省城とつながったことによって近代化をある程度果たせた安東，鳳凰城など，また初期的な開発が実施された通化，海龍，吉林，永吉県などの地域を除いて，その地域の大半は依然原始的な未開状態にあった。なお，すで

に開発された地域では，海龍とその付近の朝陽鎮，磐石，金川は盆地の中央に位置しているため，土質が肥沃で農耕に適していた。同時に，周辺の山間には多数の道があり外界と通じていたため，この一帯の豊かな林産，鉱産，農業特産品の外部への輸送も行われていた。

19世紀末には，海龍の産物の多くは，鉄嶺から遼河を通って営口まで輸送され，売りさばかれたため，鉄嶺の商業が盛んになった[2]。1903年に中東鉄道が完成した後，海龍の商品のほとんどは鉄道沿線の大型駅である開原に運ばれるようになり，鉄道に移行したため，開原が次第に輸送の中枢となった[3]。そのため，地方利益の保護の見地から，鉄嶺の知識人や商人は1909年に奉天省当局に鉄嶺から海龍までの鉄道の敷設を求める意見書を提出した。引き続き，開原の知識人も同様に，開原・海龍線の敷設を要求した。しかし，清政府は，以下の２点の理由から，鉄道敷設を許可しなかった。すなわち，①鉄嶺と開原では敷設される鉄道の起点についての論争がある，②鉄嶺と開原のどちらを起点にするにしても，日本が経営している南満鉄道と軌道の接続をしなければならないが，その場合には，中華民族自身が敷設しようとしている鉄道が，事実上満鉄の「延長線」になってしまうため，中華民族の利益を維持・保護できないだけではなく，主権さえも失ってしまう，ということであった。民国初年，海龍などの地域の商人や住民は，地域経済の発展のために，海龍線を敷設する要求を再度提出した。民国初期，東北社会の変動は激しく，東北地方の政府官僚の更迭が頻繁であったため，地方政府には，民衆のこうした要求に配慮し，検討する余裕はずっとなかった。

1922年，奉直戦争後，張作霖が東三省総司令に就任し，東三省自治政府を設立した。張は，東北地域の社会・経済が立ち遅れており，発展を加速化させる必要があることを深刻に感じ取っていた。奉天省長王永江も同様の考えを持ち，次のことを希望した。すなわち，①資源開発の強化，②社会資金の蓄積，③奉天における金融混乱の漸次的解決，④民生経済の改善などである。

第２は，鉄道の敷設を通じて，東部地域の極めて立ち遅れている交通環境を改善させるために，移民をもって辺境を充実させる「移民実辺」政策を加速化させ，吉林，奉天両省の東部の，人口が少なく治安が混乱している状況を根本的に転換させることであった。

1850年代から，中国の東北辺疆に位置する黒龍江流域，次いで烏蘇里江流域は，帝政ロシアの軍事侵略の威嚇を絶えず受けていた。清政府はロシアとの間に中国の主権が侵害される一連の双務条約をやむをえず締結したため，中国東北地域の境界線は次第に内側へと収縮させられた。ただ，その間も松花江中・上流地域および鴨緑江流域の状況はなお相対的に安定していた。しかし，1898年にロシアが東北に中東鉄道を敷設しはじめてから，とりわけ，1900年の庚子事変［義和団事件］以降，ロシアは義和団と会党［秘密結社］の活動取締りを口実に，東北に大規模な軍事侵攻を行ったため，ロシア軍が吉林東部に侵入した。その後，中国東北でのロシア軍の活動を撹乱する目的で，朝鮮に侵入した日本軍は，吉林の延辺と奉天東辺道を次第に制御するようになった。また，スパイを派遣して，松花江上流と鴨緑江右岸の密林地帯に入り，会党活動を策動させた。日本とロシアが中国と朝鮮，ロシアとの国境地帯で行った侵略活動は，東北東部の辺疆地区の外交と防衛に危機をもたらしただけではなく，土匪，会党の活動が猖獗を極めるようになり，磐石県一県だけでも土匪グループの数は数十組にのぼるほどであった。そのため，清朝の地方統治も弱体化させられ，この地方の統治は弱まった。こうした状況を改善するため，日露戦争以降，東北地方当局は，外交活動と軍事敷設を積極的に行いながら，民衆の東部移住を奨励する政策を推し進めた。20年近くの努力を経て，人煙稀であった東部地域の人口はいちじるしく増加した。たとえば，吉林濛江州の場合，1909年の全州の総人口は僅か5,244人で，人口居住区（すなわち，森林，水域などの無人地域が含まれない面積）においては平均で1平方里［1平方里＝15.4234平方キロメートル］に10人にも満たなかった[4]。同年，樺甸県の人口は60,016人で，人口居住区では1平方里当たり38人であった。だが，東部地域の周縁に位置する磐石県の総人口は128,530人であり，人口居住区においては1平方里当たり100人であった。1928年になると，濛江県（現在の靖宇県）の居住区人口は21,103人となり，樺甸県，磐石県の人口はそれぞれ108,948人，209,224人に達した[5]。とはいえ，人口密度は依然として相当に低かった。もし鉄道が開通すれば，これらの地域への関内からの移民の移出入に非常に便利になり，これらの地域の経済と商埠地の発展に必要な人口を提供できるようになるだろうと考

第 2 章　瀋陽・吉林線の敷設と東部地域の都市化　　　　　71

えられた。
　第 3 は，奉海，吉海線の敷設によって，東北地方当局は，東北地域を単独でコントロールすることのできる近代的な交通大動脈をはじめて保有するようになったことである。それと同時に，その敷設により，南満鉄道と中東鉄道の輸送を分割することが可能になり，外国の経済侵略を抑制できるということがあった。
　中国東北の鉄道敷設は，1894 年に直隷総督李鴻章が指揮を執って敷設を開始した関内外鉄道の関外部分の着工にはじまる。この路線の敷設は断続的に 10 年をかけて，1903 年に完成し，総計 360 キロメートルであった。これは，東北地域において中華民族が自力で敷設した初めての鉄道であり，重要な意義があった。しかし，この鉄道は直隷総督管轄下の京奉線総局に属するものであったため，東北地方当局はこの鉄道の実際的な管轄権を有していなかった。同時に，ロシアは，三国（対日）干渉で遼東半島が返還されることに功労があった点を持ち出して，清政府に「中露密約」の締結を迫り，東北地域に中東鉄道を敷設・経営する特権を取得した。1898 年から 5 年間で，ロシアは東北地域の，南北を縦断し，東西を横切る全長 2700 キロメートルの中東鉄道を作り上げた。1905 年日露戦争後，中東鉄道の長春以南の部分は，戦勝国の日本に譲渡され，南満鉄道と改称された。したがって，清末には，東北の鉄道は形式上，中国人が経営する山海関・新民間の鉄道，およびロシア，日本の両国がそれぞれ制御する中東線，南満線という 3 つの鉄道運輸システムが並存していた。その間，東北の鉄道運輸を実際に主導していたのは，日本の南満州鉄道株式会社とロシアの中東鉄道会社であった。民国に入って後，新しい東北地方政府も鉄道発展の加速を希望した。日本は，中華民国承認の条件に，袁世凱政府と「線借款予約弁法大綱」（満蒙五路計画）を調印し，条約の中で許可されている特権，すなわち，①中国に対する日本の高額利息借款，②プロジェクトと旅客・貨物運送車両などの工程機材の販売，③工程の設計と施工への関与などを利用して，東北の新しい鉄道を相次いで満鉄のシステムに組み入れ，完全に日本の経済侵略の道具にした[6]。日露両国は，彼らが独占した東北の鉄道輸送から巨大な経済利益を獲得しただけでなく，さらに東北地方当局の輸送活動のすべてをコントロールできたのである。そのうち，もっとも

際立っているのは東北軍の軍事移動である。東北当局が軍隊の運送で満鉄に協力を求めるたびに，満鉄は輸送費の即時支払いを要求したほか，各種の極めて厳しい付加条件を付け加えた。たとえば，①奉天軍は，必ず日本駐奉天総領事および関東軍司令部の許可を得てから乗車しなければならない，②一時的に武装を解除する必要がある，②奉天軍の軍用物資は，必ず関東軍司令部の許可を得て輸送しなければならない[7]。したがって，東北当局にとって，満鉄に代表される日本の植民地鉄道は，まさに併呑することも駆逐することできない1本の「吸血管」であった。もし東北当局に残されている僅かな主権を維持・保護したいのであれば，南満鉄道の制御を回避して，中華民族自身が保有する鉄道を別個に敷設しなければならなかったのである。

　1924年4月，張作霖は東三省交通委員会設立を命令した。この委員会は，東北各交通事業の最高政策決定機関であり，全東北地域の鉄道の敷設と運営，省・県の道路の敷設，電話・通信ネットワークの構築，路政の維持・保護などについて監督・指導責任を有した[8]。委員会は委員長1名，委員15名からなり，東三省の省長と政府部門の長官が兼任した。委員会には，「総務」，「路政」，「郵航」の3部門が設置され[9]，委員長には奉天省長王永江が就いた。交通委員会が設立されてから，直ちに鉄道の新たな幹線と京奉線大虎山から通遼までの鉄道支線の敷設に着手した。外国による東北の交通に対する壟断に抵抗し，東北辺疆全体の開発を先導するため，王永江は，日本がコントロールしている満鉄線に並行して，東三省を縦に貫く東西走行の鉄道幹線を敷設する計画を提案した。計画では，東幹線は奉天から吉林までとし，海龍がその中心地点となること，奉天，吉林両省は別々に鉄道敷設組織を設立することとされていた。南区間では，奉海線公司を設立して，奉天省官民の共同出資，および自国の技術と人材を用いて，奉天から海龍までの線路を完全に自主的に敷設する。また，北区間では，吉林に吉海線局を設置し，吉林省が出資し，同じく自国の技術と人材を用いて，吉林から海龍までの幹線を完全に自主的に敷設する。これらによって，奉吉線幹線が完成される[10]。一方，西幹線は奉天からチチハルまでであった[11]。

　東北地方当局による鉄道敷設の準備と展開に直面して，満鉄は，調印した「線借款予約弁法大綱」には中国側が敷設する予定の路線がすでに

第2章　瀋陽・吉林線の敷設と東部地域の都市化　　　　73

含まれていることを口実に，交渉を求めた。紆余曲折を経て，東北当局はようやく東幹線，すなわち奉天省都から吉林省都までの幹線敷設の権利を得たのである。

第2節　奉海線の敷設過程

　最初に敷設が許可されたのは奉天省が指揮を執る奉海線であった。1924年秋，奉天省長王永江は，四洮路総務科長陳樹棠に測量隊の編成を命令した。測量隊は2隊からなり，第一隊は瀋陽を始点とし，第二隊は清源を始点として，3カ月で任務を完了するよう命ぜられた。測量後の調査研究に基づいて，1925年2月に奉海線敷設籌備処が設立された。同年5月14日，調達資金は2,000万元に達すると予想された[12]奉海線股份有限公司[13]が奉天省城（瀋陽）の八王寺に設立された。当時奉天省政務庁長官の王鏡寰が総経理に，北京大学土木学部卒の陳樹棠が技師長（総工程司）に就任した。鉄道会社には「総務」，「工務」，「車務」（乗務員業務），「会計」などの部署が設けられた。「車務」課長高元策，「工務」課長陳明軒などのメンバーは豊富な経験を持つ鉄道管理者であった。「機務」（機械関係業務），「電務」（電気関係業務），「材料」などの課の責任者も，四洮や北寧などの鉄道からの招聘者であった。「站務」（駅内業務），「機務」に従事する人員は試験によって採用された。会社には董事11名，監察人5名が設けられ，役人と商人が半々の割合で配置された。董事の任期は3年であり，常会は毎月1回，特別会議は年1回であった。要するに，奉海線公司が設立されて，直ちに近代鉄道の専門知識を有する一群の人材が集められ，工事が高い質で完成されるための堅実な土台が確立されたのである。
　工事の当初予算は現大洋2,400万元であった。しかし，当時奉天省の敷設項目は多く，資金が逼迫していたため，省政府には奉海線敷設資金を全額投入する力はなかった。資金不足の問題を解決する1つの方法は，必要資金総額を下げることであった。王永江は幾度か命令を下達し，資金総額の縮減を要求した。最終的には1,250万元まで削減されたが，これは当初予算額の50％余りであり，奉大洋2,000万元に相当し

た。もう1つの方法は，資金集めのルートの拡大であった。王永江は，この鉄道が日本やロシアの妨害と統御を免れるためには，外国の借款に頼らないようにしなければならず，奉天省自身の力だけで鉄道を敷設すべきであると考えた。彼は，「商股」（官営企業が商人と一般人に向けて発行する株券）の募集を通して，資金不足を民間からの経費募集によって補う方法を提起した。政府と商人はそれぞれ投資総額の半分を持ち，政府株は省政府が，「商股」は商人と一般人が引き受ける。商股は20万株に分けられ，1株は奉大洋100元で，4期に分けて募集を行うとした。株引受を奨励するため，「500株を引き受けた者には監事の選定権を付与する」と定めた[14]。奉海線公司は，東三省官銀号本店と支店を出資金の受取機関に指定し，領収証を随時発行した。当時，株式会社という形式および鉄道の敷設，運輸のどちらについても，商人らはそれについての知識をほとんど持っていなかった。したがって，資金募集が始まった後も，商人らは様子を窺うだけで，参加には至らず，応募は非常に少なかった。鉄道敷設の着工が差し迫っていたため，省政府はやむなく目標を定めて，各県に均等に分担させる方法を採るよりほかなかった。大規模な県には20万，中規模県には10万，小規模県には1～2万で，土地面積に応じて割り当てた[15]。下達された任務を完成させるため，各県では，県知事自らが資金募集に力を入れた。彼らは各県で宣伝講演会を行ったが，これには商会，農会の会長，保甲所長，各商号の代表などの全員が参加しなければならなかった。講演の内容は，「鉄道敷設の利益」[16]，公民の権利と責任などが含まれていた。宣伝講演会の後，各部門は県の規定にもとづいて，相応の募集をそれぞれ引き受けた。たとえば，西豊県の場合には，商会が3万元，農会が17万元を募集する[17]と定められた。資本の多寡に基づいて，経済的力に応じて配分を行い，各商号において着実に消化を行うことになった[18]。この結果商股900万元余りの応募があった。株をもっとも多く購入したのは東三省官銀号で，1万元を購入した。個人で積極的に株を購入した者もいて，たとえば西安（現在の遼原）の魏治安は500株を購入した[19]。商股で調達した資金以外の不足額は省財政から随時立て替えて支払われたため，鉄道敷設資金は適時かつ確実に手配できるように保障されたのである。

　奉海線が占用する私有の田地は一律に見積もって買い取られたが，現

金では支払わず，占用される各世帯の土地面積に基づいて，すべて審査して価格を決めて，株券を支給することにした[20]。会社の株券は記名式の有価証券であり，中国人同士の間で譲渡することはできるが，外国人に譲渡すること，また抵当に入れることは許されなかった。

奉海線全線最終回の測量は1925年5月15日に開始され[21]，30人余りの測量隊は1カ月間の実地調査を経て，路線の方向，トンネルの位置，および列車の給水駅（瀋陽，撫順，営盤，南口前，清源，水簾洞，山城鎮，梅河口，海龍，朝陽鎮，大興鎮など12箇所を含む）を最終確認した。

1925年7月18日，奉海線は奉天省都瀋陽の大北辺門で正式に着工された。鉄道の始点は奉天東駅であり，その基本的方向は次の通りである。奉天省都を出た後，渾河に沿って，撫順を経て，丘陵に入り，清源を通り，柳河に沿って，海龍平原に入る，続いて山城鎮を経て海龍鎮に入るルートであった。瀋陽から撫順まで，および草市から海龍までの区間は比較的平坦であるが，その他の地域は，山々が極めて険阻であり，途中には渾河の流路があった。線路の決定にもとづく測量の結果，迂回する方法はなかったため，敷設工程の労苦は並大抵ではなかった。合計大小の木橋178本，排水用トンネル101個，コンクリートの橋50本が敷設された。そのうち，老虎嶺と西嶺山のトンネルは延長490メートルとなり，全工程の中でももっとも困難な工事であった。鉄道は山間，渓谷のなかを迂回曲折し，渾河と柳河を数回渡った。傾斜度を調整し，洪水の被害を防ぐため，多くの箇所に高い堤防が作られ，また多くの箇所は深く切削された[22]。このように，この鉄道の敷設は困難を極めた。

1926年初め鉄道の敷設は最高潮に達した。4つの工事区間，16箇所の工事現場すべてが着工され，一斉に並行して進められた。

第一区間は，起点から40マイルまでの区間で，4つの工事現場を有した。6駅を敷設し，737,500立方メートルの土砂や石を掘った。38の木橋を作り，その総延長は2,625尺になった。また，31本のアーチ型橋が作られた。この区間の敷設困難な箇所は，①上水泉東大嶺（長さ641尺，深さ20メートルの掘削工事），②銀樹溝滴台（山を切り開き河を埋め，3カ月を費やして完成した長さ約3キロメートルの切削工事），③関嶺（高さ25メートル，長さ4,600メートルで，土石が硬く，1年間をかけて完成した）であった[23]。

第二区間は，40マイルから70マイルまでの区間で，4つの工事現場を有した。5駅が設けられたが，山が連なり，かつ沼沢地帯であるため，全線でもっとも敷設困難な区間であった。特に敷設困難な箇所は，①営盤嶺（4,000メートルの長さにわたって，山を切り開き河を埋めた。堰堤を6ヵ所作り，防水塀1,000メートルを敷設した），②南口前砬子（渾河と南溝の合流地点で，流れが急で，鉄道線路は山や川に添っていた。何カ月もかかって，高い堰堤を敷設した），③二夥落渾河大橋（長さ280メートル，橋脚の間に15の空洞，完成まで1年を要した），である。この区間では，合計893,400立方メートルの土砂や石を掘り，21本の木橋，39ヵ所の永久排水用トンネルが作られた。

　第三区間は，71マイルから106マイルまでの区間であり[24]，4つの工事現場を有し，3駅が設けられた。この区間は，山々に囲まれ，その境界線は犬の歯のように凹凸していて，線路は迂回曲折している。山を切り開き溝を埋め，河を改め堰堤を造る箇所は多かった。合計618,627立方メートルの土砂や石を掘り，47本の橋，33個の排水用トンネルを敷設した。

　第四区間は，106マイルから146マイルまでの区間であり，地勢はやや平坦である。土砂など540,578立方メートルを掘り出し，総延長1,100メートルに達する55の木橋と23の排水用トンネルを設けた。1年間を費やして竣工した。

　敷設工事の難しさのほかに，奉海線の敷設が直面したもう1つの困難は資金不足であった。予算が何度も削減されるなかで，予算策定時に計算単位として使用した奉大洋は切下げが続いた。それゆえ，精密な計算にもとづいていたとはいえ，敷設資金はなお辻褄の合わせにくい状態にあった。この難題を解決するため，奉海線公司は次のような一連の措置を取った。たとえば，①橋，駅舎や給水設備などのすべてを臨時の建物とし，全線が開通して利益が出るようになった時点で再度改造する。②各敷設区間の事務室は，民家の賃借が可能であれば，一律に新しい建物を造ってはいけない。賃借ができないのであれば，一律に普通のレンガ造りの建物としなければならない。③従業員の宿舎はひとまず民家を賃借する。臨時の切符売り場が完成したあとは，それを宿舎とする。④敷設所要材料の調達はなるべく近い地域で行う。橋およびその他の永久

的建築物に関しては，鉄筋コンクリートに代わってコンクリートを用いる。⑤レールは，1ヤード（0.9144メートル）当たり60ポンドの経済的かつ実用的な軽型レールを使う，などであった[25]。

枕木は，もともと華泰公司から仕入れる予定であったが，輸送距離が長く，また供給が追いつかないため，後に興京，永陵などを産地とする良質安価な水曲柳の枕木（普通用枕木678,400本，橋梁用枕木10,300本）[26]を使うことに改めた。それによって，工事の進度も保たれた。当然，高い技術性が求められるセメント，車両，レールなどについては，すべて国内外の有名製品を購入した。たとえば，セメントは中国国内の有名商品唐山啓新公司の製品を使用した。レールは合計25,000トン，84,890本を購入した。1トン当たり48ドルであり，合計120万ドルを費やした。一方，レール継ぎ目板（1トン当たり65ドル），ねじ（1トン当たり118ドル），犬釘2,600トンはアメリカからの輸入品であった[27]。これらは，日本の介入を防ぐために，貨物船からの荷下ろしは，大連ではなく，東北当局が統轄する葫蘆島で行われた。また，貨物到着後は，京奉線公司社が貨物の積換え業務を行い，満鉄の介入を避けた。

設計した主線路がほぼ完成した状況で，1926年以降，東北交通委員会と奉天省政府は，奉海線と吉林省が敷設に取りかかっている吉海線との接続を容易にすることを考慮した結果，奉海線の主線路を吉林方向に延伸して，海龍県最大の商業都市である朝陽鎮まで延長することを決定した。新たに敷設された海龍から朝陽鎮までの区間は，長さ35華里（1華里＝0.5キロメートル）であった。1926年9月に測量を開始し，1927年4月着工，同年12月に竣工した。合計142,737立方メートルの土砂を掘り出し，長さ300メートルに及ぶ8つの木橋（そのうち，もっとも大きいのは「砂河橋」で，橋脚に31の空洞，長さ150メートル），12個の排水用トンネルを敷設した。敷設費総額は現大洋40万元にのぼった。

そのほか，当該線路における石炭と食糧輸送の必要から，1927年5月梅河口を起点とし新興の石炭の町である西安（現在の遼源）につながる鉄道支線の梅西支線が増設された。この路線は，1927年3月測量を開始し，同年5月に着工した。沿線には，東豊，大興鎮，渭津などの重要な駅があり，延長70キロメートルである。1927年7月に全線がほぼ完成したが，掘り出された土砂は合計763,683立方メートルであり，排

水用トンネル91，木橋27本（延べ700メートル）が敷設された。

　従来3年間での完成を予測していた全長263.5キロメートルの奉海線本線，および73.6キロメートルの梅西支線は，資金が不足し，必要な大型設備が欠如するという状況のもとで，わずか2年3カ月，1927年9月までにほぼ完成，開通した（一部の駅の敷設工事は1927年12月25日まで続いた）[28]。この鉄道は，工事の極端な難しさ，敷設の迅速さ，経費の削減，そして，東北において鉄道を自力で敷設し，運営する発端となった[29]という点をもって，中国ならびに東アジア地域を驚愕させた。また，この鉄道の完成は吉海線の早期着工を促進したと考えられる。

第3節　吉海線の敷設過程

　奉海線が着工した1925年7月，磐石は海龍のすぐ近くにあるので，手近に利益を得ることができるという理由で[30]，磐石地方の人士は，県政府になるべく早く吉海線を敷設し，奉海線とつなぐよう動議を提出した。徐県知事は省都で省長に謁見した際，実情にもとづいて陳情して，磐石まで鉄道を延伸させることを請願した。徐知事は地元に戻った後各団体の指導者を招集して会議を開き，敷設方法を協議しようとしたが，翌年春に干魃が発生したため，防災を最優先し，鉄道敷設についての検討をしばらく中断しなければならなかった。しかし1926年秋の収穫が悪くなく，地域の経済状況も好転した様子を見て，県政府は地元の機関・団体の指導者と16の村の住民代表を召集して，磐石・海龍線の敷設について協議を行った。会場では意見の対立が見られた。一部の代表は次の理由をもって鉄道敷設の延期を求めた。すなわち，その年は豊作ではなく，土匪による妨害もあり，納税額が年々増え，商人も一般人も窮地に立たされているというものであった。しかし，多くの役人や知識人は，奉海線は来年にも竣工するが，本県は海龍の至近距離にあり，その鉄道線を磐石まで延伸して吉林に到達するようにすれば，本県の開発にとって非常に有利になることは間違いない，と主張した。農会会長張星閣は折衷主義をとって次のように述べた。すなわち，鉄道を敷設，地の利を開発して，民生を豊かにするため，省都の商人や知識人から鉄道

敷設の動議があった以上，磐石・海龍鉄道の敷設は必ず行われる。また，吉海線は官営と民営のどちらになっても，支出金の納付は必ず課される。後日に受身になってしまうよりも，今のうちに積極的な態度をとったほうがよい。吉海線の敷設前から盤海線の敷設はすでに提案されていたため，現在本県の住民が困難を実感しているのならば，直ちに敷設に取りかからなくともよい。奉海線が完成し，海龍駅が営業を開始する時に，我々磐石の政府や住民が敷設の準備に着手してもよいのではないか，と。大会は多数の代表の意見にもとづいて，次のように議決した。すなわち，商股を調達し，盤海線を敷設する。同時に，商人世帯と農民世帯による株式引受の基準を確定した。商号の家屋は1軒当たり吉大洋20元を徴収する。一等，二等の民家は1軒当たりそれぞれ吉大洋6元，3元を徴収する。田畑は1垧［土地面積の単位，その単位は地方によって異なる］当たり吉大洋3元を徴収する。鉄道に近い村の住民に対しては線費を徴収する[31]。

　東三省交通委員会は，磐石県から鉄道敷設の要望を受け取った後，日本の経済的侵略による権益を妨げ，紛糾を引き起こしてしまうことを怖れて，許可を出さなかった。磐石の商人や一般人が再度省都に赴き，請願をしたことは吉林省の省都の一部の中学校教師の関心を引いた。1926年10月初め吉林の教育界は農・工・商各界と連合して，次のことを共同で提案した。すなわち，吉海線の敷設を計画し，奉海線とつなげることは，交通の発展を図り，住民に利便を与え，同時に線権の流出を防ぐことになると地方政府に請願したのである。「提案書」は次のことを指摘している。すなわち，鉄道は国家の生死に関わるほどのもっとも重要な勘所である。鉄道が通過しているすべての場所は，地域が開発され，交通が便利になっただけではなく，文化が輸入され，住民の知恵も啓発された。近世の文明諸国で，交通を重視しない，路政を研究しない国はない。吉林省は辺境地帯に位置しており，他の各省よりも物産が豊富である。しかし，交通の停滞に起因して，多くの利益がこの地に投げ捨てられている。そのため，鉄道の敷設は現下の急務である。わが省内にすでに設置されている路線のうち，中東，南満は外国人に統制されており，吉長，吉敦線にもそれぞれ外資が入っているから，利益・権限の流出は極めて深刻になっている。現在農・工・商・教の各界が請願し

て，吉林省の省都から奉海線と接続するために，自力で資金を集め，吉海線を敷設しようという意見は実に正しいものである。この鉄道の敷設は，商人や一般人に便利なだけではなく，地の利を増進させる効果もあるから，我が省にとって一大富源となることは間違いないだろう。もちろん省の関係部門に伝達して，早期敷設を行うべきである。利権を重視することによって，実業が保たれる[32]，と。「上書」は吉海線敷設の重要な意義を十分に論証した上で，具体的な準備・実施の形式と調達する資金の額を提案した。すなわち，奉海線の創立にならって，官・商合弁の株式会社を設立するとした。また，会社は吉大洋1,200万元を集め，敷設費総額とする。そのうち，政府が1,000万元を負担し，商人や一般人は200万元を拠出する。あらゆる政府所有株は財政局によって全額調達されるべきであり，予備の「商股」に関しては省議会に陳情して，募集方法を十分に検討してもらう[33]。

1926年10月20日，吉林省各界の「上書」は省議会で採択された。11月10日，省政府は住民の要求に応え，省自身の力によって吉海線を敷設することを決定した。また，敷設費総額と官・商各自の調達資金の割合も「上書」が提示した指標に照らして確定された。すなわち，総額吉大洋1,200万元のうち，1千万元は政府が支出し，不足額の200万は住民が株式を引き受けることとした。さらに，同日に吉海線籌備処（一時的に省森林局内に置かれたが，翌年の3月10日に吉海線工程局に改められた[34]）を設立し，路線の測量調査，物産の調査，工程の設計や規則の制定などの仕事を担当した[35]。李銘書が籌備処総弁，斉耀瑭，艾乃藝が帮弁（副処長）となった。3人のうち，李，艾の2人は日本留学からの帰国者で，国務に熱心で，幾度も困難な任務を担い，吉林の敷設に大きく貢献した優秀な吉林有数の人材であり，斉は地元の有名な進歩的な立場をとる官吏であった。

吉海線籌備処の設立は省内の鉄道敷設に対する熱意を急速に向上させ，省都および東部のいくつかの県都で起工された。日本と満鉄はこれらの情報を得て不安を覚えた。吉海，奉海両線が敷設され連結された場合には，満鉄並行線となり，満鉄の独占態勢に大きな打撃を与えることが心配された[36]。日本政府から派遣された日本の川越駐吉林領事は，長春で栗原駐長春領事らと合流してともに瀋陽に行き，日本の駐奉天総領

事館で吉田総領事と対応策を密議した。その結果，11月18日に日本側は抗議書を提出し，次のように主張した。すなわち，敷設準備段階にある吉海線は「二十一か条」に規定された日本が修築の責任を持つ満蒙5幹線の1つであり，中国側が日本の同意を得ず，勝手に敷設することは条約違反にあたる不当敷設である，と。日本側の圧力に直面しても，張作相を代表とする吉林地方政府は全く恐れることなく，決然と反撃を加えた。その後，日本および満鉄は幾つかの側面からこの敷設工事を中止させようと試みた。しかし，張作相などは最後まで抵抗を続け，吉林各界の団体も極力支援を行った結果，吉林地方政府は日本側に妥協させて，勝利を収めた。

　籌備処設立後，まず工程設計，施工の専門家チームが組織された。当時吉林省政府の実権を握っていた吉林督軍の張作相の指示に従い，奉海線敷設時の奉天省のやり方にならって，敷設期間中に必要な工事技術者を，中国各地の鉄道関係技術者から選定し，派遣させることによって解決し，外国人は採用しないとした。中国国内のもっとも優れた鉄道技術者を召集するため，艾副総裁は北京に赴き交通部と協議し，すでに完成し運営を行っていた鉄道会社の支援を求めた。最終的に，京綏線工程司の趙傑を総工程司，粤川線工程司の張俊波を正工程司として赴任させた。また，京漢，京綏両線の傳学叢，潘培階，李瑞士，包煜文，王溢中，李培章を副工程司とした。南方地域に比べて，この鉄道の通過地域である吉林省東部は地理，気候環境と生活条件などがかなり悪い点を考慮し，また招聘者の積極性を最大限に発揮させるため，会社はこれらの技術者に対して，非常に高い賃金水準を定めた。たとえば，総工程司には月給現大洋700元，馬夫代金120元，正工程司には月給現大洋500元，特別手当100元，馬夫代金150元，副工程司には月給300元，特別手当60元，馬夫代金60元，その他の事務員には月給170元，馬夫代金40元が支給された[37]。賃金待遇がよかったため応募者は多かった。そのため，一定数の工事技術者を早く選ぶことができた。

　1926年12月，新任の総工程司趙傑と副工程司潘培階をそれぞれ正副隊長とする調査隊が，吉林を出発した。彼らは鉄道沿線で調査を行った。調査隊は，技術者，補助員の合計75人からなり，ほかに安全防衛を担当する32人の警備隊が配置されていた。調査作業は2段階に分け

て進められた。第1段階では，まず畜力車で鉄道の終点予定地の朝陽鎮に到着した後，北の吉林に向けて正式な調査を行った。12月20日に調査を開始，18日間を費やして，予定線路をまず確定した後，1927年1月8日省都に戻った。その翌日，調査隊は省政府に「吉海線草勘擬定路線説明書」を提出した[38]。第2段階の調査は，1927年2月13日に開始され，吉林市から朝陽鎮方面に向かって，双岔河，煙筒山，磐石，朝陽鎮を経て，海龍に到達した。吉林から朝陽鎮までは170キロメートルの距離で，沿線には村落45があった。調査隊は，列車の速度を保つため30華里ごとに1駅を設置することを決め，沿線に大小13駅を設けることとした。5つの大型駅は，黄旗屯，双河鎮，煙筒山，磐石と朝陽鎮に設置することとした。

　線路調査と同時に，線籌備処の一部の人員が，土地の買収用，敷設の入札募集，枕木，レール，機関車などの資材の発注作業を開始した。占用される土地の従来の所有者の経済的利益が侵害されないことを十分に保障すると同時に，投資額の用途を正確に把握して，職員の腐敗を抑制するため，籌備処は奉海線の経験にならって，土地の収用にあたって厳格な価格設定を実行した。一等建築用地は1畝［約6.667アール］当たり吉大洋135元，二等は120元，三等は105元であった。一等栽培用地は1畝当たり吉大洋100元，二等は72元，瓦葺の家は1軒620元であった。各商埠地一般民家は1軒当たり48元，墓地は1口14元，合葬の棺おけは1つ7元となる[39]。厳格，統一的，公正な土地価格設定は土地収用に生じやすい経済的紛糾を回避させたため，収用は順調に進められ，沿線所要用地の買収は迅速に終了した。

　この路線の通過地域は主に山地と高台であり，山が連なり，河川が縦横に流れていた。したがって，土石施工の量は格段に大きく，路盤工事，橋梁と排水用トンネルの敷設，トンネルの掘削などの作業が必要であった。工事の質を保証するため区間を分けて，5月15日から5月末まで公開入札を行った[40]。枕木，電柱（枕木20万本，分岐点用枕木3,870本，電柱2,500本）のほとんどは省内で買い入れられたが，他の工事用材料であるレール，犬釘，機関車（1号型，201号型の2種類，最大牽引力は33,000ポンド），乗客用車両，起重設備などは丙寅公司を通じてアメリカから輸入した。なかには，貨物輸送用機関車，工事用車両，荷車

15台が含まれている。アメリカから輸入した材料のうち，量的にもっとも多かったのはレールである。比較的軽いタイプのレールを採用したにもかかわらず，1キロメートル当たり80トンのレールと7トンのレール継ぎ目板が必要で，合計1.8万トンのレール，2,800トンの継ぎ目板が必要となる[41]。これらの材料もほとんど入札によって購入された[42]。『吉長日報』，『盛京時報』などの新聞に「吉海線工程局標購車両展期広告」，「吉海路工程局填挖路基招標広告」などの広告が相次いで掲載された[43]。吉海線を計画する際に定めた敷設方向と順番は，まず吉林市から開始し，北から南に順次敷設していくことにしていた。将来の吉海線輸入設備の輸送に備えて，吉林市駅でこの路線は満鉄と中国が共同経営する吉長線と接続される予定であった[44]。その後，満鉄が不当な利益を得る恐れがあることを考慮して，満鉄の線路を借りずに[45]，輸送のすべてを京奉，奉海線によることに変更された。このため，吉林を起点として北から南へ工事を進めるという従来の敷設方向は，朝陽鎮を起点にして南から北へと変更された。

　準備作業をほぼ終えた後，1927年6月1日吉海線は正式に着工された。6月25日には省都吉林市北山山麓の省政府衛隊団グランドで起工式が行われた。「省長訓辞」では次のように述べられたという。すなわち，これまで吉林省内で敷設された鉄道のすべては外国資本によるものであった。吉海線だけが，外国人に頼らず，完全に自国の資本と技術者によって敷設される。これは吉林省鉄道史上に新紀元を切り開いたと称しうるだろう，と[46]。

　全線は10の工事区間に分けられ，20キロメートルごとに1つの工事区間とされた。第一区間は吉林〜孤楡樹，第二区間は孤楡樹〜馬鞍山，第三区間は馬鞍山〜倒木林子，第四区間は倒木林子〜東嶺，第五区間は東嶺〜鶏冠山，第六区間は鶏冠山〜老爺嶺，第七区間は老爺嶺〜巽山屯，第八区間は巽山屯〜三道河，第九区間は三道河〜朝陽の10キロメートル，である。1928年7月から9月までの間に次々と竣工して，10月10日国慶節に開通する予定であった。この年6区間が着工され，残りは翌年起工された。初期の工事の進捗はとても速かったが，5つの連峰（東嶺700メートル，鶏冠山1,000メートル余り，長岡嶺など）を通り抜ける工事を行う際に，深刻な困難に直面した。しかし，指導者，技術

者と現場の従業員が協力し合って，さまざまな困難を克服し，予定の期間通りに各区間の敷設を完成した。多くの堰堤と排水用トンネルは堅固に作られ，「百年不朽」の模範的な工事となった。また，駅舎など，列車の運行に影響せず，随時レベルアップできる建物は，経費節約のためしばしば板材で作るものを主にしたが，設計は精美で，待合室，切符売り場，事務室，駅長室などが並び，配置，排列がきちんとしていた[47]。駅舎建築のうち，質がもっとも良く，設計がもっとも精美であったのは吉林黄旗屯駅であった。その設計者は当時東北大学建築学部の教員であった林徽因であると言われている。ドイツ人が設計した山東済南胶済線総駅の駅舎のドイツ式建築を参考にして，この建物は鉄筋コンクリート構造とされた。80年間の風雨にもかかわらず，現在も依然として吉林松花江の川岸に屹立しており，黄旗屯駅舎は吉林省の省級重点文化財保護単位に認定されている。

　線路敷設にあたっては，工程の一段が竣工すると，その一段をすぐ開通するという方法が取られたため，第一段（朝陽鎮～磐石）は1928年11月15日[48]，第二段（磐石～取柴河）は1929年1月1日[49]，第三段（取柴河～双河鎮）は1929年2月20日，第四段（双河鎮～西陽）は3月20日，第五段（西陽～口前）は4月10日[50]，第六段（口前～吉林黄旗屯総駅）は1929年5月15日に開通した。吉海線全線が完工したのである。人員の採用が適切で，全工程で科学的管理を実施したため，吉海線は，車内は清潔で，車掌の接客態度は親切であり，線警察は客を誘導し，駅員のサービスも周到である，と多くの乗客が褒めたたえたという[51]。もっとも称賛されたのは，①草創時代にすでにこのような設備とサービスを持ったこと，②乗客・貨物混合車両も揺れがなく，運転手は専門学校の学生であって各鉄道で数年間の研修を受けていたこと，③最初の駅靠山屯をはじめ，事務室は非常に整頓されていたため，である[52]。

　1929年11月吉海線と奉海線が連接された。これによって，両省の人々が5年間をかけて敷設した長さ446キロメートルの瀋吉線（1929年以降，奉天省が遼寧省に改称されたため，この鉄道は瀋吉線と改称された）はようやく全通した。当時の列車の走行時間は18時間であった。

第4節　奉海・吉海線の敷設と奉・吉両省東部の都市化

　近代東北史上初めて完全に中国人自身の資金と技術によって敷設，管理された鉄道である奉海，吉海線の完成と経営は，奉天，吉林両省の初期の近代化敷設過程において住民が得た重大な成果の一つであり，その歴史的影響は極めて大きい。

　まず，東北での鉄道敷設と輸送に対する日本とロシアの独占を打ち破った。奉海線は，瀋陽，撫順，清原，海龍，東豊，西安，磐石，樺甸，永吉，吉林市など2つの省都，8個の県都，および山城鎮，朝陽鎮という2つの商業の中心を通過している。それまでは，これらの地域で産出されるタバコ，麻，穀物，森林，鉱産など豊富な資源は，満鉄によって輸送されなければならなかったが，奉海，吉海線によって外地に輸送が可能になった。そして，日本が制御する満鉄との競争が開始された。同時に，奉海，吉海両線の完成は，東北その他の地域の指導者を鼓舞し，その後，呼海，鶴岡，昂斉，斉克，洮索等の鉄道敷設に積極的に取り組むことを促進した。1920年代末の東北では，自力で敷設，運営する鉄道網が築き上げられ，鉄道敷設と輸送に対する日本とロシアの独占を打ち破ることができた。

　第2に，奉海，吉海の両線公司は巨大な経済的効果・利益を獲得でき，9.18事変前までの短期間に地域民族資本主義企業のモデルとなった。運輸学によると，輸送コストまたは費用の減少は，輸送供給の増加を直接もたらし，地域到達性を向上させ，各種の経済地帯の要素は一つの地域からさらに遠い地方へと運ばれていく，という。それによって，交通経済地帯における集中，拡散の効果・反応が増強され，その地域の経済的効果・利益向上が促進されると同時に，地域経済の形成と発展が加速される[53]。奉海線を通じて毎年90万トン余りにものぼる農産品が運ばれた。そのうちもっとも多いのは大豆と食糧で，貨物輸送量の70％を占めた。そのほか，西安（遼源）炭礦の石炭，および工業品雑貨も輸送した。貨物商品の供給の充足は輸送による利益の獲得を保証した。奉海線の開通は，沿線の商人や旅客の遠出にも利便を与え，旅

客輸送量は年々増加した。1929年から1931年の間，鉄道収入は年毎に現大洋200万元増となっており，利潤がもっとも多かった1931年には457.6万元に達した。それは投資総額の五分の一に相当するものであり，平均して1キロメートル当たり1.5万元の収入があった。中国が自力敷設した鉄道のうちで，もっとも大きい収入と利潤を得たのは奉海線であった[54]。

同時に，奉海，吉海線は，沿線地域のその他の業務の発展も促進した。たとえば，駅周辺には印刷所や販売所，食糧取引所などが開設され，大市場の設立，電報業務などが行われた。また，官・商合弁の鉱業の発展を促進した。鉄道の開通にともなって，鉄道沿線の農産品，薬品，野菜，果物，家禽および一部の特産品，さらに木炭や毛皮製品などの取引が増加し，沿線地域住民の生活に多くの利便をもたらした[55]。1920年代，中国の外国貿易が長期にわたって輸入超過の状態に陥っていた時，東三省だけが輸出超過の傾向を強く示しており，かつ，その超過額は相当大きかった。たとえば，1922年の輸出超過額は白銀782万両であり，1927年の輸出超過額は白銀1億3,913万両にのぼった[56]。このことは，東三省交通委員会の自力による鉄道運営網構築と密接な関わりがあった。

第3に，各地住民のこの地域への移入と転出を便利にしたために，この地域の人口は大幅に増加し，1936年まで磐石，樺甸，永吉三省の人口だけですでに100万人に達した[57]。それと同時に，沿線地域，とりわけ東部奥地の都市化が大きく加速し，孤立した点状の都市は長く続く帯状の都市地帯へと発展できたのである。

前述したように，鉄道敷設以前の東部地域の人口は少なく，また，商品経済の停滞に起因して，人口構成は単一的で，都市規模も小さかった。この2つの鉄道の連接は，関内からの移民と東へ向かう開墾者のこれらの地域への移入に大きな便宜を図った。鉄道が開通した最初の2年間で，この地域に往来する旅客の数は75万人にのぼった。その後，旅客輸送量は年々増加し，1935年には，その人数は100万人を突破した。それと同時に，商品輸送量の増加が（1929年の貨物輸送量は150万トンを超えた），地域商品経済の発展を推し進め，人口構成も自然に変化した。とりわけ，この地域における都市と農村の空間構造に変化が生

第 2 章　瀋陽・吉林線の敷設と東部地域の都市化　　　　　　　　87

じ，都市の居住人口が激増し，農村地域が都市に，中小都市が大都市へと変貌し，大都市は一層複雑な構造へと変容したのである。

　もっとも大きな影響を受けた都市として，以下の 9 都市を取り上げて，説明していこう。

　（1）瀋陽

　鉄道の開通は，瀋陽市内における奉海線駅の周辺地区の発展を促進した。この地区は市内でももっとも活力を有する場所となり，市域の拡大にも貢献した。また，奉海線は，大東兵器工廠，大亨鉄工廠，造幣廠，迫撃砲工廠，食糧廠などを 1 つにつなげて，瀋陽東部を新たな奉海工業地域へと築き上げた。瀋陽は最も繁華な都市となった。

　（2）山城鎮

　別称北山城子である。渾河上流に位置し，瀋陽まで 169 キロメートルである。瀋海線唯一の特産品集散市場であり，東山一帯では商業がもっとも盛んで，大小の商店が集中した。市内人口は 41,000 人であり，他の地域に比べると農業にかかわる面積が相対的に大きい。東豊，海龍，柳河，金川，通化を含めて，年に 15 万トンの食糧を集積していた。鉄道開通前，開原の経済的奥地と位置づけられていた山城鎮は，開原までの貨物輸送を馬車に頼っていた。鉄道開通後，あらゆる物資を瀋陽まで直接に輸送するようになった。そこで食糧貿易所が設立された。大商店万全豊の食糧年間販売量は 56,000 石，第 2 位の源盛慶は 40,000 石であった。大型日用品雑貨店は合計 27 軒もあった。瀋吉線開通後，山城鎮には，近隣各県の農産品がさらに大量に流入した。街には大きな店舗が途切れなく続いて並んでいた。街は日増しに繁盛し，奉天省と吉林省とが東部で接する地帯の「三大物資集散市場」の一つとなり，人口は 30,000 人を超えた。

　（3）朝陽鎮

　瀋陽まで 261 キロメートル，吉林まで 185 キロメートルである。もともと封禁の地であったが，1876 年に漢族開墾者に開放された。以前は海龍県に属していたが，後に輝南県都となり，北に鳳舞山があるため，朝陽と名付けられた。輝南，蒙江など東部の主要都市・町の合流点に位置しているため，この地域の商品経済は次第に発展した。民国初期の人口は 5,000 人で，1920 年代初期の人口は 12,000 人であった。瀋吉

線開通後，貿易圏は拡大し，ここから運び出された木材，タバコ，朝鮮人参などの商品は，遠く香港や上海で販売されたこともある[58]。

(4) 東豊

西安県東部に隣接していて，人口は15,000人であった。域内に砂河，梅河，横道河子，秀水河，黄泥河があり，すべてが北へと流れて，松花江に流れ込む。従来，朝陽鎮，海龍方面の輸出にとって，東豊は通過しなければならないルートであった。商業の中心地である東豊には，穀物問屋が20軒余りあり，農産品の年間輸出量は6万トン余りで，馬車で開原まで輸送した。しかし，鉄道開通後は城内に，洋品雑貨店9軒，綿布商3軒，穀物問屋12軒，毛皮商8軒，薬屋5軒，靴屋14軒があった。

(5) 西安

開源の東北230華里の位置にあり，人口52,000人であった。旧称大疙瘩で，康熙年間に封禁地に指定されたが，光緒22年に開放されたため，移民はここで開墾に従事するようになった。鉄道開通後，重要なエネルギー都市となった。

(6) 磐石

輝発河支流当石河の北岸に位置し，瀋陽まで300キロメートル，吉林まで146キロメートルである。旧称磨盤山であり，付近は森林が繁茂し，谷間の土質が非常に良い。動物の毛皮や米などの特産品が盛んに産出される。清末には公主嶺と長春市場への農産品の供給地であり，外来輸入工業品の販売奥地でもあった。民国初期には，人口はすでに1万人に達し，県役所が設立された。当時，市街地周辺には延べ4里の城壁，東・西・南の三面に城門が造られており，市内の道路は整然としていた。1928年に鉄道の一駅になった後，都市の様相は再度一新された。

(7) 双河鎮

飲馬河支流の岔路河の河岸に位置し，瀋陽まで376.4キロメートル，吉林まで69.5キロメートルである。瀋吉線が当地を通過し，また駅が設置されて後，次第に村から町へと発展した。商品経済は米の輸出を主としていた。1930年代半ばの人口は1,500人であった。

(8) 口前

飲馬河の河岸に位置し，瀋陽まで416.7キロメートル，吉林まで29

キロメートルである。かつては吉林付近で最高の釣りと観光の名所であった。駅が設置されて後，農産品の集散地となった。

(9) 吉林黄旗屯

もともと吉林郊外の1寒村であったが，鉄道着工後に，大型待合室，機関車車庫，操車用車庫，およびその他の鉄道補助施設が敷設された。そのほか，吉林駅の敷設に対応して，都市計画によって，駅付近から八百壟までの延べ2華里の区間において，幾つかの商業施設やアスファルト舗装道路が作られた。これらの建築と黄旗屯駅によって，吉林の西郊に近代的都市の新地区が形成され，吉林市の都市空間は少なくとも西に約3平方キロメートルほど拡大した。

第3章

満鉄の北鮮港湾建設と経営

井村　哲郎

はじめに

　日露戦争以降1930年代までの，日本と満洲との間の交通路には，大連港を経由するルートと朝鮮半島経由ルートの2つがあった。1932年の満洲国建国後にはこれらに加えて，北鮮（北部朝鮮，北朝鮮）経由のルートが付け加わる。

　1931年9月18日満洲事変勃発後，中国側鉄道を経営していた張学良政権の東北交通委員会は活動を停止した。事変遂行のために大量の軍隊・軍事物資輸送を必要とした関東軍にとって，中国側鉄道の運行は必要不可欠であったため，事変当初から関東軍は満鉄に対して，満鉄線だけではなく，一部の中国側鉄道による軍需物資輸送を要求し，10月10日には「鉄道委任経営並新線建設等ニ関スル指示」を行い，同月23日には東北交通委員会を再建させた[1]。10月10日の「指示」は，北鮮海港に通ずる吉敦延長線と延海線を満鉄資金で建設し，さらに清津以北の北鮮鉄道と北鮮港湾を朝鮮総督府から買収または受託し満鉄が経営することを指示したものである[2]。関東軍は，満洲と朝鮮を結ぶ鉄道と北鮮の港湾を統一して経営することを命じたのである。この指示は，事変直前に開通した上越線を利用し，新潟・北鮮経由で満洲と結ぶいわゆる「日本海ルート」構築をめざすものでもあった。これは，大連ルートおよび朝鮮半島経由満洲にいたるそれまでの2つのルートを補完し，哈

爾浜を中心とする北満（北部満洲）・東満（東部満洲）と日本を最短距離で結び，大豆など満洲特産物や石炭などの物資・資源輸出，日本からの輸入，有事の際の軍事路線と位置づけられていた。こうした構想は満洲事変以前にすでに軍内部で検討されていたと推測されるが，この時期には，図們線，清会線建設によって既存の雄基港および清津港を利用することとされており，羅津港建設は主張されていない[3]。

1932年日本政府は，朝鮮半島の日本海側，ロシアとの国境近くに位置する羅津に新港を建設し，これを主要港湾とし，清津・雄基を補助港とする，いわゆる「北鮮三港」の整備を決定した。1933年4月には満洲国の首都新京と朝鮮国境の図們を結ぶ京図線530キロメートルが完工し，新京と日本を結ぶ北鮮ルートの，満洲国側の鉄道が完成した。さらに1934年夏には，敦化・拉法から哈爾浜にいたる拉賓線が開通し，1935年には羅津港が開港した。

こうして，南部幹線（日本諸港－大連港－新京間），中部幹線（下関－関釜連絡船－釜山－新義州－安東－奉天間）に加えて，北部幹線（裏日本諸港－羅津－新京・哈爾浜）が成立した。このうち北部幹線，「北鮮ルート」は，1931年に開通した上越線，新潟港を経由する，東京・東日本から東満・北満への最短ルートとなった（表3-1～3参照）。当時この点が喧伝されたが，最短ルートであることと，最捷ルート，あるいは最低運賃ルートであることとは等価ではない。船舶の能力，運賃，諸掛，港湾設備，荷役能力などの点で，北鮮ルートは他のルートに比して著しく見劣りし，また新潟・敦賀をはじめとする日本海側諸港湾の設備も，太平洋岸諸港湾にくらべて十分ではなかった。

本章は，第1に満洲事変以降羅津港建設にいたるまでの経緯についてまとめる。第2に，羅津港建設以降の日本と満洲国との貿易において，北鮮3港，すなわち清津，雄基，羅津経由の貨客輸送がいかなる役割を果たしたのかを明らかにする[4]。北鮮3港に関する先行研究には，満洲産の大豆輸送に焦点をあてて北鮮ルートを検討した関本健「『北鮮ルート』と日本海航路」[5]，1930年代までを中心に吉会線建設によるこの地域の社会変化を明らかにし，また羅津港建設にいたる政治過程を丹念にまとめた芳井研一『環日本海地域社会の変容』[6]，1940年代の戦時体制下の「日本海ルート」をめぐる統制を概観した田中隆一「満洲国下の満

第 3 章　満鉄の北鮮港湾建設と経営　　　　　　　　　　　93

表 3-1　日満間ルート別距離一覧表　　（単位：キロメートル）

起点	終点	大連経由	釜山経由	羅津・敦賀経由
大阪	新京	2,407.8	2,312.8	1,725.4
	哈爾浜	2,647.8	2552.8	1,772.1
名古屋	新京	2,588.2	2,503.2	1,704.8
	哈爾浜	2,838.2	2,745.2	1,741.5
東京	新京	2,975.9	2,880.9	1,912.1（新潟経由）
	哈爾浜	3,215.9	2,120.9	1,944.1（新潟経由）

注）出処は南満洲鉄道株式会社総裁室弘報課『弘報内報』第 10 号（昭和 16 年 3 月）41 頁。

表 3-2　大連，羅津両港から内地主要港への浬程　　（単位：浬）

	横浜	清水	名古屋	大阪	呉	門司	敦賀	伏木	新潟	青森	小樽
大連	1,209		1,048	874	770	615	891	1,027	1,060	1,235	1,305
羅津	1,103	1,120		759		509	495		484		502

注）空欄は原資料に記入なし。1 浬は 1852 メートル。出処は，島田利一郎「日満間海上輸送の諸問題（技術的検討を中心として）」（南満洲鉄道株式会社調査部社業調査室『社業調査彙報』第 6 号，昭和 17 年 11 月）。

表 3-3　大連，羅津港から満州国主要都市へのキロ程　　（単位：キロメートル）

	奉天	新京	哈爾浜	牡丹江	斉斉哈爾
大連港	399	704	946	1,300（哈爾浜経由）	1,160（哈爾浜経由）
羅津港	1,089（新京経由）	690	764	410（図佳線経由）	1,241（新京経由）

注）出処は表 3-2 に同じ。

鉄と『日本海ルート』——行政一元化問題を中心に」[7]，新潟港との関わりで，北鮮 3 港の貿易量・乗客数などをほぼ 1944 年まで可能な限り押さえて論じた大宮誠「新潟港と清津・羅津・雄基間航路の果たした役割」[8]，日本海航路の実態を検討した同「日中全面戦争期の日本海航路」[9]，満洲国期の満鉄港湾の全体像を明らかにした風間秀人「満洲国期における満鉄の港湾」[10]，羅津港建設を朝鮮側から検討した広瀬貞三「植民地期朝鮮における羅津港建設と土地収用令」[11]，などがある。本章では，これらの先行研究で詳しくは論じられていない 1930 年代後半以降の北鮮 3 港，とりわけ羅津港の果たした役割を中心に検討する。

第1節　羅津港建設の浮上

1932年1月19日付の海軍側見解に[12]，はじめて羅津港建設の主張が明瞭に現れる。そこでは，「朝鮮北東岸ニ於ケル北満及蒙古ニ対スル物資呑吐港トシテ将タ又吉会線ノ臨海港トシテ羅津，雄基及清津三港中羅津ヲ主港トシ雄基ヲ副港ニ選定シ所要ノ施設ヲ経営スルヲ要ス（註）清津ハ右呑吐港トシテノ価値尠シ」とされ，以下の理由をあげている。

(1) 清津と雄基は大規模な防波堤工事の必要があるが，羅津は北東に向かい湾が深く入り込み，東に半島が突出し，南方に大草島・小草島があるため，偏南風を遮蔽し（図3-1参照），港湾面積は広く築港工事も容易な，天然の良湾であり，吉会線の臨海港として一カ年300万トンの荷役に耐える施設と戦時に必要な軍事施設を建設できる水陸の面積があり，かつ海軍艦艇の基地及び陸軍輸送船の集合，軍隊の乗船などに防備容易で，かつ四季を通じて風波の影響少なく収容力が大きい，(2) 清津は南に向かって開口し，この地方特有の北東の強風を遮蔽できるが，偏南風及び長濤を防ぐことはできない，(3) 雄基も，清津と同様，小汽艇及び艀舟は冬期には航行困難であり，防波堤を必要とする，というものであった。この海軍の主張は，北満・東満と内モンゴル北部の物資の呑吐および対ソ戦を想定していたが，いかに良港が建設可能とはいえ，仮想敵国であるソ連に近い羅津を主張する地政学的判断はどこからきたものかについては何も記されていない。

満鉄は，軍の要請によって，1932年2月佐藤応次郎鉄道部次長ら技術者を派遣して現地を調査した。その結論は，(1) 清津は，背後の連絡鉄道の距離が長いために輸送費が嵩み，また，鉄道輸送能力にも限界があるため，大量の北満物資の呑吐港としては不適当であるが，港湾設備をある程度有しているため，地方港湾として利用できる，(2) 雄基港は，風波が激しく，しかも年間500万から600万トン程度の呑吐力が限界である。しかし小規模な港湾設備を有し，また市街地も形成中であるため，羅津の補助港として使用できる，(3) 羅津及雄尚は港湾として最も良好であり，また鉄道距離も短く，採算上最も有利であるが，

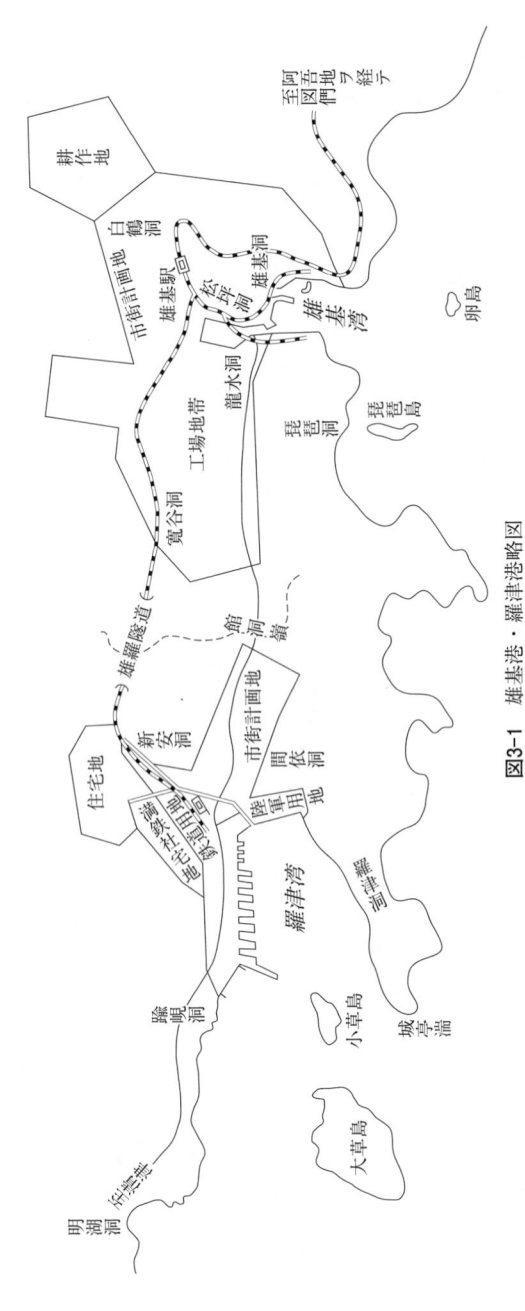

第 3 章　満鉄の北鮮港湾建設と経営　　　　　　　　　　　　95

図3-1　雄基港・羅津港略図

注）羅津雄基土地興業株式会社『営業案内（昭和九年）』(復刻：「仕史で見る日本経済史　植民地編」第 9 巻，ゆまに書房，2002年）所収図より作成。

現在は両地ともに港湾設備のまったくない漁村である，したがって，清津，雄基両港の工事完成を急ぎ，2港を併用することが現実的であるとし，即時決定の必要があるとすれば，陸上・水面ともに面積が広く，地形上風波を避けられ，工事費も最小ですむ羅津を採用するというものであった[13]。この時点での満鉄側の結論は，清津・雄基の両港をまず整備し，将来羅津港建設を考えるというものであった。これは，満鉄が，莫大な経費を要する羅津港建設に利益を感じていなかったことの現れであった。この結論は1933年3月2日の満鉄重役会議で承認され，村上義一満鉄理事が大村卓一朝鮮総督府鉄道局長とともに上京し，当局に具申した。しかし，北鮮3港のどの港湾を優先して整備するかについては，五省会議で審議決定されることとなった[14]。

朝鮮総督府鉄道局は天図軽便鉄道を広軌に改築し，清津港と結ぶことを主張していた。清津港は当時年間100万トンの呑吐能力を有し，商業施設も備わっていること，400万トン以上の呑吐港に港湾を拡張する場合の経費が少なくすむことがその理由であった[15]。この主張の背景には，清津は，人口も多く，商工業，漁業などが盛んであるという事情があった。その後，朝鮮総督府はやや方針を変更し，(1)敦化から老頭溝，延吉を経て南陽付近で朝鮮鉄道図們線と接続し雄基または羅津を終端港とする北回り線，(2)老頭溝から龍井村を経由して図們線上三峯に連絡する天図軽便鉄道を広軌に改築し清津を終端港とする南回り線を想定し，後者を主張した（図3-2参照）。この文書の最後には「南廻リ線ノ速成ヲ第一義トセント希望スル所以ナリ然レトモ若シ周囲ノ事情北廻リ線ノ建設モ遅延セシムルコト能ハサルモノトセハ両線同時ニ起工セムコトヲ切望シテ止マサル次第ナリ」と記されている[16]。終端港を清津港としたいとする朝鮮総督府の主張が次第に不利となったために，「南廻り線」の同時着工を希望したのである。

こうした軍，朝鮮総督府の主張を折衷したとみてよい拓務省案が3月にまとめられた[17]。この要綱は，敦化から局子街を経て朝鮮・南陽に至る鉄道を建設し，別に朝陽川で分岐して龍井村経由，朝鮮・上三峯に至る線も採用する，両線共に満鉄が建設し，1932年度内起工，1933年度中竣工としている。また，終端港としては清津及び雄基港を利用するが，貨物輸送量の増加に対応できるように終端施設の候補地調査を一年

第3章　満鉄の北鮮港湾建設と経営　　　　　　　　　　97

図3-2　羅津鉄道局鉄道線路略図

①北鮮東部線：(図們)・南陽・雄基間
②雄　羅　線：雄基・羅津埠頭間
③北鮮西部線：上三峰・南陽間
④朝　開　線：(朝陽川・開山屯)・上三峰間
⑤南 羅 津 線：羅新・南羅津間
　　　　　　　( )は管外

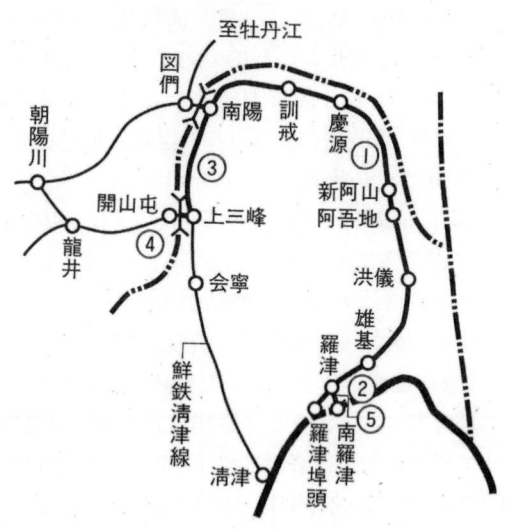

注）出処は，満鉄会編『満鉄社員終戦記録』1996年，419頁。

以内に終えるとされている。拓務省案に対して，満鉄は吉会線経由の貨物は清津港から輸出し，清津港で処理しきれない場合には雄基港を利用する，そして輸出貨物が激増した場合には羅津港を建設・開港すればよいというこれまでと同様の主張を行った[18]。満鉄の主張は，新線建設に加えて羅津港を新設した場合の莫大な建設費増大を抑制するために，羅津港建設を先延ばしし，清津港および雄基港の拡張で当面済ませようというものであった。

　しかし軍の主張に抗しきれず，4月15日満鉄は新港建設を表明した[19]。前日付海軍省の見解は「終端施設トシテハ差当り清津及雄基港ヲ利用スルモ両港ノ呑吐能力ニ鑑ミ尚吉敦延長線及培養接続線ノ貨物輸送量ノ増進ニ適応スル為新ニ羅津港ニ呑吐能力四百万噸ヲ目途トシ終端港

施設ヲ築造スルコト」としていたが[20]，これを受けて，満鉄は「終端施設トシテハ差当リ清津及雄基港ヲ利用スルモ両港ノ呑吐能力ニ鑑ミ別ニ主要港トシテ終端施設ヲ築造スル必要アリト認メラルルヲ以テ昭和七年中ニ調査設計ヲ了シ昭和八年度以降五箇年以内に竣功スルコトトシ可成至急工事ヲ進捗セシムルコト」とした。両者はほぼ同内容であるが，満鉄案は買収対象土地の高騰を防ぐため新港建設の地名をあげていない。ここにいたって，軍の強い要求によって，満鉄は羅津港建設に踏み切ったことになるが，地名を伏せることについては，4月20日の五省会議幹事会で陸海軍が賛成せず，翌21日五省会議本会議での議論の結果，羅津港と雄羅線（雄基・羅津間15.2キロ）の建設の明記が決定された[21]。

こうした経緯を経て，拓務省は次のように決定した。敦化から局子街を経由し，朝鮮・南陽に至る路線を採用し，別に朝陽川で分岐し龍井村を経て朝鮮・上三峯に至る線も建設する，両線は1932年度内に起工，1933年度中に竣工し，両線とも満鉄が満洲国から経営委託を受け，この両線に接続する朝鮮鉄道の図們線・清会線及び終端施設の港湾も満鉄が経営する，「終端施設トシテハ差当リ清津及雄基港ヲ利用スルモ両港ノ呑吐能力ニ鑑ミ別ニ主要港トシテ羅津ニ終端施設ヲ築造スル必要アルヲ以テ本年中ニ満鉄ニ於テ調査設計ヲ了シ昭和八年度以降五箇年以内（雄基，羅津間ノ鉄道ハ昭和八年度以降二箇年半以内）ニ竣工スルコトトシ可及的速カニ工事ヲ進捗セシムルコト」というものであった[22]。

これを受けて満鉄は，朝鮮総督府内務局及び鉄道局と協議の後，羅津港の建設を開始した[23]。このために，3期14年間，第1期300万トン，第2期600万トン，第3期900万トンの貨物呑吐能力を有する羅津港築港計画，そして1933年から1937年までの5年間を第1期とする工事実施計画が立案された。羅津港の呑吐能力を300万トンと想定した根拠は明らかではないが，後に見るように，羅津港の輸出入量は，最大で1939年の115万トン程度であり（表3-13，14，115頁参照），明らかに過大な想定であった。

「吉敦延長線建設ニ関スル方針要綱」は，1932年5月3日閣議決定された[24]。5月11日には秦豊助拓務大臣は内田康哉満鉄総裁に対して，満鉄は羅津に終端施設築造のための調査設計を行い，5年以内に竣工すること，清津と雄基の両港から南陽にいたる朝鮮内の接続鉄道（図們線，

清会線及び雄羅線）と終端施設の満鉄による経営を指示する通牒が出された[25]。同月15日の関東軍「満鉄ニ対スル指令案第一稿」[26]は，「一，運輸体系ヲ律スルニ当リテハ四平街－洮南－斉々哈爾－克山－海倫－拉法站－羅津ヲ連ヌル路線ハ国防上軍事輸送ノ幹線ヲ構成スヘキモノナルヲ以テ平時運営上相当ノ能力ヲ有セシムルコトヲ考慮スルヲ要ス　二，敦図線－拉法站－哈爾浜線　海克線ノ建設ニ当リテハ局部的ニ其施設ヲ現況ニ即シテ簡易化スルハ敢テ支障ナシト雖前項ノ主旨ニ基キ線路ノ基礎ノ素質即勾配曲半径軌条及橋梁ノ強度等ハ戦時ニ於テ軍事輸送ノ幹線トシテノ機能を発揮スルニ充分ナル能力ヲ有スル永久的施設タルヲ要ス」とし，さらに鉄道従事員について重要な人事は関東軍にあらかじめ提示し承認を受けるとされている。戦時の軍事輸送能力を備えた路線を建設するというものであった。

第2節　羅津港建設着工と「北鮮ルート」の整備

はやくも5月12日には満鉄社内で新線に必要な車輌数を検討する打合会が開催された[27]。18日には関東軍後宮大佐，石原参謀に対して，「新線鉄道建設施行計画要綱」を手交し，説明を行った[28]。羅津港建設にあたっては満鉄と朝鮮総督府との間で協議すべき事項が多数あったため，満鉄社内でその整理が行われ，その後1932年6月13日から18日にかけて，朝鮮総督府内務局と満鉄鉄道部の関係者が協議を行い[29]，その後，朝鮮軍との打合せが行われた[30]。そこでは，(1) 雄羅線は満鉄が建設を行い，雄羅線・羅津港の測量及び調査は土地収用令公告後に着手すること，(2) 羅津港は朝鮮鉄道と満洲国東部各鉄道の終端港として，満鉄が貨物の輸送，保管，荷役，旅客などの業務を扱う，(3) 満鉄は貨客の海陸連絡に必要な埠頭・桟橋・倉庫・上屋・線路・埠頭構内道路，これらの付帯施設・設備を建設し，朝鮮総督府は防波堤・航路標識その他，検疫・税関に必要な施設を設置する，(4) 港湾経営に必要な水道施設は満鉄が建設し，総督府はそのための便宜を供与する，(5) 市街計画は朝鮮総督府と満鉄が協議して決定する，(6) 土地買収は満鉄があたり，総督府は便宜供与を行う，(7) 港内河川の付け替え整理は満鉄が

行う，(8) 埠頭地域を保税地域とする満鉄の希望を総督府は考慮する，(9) 海陸連絡設備は満鉄が施工，(10) 清津，雄基両港の経営範囲は総督府が調査の上決定，(11) 清津・雄基・羅津 3 港の将来の新設・増改築については，満鉄が施工する場合には総督府の認可を受ける，また総督府が施工する場合，あるいは満鉄以外の企業者に施工を許可するさいには満鉄の意見を徴する，(12) 清津・雄基両港も将来相当の地方貨客を取り扱うと予想されるため，必要に応じて満鉄が施設を施工する，(13) 雄羅線は満鉄が建設する，(14) 図們江橋梁は満鉄が施工，図們江から南陽駅に至る連絡線については総督府が施工する，(15) 通関設備は，灰漠洞及び上三峯の 2 カ所とするが，満鉄，北鮮鉄道局と税関との間で十分な打合せを行う，(16) 建設及び改築すべき満鮮連絡鉄道は 1933 年 9 月完成，同年 10 月 1 日引き渡し，などがあげられている。

　これらを受けて，満鉄と朝鮮総督府はさらに詳細の打合せを行い，その結果，上に述べた内容を再確認したほか，漁港・共同荷揚場は雄基・清津に設置し，羅津港にはさしあたり建造しないこと，羅津港建設にあたって，危険物取扱桟橋（武器弾薬用と考えられる）は満鉄が建設するが，貨物移動状況が不明であるため今後さらに協議すること，また地価高騰を防ぐため土地収用令を適用すること，航空測量を朝鮮軍に依頼し，1932 年 7 月中に実施することとした。ここではじめて土地収用令を発令して，港湾用地の確保を行うことが決定された。翌年度の建設予定線についても航空測量によるとして，従来陸軍省に依頼してきた航空測量を，専用飛行機，カメラ，製図に要する人材と機材を満鉄に派遣してもらうか，あるいは満鉄がそれらを整えるとして，撮影は 1933 年 2 月までに終了させることも了解された[31]。なお，新線建設のための航空測量は，満鉄が行った航空測量としてはごく初期のものである。

　羅津港築港決定以前にすでに，吉敦延長線の終端港が羅津となることを見越して，土地ブローカーによる土地投機が行われ，地価は急騰していた[32]。土地価格の高騰は 1930 年頃から始まっており，1932 年 8 月 23 日の築港決定発表後には，1930 年頃の 50 倍を超すまでに至った[33]。このため土地買収を急ぐ必要があり，1932 年 8 月朝鮮総督府から，土地収用事業認定を得た。ただし，収用地内の私有地については土地収用令によらず買収を行うこととして，12 月中旬から地主と買収交渉に入っ

た。しかし，私有地の約4割については交渉がまとまらず，翌1933年5月に収用申請を行い，8月咸鏡北道知事の裁決を得て10月に補償金支払いを完了した。その後残った地主についても1935年2月に補償金支払いを終えた。水道用地については，1936年5月にようやく買収を終えている[34]。

その後，9月1日朝鮮軍と関東軍から陸軍用地について要望があった。その内容は，(1) 各埠頭の基部付近に40メートル幅の空き地あるいは道路を設けること，(2) 陸軍運輸部庁舎用地として満鉄埠頭事務所付近に約500坪を，宿舎用地として鉄道宿舎用地内新安洞付近に約1000坪を確保すること，(3) 羅津駅前に約2000坪の空地を設けること，(4) 軍用貨物積卸場として軍用ホームを設置，このホームは平時は満鉄が使用して差し支えない，(5) 貨物積卸場用地東側地区に約1万坪を空き地として確保，(6) 要塞司令部用地として梨洞付近に約2000坪を確保，(7) 憲兵隊用地として羅津駅東方地区に約3000坪を確保，(8) 軍需品及危険品集積場用地として間洞付近海岸に接する約4万坪，間津付近海岸に接する約2万坪を空き地又は埋め立て地として確保，艀舟を接岸できる護岸の築造，(9) 軍需品及び危険品集積場に至る軍用引き込み線用地は無償で軍の使用に供すること，(10) これらの用地は満鉄用地とするなどである。軍港としての羅津港の役割を示すものである。他方で満鉄から朝鮮軍に対しては，(1) 雄基・羅津間鉄道線路用地として幅員50メートル，長さ約5キロ（約8万坪），(2) 中間駅用地　寛谷洞付近に幅員150メートル，長さ約1キロ，約3万坪，(3) 羅津駅操車場用地，土砂捨て場，河川付け替え用地及び水道用地として皮介洞北方に16万5000坪の確保が要望された[35]。

併行して，建設費用の分担，連絡運輸，税関設置に関する議論も行われた。既成鉄道及び終端施設の改良資金，支線建設資金は，日本の国費によること，羅津港の終端施設は満鉄が施工し，船舶航行停泊発航に必要な航路標識，灯台，信号所などの施設は総督府が施工する，委託鉄道の満鉄への経営引き継ぎは1933年9月30日とする，清津，雄基両埠頭の終端施設は，満鉄が事業経営上必要な範囲で施工，雄羅線は満鉄が建設経営にあたり，さらに，清津，雄基両埠頭の荷役作業は現行どおり自由営業とし，羅津埠頭は満鉄の直営とする，などを定めている[36]。

連絡運輸，国境直通運転，税関設置箇所については，関東軍交通監督部，朝鮮総督府，満鉄の間で調整が行われた[37]。満鉄は当初，満洲国税関を羅津，清津，雄基の各港に設置することを要望したが，朝鮮側はこれに反対した[38]。このため，まず1933年に満洲国鉄道と朝鮮鉄道との国境直通運転に関する協約を結び，満洲国側は図們停車場で，朝鮮側は上三峯停車場で通関検査を行うこととした[39]。その後1935年7月1日から清津，雄基，上三峯に満洲国税関吏を，図們に朝鮮税関官吏を進出させ，両国税関が共同で事務を行うことになった[40]。同年10月には図們江国境を通過する列車の直通運転と通関手続きの簡素化が図られた[41]。1935年11月に開港した羅津港では，満洲国税関吏が羅津港に進出して共同執務を行う共同通関制度をとった[42]。

　満鉄は，長春吉長建設部を灰漠洞に移し，灰漠洞建設事務所（敦図線，天図線，延海線を担当）を設置し，羅津建設事務所（雄羅線，築港，水道を担当）の要員の大部分を大連埠頭から転属させた[43]。

　雄羅線，羅津港建設については，1932年9月から11月にかけて実測および空中写真撮影による測量が行われ，延長3,850メートルの雄羅隧道建設などが進められた（図3-1参照）[44]。雄羅線は，1935年10月1日営業が開始され，船車連絡が行われた[45]。

　一方，1933年5月大連港にあったすべての築港材料船が羅津に曳航され，羅津港建設が開始された[46]。交通不便の地での新港建設であり，羅津海岸は結氷こそしないが，時化が続く冬期間は作業はほとんど不可能であるという，難工事であったが[47]，1935年10月にはその一部が竣工し，同年11月1日から営業を開始した[48]。その後も工事が進められ，第一期工事は1937年度末に完成した。12万6,760坪の海面を埋め立て，3埠頭を備え，倉庫10棟9,565坪，保税地域10万813坪，日満両国税関共同検査区域43万2,206坪，鉄道引込線，給水栓，給炭場，曳舟，起重機などを設備し，第1埠頭には船客待合所，食堂などが設けられた[49]。他に，埠頭事務所，日満両国の税関，海事出張所，国際運輸，郵便局など港湾関係諸官庁の入る鉄筋コンクリート・化粧煉瓦を併用した三階建一部四階建の埠頭事務所や羅津駅，上水道施設が建設された。朝鮮総督府は，燈台，霧信号，無線電信設備，気象観測所などを設置している[50]。

第1期工事の結果，羅津港は呑吐能力300万トンの大港湾となった。1935年当時の満洲国に連なる各港の呑吐能力は，大連港1,100万トン，羅津港300万トン，葫蘆島港と営口港200万トン，清津・雄基港100万トン，旅順港と安東港が50万トンであったから[51]，満洲国では第2位を占める大港湾となったのである。しかし，第2期，第3期の工事は，日中戦争，対ソ戦備の強化，日米開戦などの影響を受けて物動計画がめまぐるしく変動したことと物資不足のために中止された[52]。

　羅津港と満洲側を結ぶ敦図線の建設工事は相当難航したようである。警備は関東軍があたったが，東満は反満抗日運動の根拠地であり，「敗残兵」「匪賊」の工事妨害があったことに加えて，豪雨など悪天候のためであった[53]。

　ところで，長春から図們に至る京図線の終端駅である図們から佳木斯にいたる図佳線が1937年に全線開通し，羅津・雄基，図們間の連絡がなり，東満と日本との最短経路が作り上げられた。この結果，羅津港の背後地は，東満一帯に拡大された。また，同年満洲国が中東鉄道を買収した結果，それまでウラジオストク向けに輸送されていた北満の特産物は，羅津港に向かう可能性を持つようになった。羅津港の背後地が東満，北満にまで拡大されたのである。そのため，これらの地域の経済構造は大きく変化していったと推測されるが，この点を明らかにする資料は現時点ではみあたらない。

第3節　日本海航路の開設

　羅津港完成以前，陸軍は1935年6月10日新潟－清津間，敦賀－清津間に日本海航路を設置し，第十師管（姫路），第十一師管（広島）以東の内地と北満間で軍隊，馬匹，軍需品の輸送にあたらせることとした。ただし，急送貨物と3トン以上の軍需品は宇品－大連間航路によるとされている[54]。これは，清津港の港湾設備が軍用港として未整備であり，軍需重量物運搬に耐えられなかったこと，また荷役が隘路となって，大連経由に比べて時間を要したためである。とはいえ，軍の「北鮮ルート」重視の姿勢がこのことによっても明らかになる。

その後，1938（昭和13）年8月陸軍大臣と逓信大臣の折衝の結果，北鮮ルート経由の日満航路に新会社による航路を開設するという諒解がなされ，これを受けて，逓信省は，日満両国折半の新会社を設立し，新潟－羅津幹線航路に就航させることとした[55]。同年11月には「東北満洲対裏日本交通革新竝北鮮三港開発ニ関スル件」が閣議決定された[56]。その内容は，(1) 新潟－羅津間を日本海日満連絡特殊航路として優秀船を配置し，連絡時間を短縮すること，あわせて敦賀－羅津間を漸次強化すること，(2) この2航路を特定航路として，大連汽船株式会社が出資する新汽船会社を設立し，新潟－羅津航路は日本側・満洲国側に等額の出資を割り当て，敦賀－羅津航路は朝鮮側が出資する会社が経営にあたる，(3) 新潟港では港口・泊地，接岸施設などの改善，羅津港では満洲特産物の輸出に必要な海陸設備と商業機能の完備に努める，雄基・清津は羅津の補助港とし，地方開発に必要な施設を拡充する，(4) 東京－新京間の所要時間の短縮と輸送力の増強のために，東京－新潟間急行列車の所要時間の短縮，日本海経由の連絡船への直通連絡，また羅津－新京間の急行列車の日本海連絡船との直通連絡による所要時間の短縮，東・北満と朝鮮北部の諸鉄道を改修増強し，貨物出回りの増加に備える，(5) 海陸連帯を簡易化し，運賃諸掛の低減を図る，というものであった。これらは，東・北満および北鮮と日本海側地域を結ぶ交通路を拡充し，満洲移民と北満・北鮮および「裏日本」の経済開発を図ることをめざして決定されたものである[57]。

　こうして，北鮮3港と新潟，敦賀，伏木などを結ぶ北鮮ルートは拡充されたが，そこには多くの問題があった。

第4節　北鮮ルートの課題

　北鮮ルートは，第1に，日本海側地域・関東・東北地方と満洲国の輸送距離を短縮し，最短時間での連絡を図る。第2に，鶴岡炭，密山炭，琿春炭など北・東満諸炭礦の石炭を八幡・大阪方面に輸出するために，雄基港の石炭積出施設を増強し，羅津港は北満地域の農産物，とくに大豆の輸出と，北満に入植する開拓団員の経路とする。第3に，「裏

日本」，日本海側地方の産業開発のために，羅津港から満洲資源の輸出入を日本海側諸港との間で行うために，とくに新潟港，敦賀港の港湾施設，荷役設備の増強をめざしていた[58]。しかし，これらの目標は，いずれも部分的に達成されただけで，物動計画にそった満洲国資源の輸送と満洲開拓団員の送出経路として機能しただけであったと言ってよい。

清津港の開港は 1908 年，雄基港は 1922 年である。清津では 1930 年代に豊富な漁獲量を誇る鰮加工業が盛んになり，また茂山鉄鉱など背後地の鉱産資源を利用する工業化が積極的に推進され，都市としても発達した。これに対して，羅津港は，満洲国と日本を結ぶ「日本海ルート」の基幹港として建設されたため，港湾設備こそもっとも整備されたが，他 2 港に比べて時代が下がって建設されたためもあり，インフラストラクチュア，商業施設などは清津にくらべて見劣りするものであった。

羅津市街の戸口は，1931 年 12 月末には 4,520 人であったが，1934 年末には，2 万 4485 人（日本内地人 5284 人，朝鮮人 1 万 8948 人，満洲国・中華民国人 253 人）と，港湾・鉄道建設にともない，急速に増加した[59]。将来さらに増加することが見込まれるため，朝鮮総督府は 1934 年 11 月羅津市街地計画区域，計画街路，土地区画整理地区を告示し，市街地計画を樹立した[60]。

ところで，日本海ルートの充実が強調されたが，羅津港の表日本と裏日本との移出貿易額は，1937 年では，表日本 33 万 4690 円（55%），裏日本 27 万 8782 円（45%），1938 年は表日本 16 万 0007 円（61%），裏日本 10 万 2722 円（39%），移入貿易額では 1937 年表日本 582 万 7786 円（76%），裏日本 183 万 6516 円（24%），1938 年表日本 1004 万 5589 円（73%），裏日本 366 万 6970 円（27%）と，総額自体さほど多くなく，しかも圧倒的に表日本諸港が優位に立っていた。なお，表日本側では，大阪，下関，門司，神戸，東京，横浜の諸港，裏日本側では，敦賀，新潟が中心であった[61]。これは明治以降殖産興業政策によって形成された日本の産業構造が表日本に偏っており，上越線の開通など物流構造の変化の兆しがこの時期にはあったといえ，裏日本には農産物などを除くと見るべき輸出産物が少なかったためである。

北鮮 3 港の貿易額は，1937 年日中戦争開始以降激増し，1939（昭和 14）年には 3 億 8360 万円に達した。日中戦争の軍需物資輸送経路に位

表 3-4 北鮮三港貿易額累年比較　（単位：1000 円）

	羅 津	清 津	雄 基	合 計
1937（昭和 12）	40,450	116,805	35,274	192,531
1938（昭和 13）	100,255	135,897	30,028	266,181
1939（昭和 14）	145,701	194,497	43,404	383,603
1940（昭和 15）	113,252	188,939	51,184	353,377
1941（昭和 16）	95,349	163,778	15,377	274,506

注）出処は「北鮮三港ノ地理的性格－満洲港湾調査ノ序トシテ」（昭和 18 年 3 月 31 日序）南満洲鉄道株式会社調査局『社業調査彙報』第 7 号 [出版年の記入なし]。

　置づけられたことと，1937 年度を初年度とし，翌 1938 年度に修正された満洲産業開発五カ年計画による資材輸入の増加，北部朝鮮の工業化の進展，鰮を中心とする水産加工製品の輸出増加によるものであった。1940 年以降は貿易額は各港とも減少したが，これは，戦時経済体制の強化によって物資流動が抑制され，また船腹不足となったためである。それに加えて，1941 年秋には気比丸が触雷によって沈没する事故が発生したために，日本海航路を利用する貿易額は縮小した（表 3-4 参照）。

　北鮮 3 港の貿易では，日満間の通過貿易が大きな比重を占めていた。とくに羅津港はその傾向が強かった。羅津港の一般貿易と通過貿易の比率は，1937 年一般貿易 41 に対して通過貿易は 59 であったが，1941 年には，一般 19 対通過 81 と，通過貿易が極端に増加する[62]。一般貿易とは，陸揚げ港で通関手続きをすませ，地場消費あるいは再輸移出される貿易であり，通過貿易では荷揚げされた貨物がそのまま鉄道に積み替えられる。北満開発用物資と軍用物資の輸送が多かったために，羅津港では通過貿易が圧倒的となったのである。これに対して，清津港は，港湾施設，商業施設が整っていたこととあわせて，朝鮮北部の工業発展によって[63]，一般貿易の比重が高かったのである[64]。

　ところで，朝鮮側の要望によって，1940 年 7 月満鉄は上三峯以南の北鮮線（北鮮西部線）と清津港を朝鮮総督府に返還した。清津では，港湾整備がもっとも進んでいたうえ，沿岸で漁獲される鰮の加工業が発達していた。清津の国有地および朝鮮総督府有付帯地には鰮油・鰮粕・鰮粉製造加工場が立地しており，鰯油を原料とする硬化油，石鹸その他の製造も行われていた。また，清津の位置する輸城平野では，1938 年日本製鉄が茂山鉄鉱の鉄鉱石を利用する製鉄所の，また三菱鉱業が精錬

所建設に着工し，大日本紡績清津工場が 1939 年に操業を開始した。こうした点が，清津の北満特産物への依存を弱め，満鉄の羅津港優遇に対する不満もあいまって，満鉄からの分離にいたったのである[65]。この分離の結果，内地積出しの清津向け貨物は漸減した。これには羅津港に集中するという満鉄の政策もあったと考えられる。それでも，北鮮3港のなかでは清津港の貿易量はもっとも多かったのである（表 3-4 参照）。

1935 年満鉄が北鮮 3 港経営を開始した当時，満鉄は，羅津港を満洲の特産物，とりわけ大豆の積出しを主とし，あわせて満洲国への輸出入直通貨物を扱い，雄基港は木材・石炭の積出しおよび羅津港の補助港とし，また清津港は北鮮の工業製品の積出しと一般輸入貨物の陸揚げに重点をおくこととしていた。しかし，この方針の実現は容易ではなかった。港湾においては，港湾施設の充実，荷役など労働力の供給，諸掛が低廉であること，背後鉄道の輸送力整備が必要とされる。これらの点で最も整備されていたのは，清津港であった。しかしその清津港も，東風が強い時には繋留船舶が岸壁に激突する恐れがあるため，荷役を中止し，船舶は埠頭から離れる必要があった。

3 港に共通する問題として，荷役の能力不足，高賃金があった。とくに秋の鰮漁期には，水産加工業で高賃金となるため，港湾人夫が不足し，荷役能率も悪かった[66]。もともと北鮮は人口が少なく，荷役労働者は南鮮から調達されていたが，この時期，北鮮では工場建設が盛んに行われ，また清津などの都市計画が実施されていたため，港湾労働者の需給が逼迫したのである。とりわけ，1936 年度には，大豆を中心とする特産物輸送が本格化したが，港頭の活況にもかかわらず，貨車降し・船積みなどの荷役労働力の不足が顕著になった。港湾荷役は，特殊技能を要し熟練が必要であるが，未熟練労働者が多く，さらに応募人員の 3, 4 割が逃亡するという状態であった。このため，哈爾浜及び営口から中国人労働者を調達してようやく荷捌きを行った。こうした問題が生じたために，輸送能力，貨物収容力は減退し，さらに港内での滞船期間が長期化したため，船用焚料炭費が増加し，また，小重量物の取扱が困難になった。これが，また運賃低下を妨げる要因となるという悪循環を招いた[67]。また 3 港とも，大連に比べて賃金は 20 〜 50 パーセント高であった[68]。さらに，清津・雄基の 2 港では，港湾労働者の管理は，国際運輸

表3-5　1936（昭和11）年度の貨物積出状況　（単位：トン）

	大豆	豆粕	雑貨	合計	%
羅津	141,285	10,290	5,395	156,970	30
雄基	47,726	28,423	47,335	123,484	23
清津	180,466	34,298	36,507	251,271	47
合計	369,477	73,011	89,237	531,725	100

注）出処は，南満洲鉄道株式会社経済調査委員会満洲産業開発五箇年計画小委員会「北鮮三港ノ現状及対策（満洲産業開発五箇年計画関係）」岡崎弘文担当，昭和12年10月，50頁。

表3-6　特産物の輸移出先別トン数　1936（昭和11）年度

	羅津	雄基	清津	合計
欧州（大豆ノミ）	135,786	（上海）26	108,413	244,224
日本	21,164	122,694	140,118	283,976
台湾	-	157	1,061	1,218
朝鮮	20	528	1,020	1,568
関東州	-	1,020	660	739

注）出処は，同上資料，50〜51頁。

が代行し，国際運輸は労働者の下請け人に荷役の実務をあたらせるという「三段制」をとっていた。他方羅津港では，荷役自体は満鉄が行い，国際運輸は労力を供給するだけであったにもかかわらず，3港は同一料率を適用していたため，羅津港の労賃は割高であった[69]。

こうした隘路は羅津港にとくに顕著にみられた。羅津港では，市街地，埠頭とも新たに建設されたために，港湾付帯設備が不足していた。修理用ドック，冬期の濃霧に備えるラジオコンパス，船具商もなく[70]，さらに京図線沿線の牡丹江など背後地の有力都市との間には直通電話もなかった[71]。荷役労働者の質は悪く，荷役力も他の2港に比べて劣っており，第1期完成時の300万トンの荷役は困難であった[72]。

この結果，もともと港湾能力が整っていた清津港が，他の2港を圧倒してもっとも優勢となった。表3-5および表3-6は，そうした状況を示している。図們での貨車輸送が劣弱であったことと，羅津港の荷役力不足，防湿設備の不備もその原因であった。このため，小口扱取引を行う業者は羅津港の利用を避けて，清津，雄基を本拠としたため，小口扱特産物は，14万トンが清津を，12万トン余が雄基を経由し，わずか2万トン余が羅津を利用して日本に輸出されたにすぎない。

第3章　満鉄の北鮮港湾建設と経営

鉄道輸送力も課題であった。北満特産物の北鮮3港向けの貨車は、一日当たり通常170車から180車であり、一列車当たり牽引貨車数は14輌から15輌であった。これに対して、大連向けでは、一日当たり700から800車、しかも一列車の牽引車輌数は43輌であり[73]、北鮮3港向けの輸送の劣位は明らかであった。このため、1936年度の特産物出回り時期であった11月から3月にかけては、朝鮮産石炭の出回りが重なったために、貨物輸送は輻輳を極めた。

また、北鮮3港では、秋から冬にかけての大豆など特産物の出回り・輸送期には船腹不足であり、夏期には定期船の船腹は積荷不足であり、船腹は40％以上過剰、特に定期船では76パーセント過剰であったと推定されている[74]。これは、夏期には特産物の出回りがなく、また、もともと日本海側諸港の背後地方から輸出される貨物を欠いていたためである。たとえば、1936年度の裏日本3港（新潟、伏木、敦賀）の北鮮向主要貨物は、野菜生果27,448トン、縄筵類9.927トン、食料品3,308トン、綿絹糸布2,174トンが主要なものであった[75]。農産物あるいは地場産業である綿絹糸布が中心であったことからもこのことは明らかである。また、北鮮航路を経由して満洲大豆は、1936年度には欧州向け大豆244,383トンを除くと、325,988トンが日本に輸出されたが、太平洋側諸港への輸出が216,152トンであったのに対して、日本海側諸港への輸出はわずかに66,185トンであった[76]。羅津を含む北鮮3港が目的としていた、日本海側諸港と北満を結ぶ幹線とする構想は、「表日本」と「裏日本」の経済格差という日本の経済構造に規定されて、実現すべくもなかったのである。

その後、日中戦争の激化、そして1937年度を初年度とする満洲国の5カ年計画実施、対ソ戦備強化などのため、日満間の貨物輸送は激増し、1938年度には大連港で滞貨が発生した。このため、新京および北満向けの貨物は、鉄道省と北日本汽船会社の連帯輸送を利用し、敦賀あるいは新潟港から日本海航路経由の発送が重視された。しかし、そこでも滞貨が発生した。その理由は、船車連帯輸送よりも、清津・羅津でいったん荷下ろしする打切中継輸送のほうが船舶代理店に支払われる手数料が高率であったため、代理店は、連帯輸送よりも自家蒐荷に重点を置いたためである。この結果清津港では、陸揚げ貨物の滞貨は4万トンに達

し，野積のままシートを掛けないものもあり，羅津港でも滞貨は2万トンにのぼった。また中継に必要な期間は，最長で羅津港で30日，清津港で60日に達したとされる[77]。こうした貨物渋滞の原因は他にもあった。両港の通関の不円滑，輸送関係書類の紛失の多発，荷役労働者とくに貨車積卸し労働者の不足による中継作業の遅延，貨物の不着事故が多いこと，貨物の照会などの通信の不円滑など，労働力，施設，運営などあらゆる面に不備があったのである[78]。このように課題は山積していたが，羅津港では，港湾整備にともなって，付帯商業施設も次第に整えられて，1939年度には，年間輸出入は115万トン程度まで増加する。とはいえ，これも羅津港の呑吐能力300万トンの3分の1を越える程度であった。

　羅津港経由は「日満最短ルート」ではあったが，以上見てきたように，最速ルートではなかった。その理由を今一度まとめておくと，(1)船舶能力が劣っており，釜山ルートよりも時間を要したこと，(2)羅津港の荷役能力が劣っており，諸掛も高かったこと，(3)北鮮の工業化の進展と工場建設による労働力不足，(4)羅津港にいたる北鮮線の鉄道の輸送力が不足していたことなどがあげられる。

　満鉄は，羅津港建設後，羅津港に貨物を誘導するために，何回か運賃改定を行っている。まず1934年に哈爾浜から北鮮3港に向かう運賃を南満向の運賃にくらべて割引く特定運賃を制定した。1936年にはこの特定運賃割引をさらに強化した。1938年の運賃改訂では，穀物，牲畜，木材，石炭，鉄鉱石などの遠距離運賃を低廉にした。これらの運賃改定には，北満から北鮮3港向け，また北鮮3港から東北満向けの物資輸送を円滑にしようとするねらいがあった[79]。

　羅津港からは東満産大豆を主にドイツに輸出したが，1939年第二次世界大戦が勃発したため，大豆輸出は不振に陥った。このため，年間10万トン程度の大豆・大豆粕を日本に振り向け，また北鮮産の麻類を日本に輸出した。また羅津港では，1939年度からとくに木材，鉄鋼，機械類の輸入が増加した。1939年度に開始された「北辺振興三カ年計画」の必要物資であったためである。日米開戦以降には，1942年度からは，一般貨物輸入が激減し，代わって，石炭・鉄鋼など物動計画にもとづく軍需製品，軍用物資の輸送量が激増した。その後，アジア太平洋

戦争末期には制海権の喪失による大陸輸送転嫁によって，海運から陸運に振り替えられる貨物も増加した。この年には，戦時インフレによる物価・労賃の高騰の結果，運賃改定を行っている。この運賃改定では，軍用物資（後掲の統計では，官用品ともされている）の運賃を，それまでのトンキロ1銭から，1銭3厘にはじめて上げ，石炭と鉱礦品の品目別運賃率も引き上げた[80]。しかし，賃率改訂後も，軍用物資の賃率は他の品目にくらべて極端に低いものであった。こうした運賃改定にも関わらず，満鉄財政は次第に逼迫する[81]。

第5節　北鮮3港の輸出入

以下，羅津港の本格的な運用が開始されてからの北鮮3港の貿易を年度毎に概観する。なお，1935年については資料を欠くため1936年度以降についてのみ触れる。

1　1936年度

羅津港が前年秋に運用を開始して本格的に港湾としての活動を開始した初年度であるため，この年度には，羅津港の荷扱いはまださほど多くない。清津が既存の設備を生かして，とりわけ輸入貨物では3港のなかではもっとも多かった。前項でふれたように，羅津港は港湾付帯の商業施設を欠いていたため，輸入貨物もふるわなかった。

表3-7，8で明らかになるが，羅津の輸入総量は31,784トンで，金物，セメントなどが中心であった。これに対して，輸出貨物では，大豆141,235トン，大豆粕10,290トンがあった。清津では，輸入は，野菜・生果の80,560トン，石炭31,404トンが目立つ。輸出では，大豆が180,468トン，近海で取れる鰯を加工した肥料用の鰯粕が70,569トンである。また雄基では，輸入はセメント，金物など建築資材が多く，輸出では，石炭，大豆，大豆粕が多い。3港を比較すると，建設まもない羅津港では大豆輸出が相当程度行われたとはいえ，清津港が他の2港を圧倒していた。

表 3-7　1936 年度各埠頭上位 5 位輸入貨物数量(単位：トン)

羅津埠頭		清津埠頭		雄基埠頭	
総計	31,784	総計	337,042	総計	108,412
金物	6,838	野菜及生果	80,560	セメント	37,112
セメント	3,983	石炭	31,404	金物	18,545
野菜及生果	2,601	油類	24,422	機械	4,773
穀類	2,147	縄莚類	15,844	縄莚類	4,451
機械	2,174	粟	13,119	食料品	4,416

注）出処は，南満洲鉄道株式会社鉄道総局『昭和11年度鉄道統計年報社線第5編港湾』。

表 3-8　1936 年度各埠頭上位 5 位輸出貨物数量　（単位：トン）

羅津埠頭		清津埠頭		雄基埠頭	
総計	188,142	総計	407,056	総計	265,173
大豆	141,235	大豆	180,468	石炭	67,118
豆粕	10,290	鰮粕	70,569	大豆	47,726
麨	4,285	大豆粕	34,288	大豆粕	28,423
船舶焚料炭	2,850	魚油	22,415	木材	34,168
穀物種子	1,103	硬化油	16,382	麨	28,726

注）出処は表 3-7 に同じ。

2　1937 年度

　1937 年度を初年度とする満洲国産業開発五箇年計画が実施されたために，この年度には，大連港の輸出入が激増した。しかし，同年の日中戦争開始によって，大連港では，軍用船である「特殊船舶」の入港が増加したために，沖待が頻出し，また滞貨が激増した。この結果，北満向け物資の羅津港利用が増加する。

　羅津埠頭では港湾整備が進められ，埠頭構内の埋め立て，港内岸壁，荷揚場築造，倉庫上屋 10 棟などが完成した。その結果，輸入貨物では，船舶数 570 隻，総トン数 1,613,036 トンとなり，前年度にくらべて 13 隻，200,118 トン増加した。これに対して，清津埠頭は，入港 969 隻，2,246,317 トンであり，前年度比 157 隻，216,721 トンの減少，輸出貨物は，雄基埠頭は 688 隻，1,125,196 トン，40 隻増加，188,492 トンの減少であった。清津，雄基の減少は，満鉄の羅津への貨物集中策の影響である。

　羅津埠頭の輸入貨物は，五カ年計画によるセメント，石材など奥地向け建設材料の輸入増加によって，総量で 47,783 トン，前年度にくらべて 50％増加した。輸出一般貨物は 440,547 トン，船舶焚料炭 9,136 トン

第3章　満鉄の北鮮港湾建設と経営　　　　　　　　　　　113

表3-9　1937年度各埠頭上位6位要輸入貨物数量　　（単位：トン）

羅津埠頭		清津埠頭		雄基埠頭	
総計	47,783.0	総計	311,946.0	総計	60,720.0
セメント	11,166.0	鉄及鋼製品	23,719.0	鉄及鋼製品	5,546.0
鉄及鋼製品	7,134.0	柑橘類	19,423.0	鉄及鋼	3,840.0
石材・砂利	3,139.0	機械類	17,380.0	食料品類	3,685.0
食料品類	3,124.0	石炭	17,116.0	草藁製品1)	3,872.0
機械類	2,844.0	食料品	15,854.0	機械類	3,830.0
軍用品	−	軍用品	3,444.0	軍用品	−

注）畳及畳表類をのぞく。出処は，南満洲鉄道株式会社鉄道総局『昭和12年度　鉄道統計年報　第5編　港湾』。

表3-10　1937年度各埠頭上位5位輸出貨物数量　　（単位：トン）

羅津埠頭		清津埠頭		雄基埠頭	
総計	449,683.0	総計	311,102.0	総計	287,878.0
大豆	412,458.0	大豆	69,698.0	石炭	93,468.0
大豆粕	18,868.0	大豆粕	58,590.0	木材	43,649.0
船舶焚料炭	9,136.0	鰮粉末	37,786.0	大豆	32,819.0
麩	5,795.0	鰮粕	28,231.0	鰮粕	24,376.0
蘇子	1,378.0	麩	24,223.0	麩	18,895.0

注）出処は表3-9に同じ。

で，前年度比179％，とくに船舶焚料炭は221％に激増した。これは羅津埠頭の完成，東満の治安安定，中東鉄道の買収によってそれまでウラジオストクに向かっていた北満の大豆を中心とする貨物が羅津に仕向けられたためでもある。しかし，貨物の増加により荷役作業が渋滞し，沖待・港内停泊の船舶が増加したために船舶焚料炭が増加した。なお，この年度には軍用品は清津に向かっている。

　清津埠頭の輸入貨物は311,946トン，うち軍用品は3,444トンである。先に触れたように，陸軍は1935年度から清津と敦賀との間で軍用日本海航路を開設したが，その量は少ない。セメント，油類の輸入減によって，前年度に比べて25,096トン，7％減であった。輸出貨物では一般貨物304,559トン，軍用品5,011トン，船舶焚料炭1,532トン，合計311,102トンで，前年度にくらべて25％の減少であった。これは大豆輸出が羅津埠頭に集中されたためであり，石炭は前年度輸出高わずか10トンが，12,173トンに増加している。

　雄基埠頭では，輸入貨物は60,720トンであり，前年度より46％の減少であった。セメント，金物類の減少がその理由である。また，輸出

貨物では一般貨物250,212トン，船舶焚料炭28,666トン，合計287,878トンであり，前年度比で2%減であった[82]。この時点では，当初満鉄が設定した北鮮3港の役割分担はほぼ機能していたことを示している。

また，船客は，羅津埠頭で乗船9,255人，上陸10,048人，清津埠頭で乗船25,297人，上陸37,797人，雄基埠頭で乗船1,280人，上陸2,147人であった。旅客の場合にも，埠頭設備，市内の宿泊設備などが整備されている清津埠頭での乗下船客が多かった。

3　1938年度

1937年からの日中戦争による軍需物資の輸送増加，満洲国の5カ年計画による工業建設によって，大連港，北鮮3港の輸入貨物は激増した。大連港では，これに対応できず一時滞貨が発生した。北鮮3港では，欧州向大豆の積出船舶の寄港が増加し，また日本との最短経路として，東北満に向かう移民の通過，北部朝鮮人口の増加による生活必需品の輸入が激増した。このため羅津埠頭にはこの年荷役機械が増設された。

羅津埠頭には604隻の船舶が出入りした。前年度に比して34隻の増加である。清津埠頭では926隻，43隻の増加，雄基埠頭では353隻，335隻の減であった。羅津埠頭の輸入貨物は346,157トン，前年度比298,374トン，625%に激増した。北鮮及び東満の人口増加による生活必需品と奥地向け建築資材の輸入増加によるものであった。また，輸出貨物では一般貨物708,576トン，船舶焚料炭14,616トン，合計723,290トン，前年度に比べて，貨物61%，焚料炭で60%の増加であった。東満の大豆出回りが旺盛であったこと，欧州向け大豆輸出の増加によるものである。焚料炭の増加は羅津港の沖待船が増加したためである。

清津埠頭の輸入貨物は，建築資材，食料品，雑貨などを中心に412,848トン，軍用品7,538トン，合計420,386トンで，前年度にくらべて33%増加した。また，清津地区の工場建設にともなって，日本製鉄，大日本紡績など向け機械金物類の輸入が増加した。また，輸出貨物では一般貨物276,025トン，船舶焚料炭2,723トン，合計278,748トンと，前年度比9%の減少であった。羅津埠頭施設の整備に伴って，欧州向け船舶が羅津港に集中されたために，大豆，豆粕などの積み出しが皆

第3章　満鉄の北鮮港湾建設と経営　　　　　　　　　　　　　　115

表3-11　1938年度各埠頭上位6位輸入貨物品　　（単位：トン）

羅津埠頭		清津埠頭		雄基埠頭	
総計	346,156.7	総計	420,386.1	総計	72,694.9
軍用品	212,835.2	鉄及鋼製品	54,055.6	麦粉	7,689.3
セメント	14,137.7	セメント	38,352.4	セメント	6,506.8
鉄及鋼製品	13,225.6	生野菜	17,620.0	草藁製品1	6,723.9
軌条	12,718.3	機械類	16,315.8	食料品	5,741.0
柑橘類	11,782.0	生野菜	17,620.0	鉄及鋼	4,964.7
食料品類	8,896.2	軍用品	7,537.9	薬品類	3,164.6

注）畳及畳表類をのぞく。出処は，南満洲鉄道株式会社鉄道総局『昭和13年度　鉄道統計年報　第5編　港湾・水運』。

表3-12　1938年度各埠頭上位5位主要輸出貨物数量　　（単位：トン）

羅津埠頭		清津埠頭		雄基埠頭	
総計	723,290.4	総計	278,748.3	総計	240,336.7
大豆	643,287.4	大豆	55,590.4	石炭	129,042.9
大豆粕	43,870.9	鰛粉末	58,926.3	大豆	33,664.9
船舶焚料炭	14,613.5	大豆粕	47,493.9	鰛粕	11,557.1
石炭	4,320.0	鰛粕	23,568.3	パルプ	7,636.1
パルプ	3,572.6	硬化油	11,821.9	小豆	7,334.7

注）出処は，表3-11に同じ。

無となったためである。この年7月ソ連との国境紛争である張鼓峯事件が勃発した。このため，清津港への軍用品輸入は前年度に比べて倍増した。

　雄基埠頭では，輸入貨物は，一般貨物72,099トン，軍用品596トン，合計72,695トンで，20％の増加であった。輸出貨物では一般貨物224,538トン，船舶焚料炭15,798トン，合計240,337トン，前年度比，貨物で10％，焚料炭で45％減であった[83]。船客数は，羅津で乗船15,273人，上陸15,686人，清津で乗船39,610人，上陸75,391人，雄基で乗船1,373人，上陸1,227人であり，清津埠頭が圧倒的に優位であった[84]。

4　1939年度

　5カ年計画の進行によって，満鉄港湾全体の輸出入貨物は18,763,507トンと，前年度に比して673,070トン，約5％増加した。しかし，満洲国大豆専管法の実施にともなって，大豆の出荷額が激減し，また欧州大戦のため欧州向け貨物が杜絶したため，輸出貨物は310,184トン，前年

度比 1,109,133 トン，15％の減少であった。とりわけ特産物である穀類は 2,015,518 トン，石炭は 1,014,191 トンで，前年度に比べて，それぞれ 34％，27％の減少である。これに対して輸入貨物は 7,458,824 トン，前年度比 31％増加している。満洲国内における需要物資の増加と華北向け生活必需品の輸出増加によるものであった。

戦線から遠く，日中戦争の影響をうけることの少なかった北鮮 3 港では，北鮮と東満での工業発展，張鼓峯事件後に急遽策定された北辺振興三カ年計画，これらの結果生じた人口増加などの要因によって，機械類 2,661 トン，11％，建設材料 168,925 トン，100％，食料品及び雑貨類 214,901 トン，65％の増加をみた。

羅津埠頭では，日本海汽船会社が設立されて新潟・北鮮航路に定期船 4 隻を配置して，1 カ月 16 航海とし，また，所要時間も 48 時間から，39 時間に短縮された。このため，羅津埠頭では，輸入貨物は前年度比 172％増加した。木材，鉄鋼製品など建設資材と満洲国内の人口増加と小麦粉の生産不足によってアメリカ・オーストラリア産の小麦粉，生野菜，柑橘類，塩干魚などの生活必需物資が増加した。輸出貨物では一般貨物は 371,849 トン，船舶焚料炭 27,591 トン，合計 399,440 トンで，前年度より輸出貨物で 48％減少，焚料炭は 89％の増加であった。この減少は，欧州戦争勃発によって，欧州向け大豆輸出が杜絶したことによっている。他方，ノモンハン事件のために，羅津埠頭への軍用品（表では官用品とされている）が激増した。焚料炭の大幅増は軍用品の激増によるものと推測される。

清津埠頭の輸入貨物は 567,281 トンで，前年度比 35％の増加であった。諸食料品，紙類など生活必需物資の輸入激増によるものであった。輸出貨物では一般貨物 259,954 トン，船舶焚料炭 2,904 トン，合計 262,858 トンで，前年度比貨物で 6％減，焚料炭で 7％の増加であった。清津で製造される鰮粕の積出しは好調であったが，大豆・大豆粕が羅津港に集中されたこと，また満洲国政府の日本内地向け輸出統制の結果，輸出貨物数量は減少した。

雄基埠頭では，輸入貨物は 149,141 トンと前年度比 103％の激増であり，官用品を加えると 149,360 トンとなる。従来日本内地および華北向け満洲材の輸出が旺盛であったが，1937 年満洲国が国内産木材の逼迫

第 3 章　満鉄の北鮮港湾建設と経営　　　　　　　　　117

表3-13　1939年度上位6位主要輸入貨物数量　　（単位：トン）

羅津埠頭		清津埠頭		雄基埠頭	
総　計	748,604.7	総　計	567,280.9	総　計	149,360.1
木材	66,820.3	セメント	49,291.5	木材	66,900.2
麦粉	66,018.4	木材	46,317.3	セメント	16,149.3
鉄及鋼製品	27,713.6	鉄及鋼製品	35,905.1	草藁製品1	7,876.2
柑橘類	27,293.2	食料品	35,432.1	麦粉	7,313.8
食料品類	26,886.8	生野菜	34,290.5	食料品	5,630.9
官用品	385,893.8	官用品	−	官用品	219.1

注）畳及畳表類をのぞく。出処は，南満洲鉄道株式会社鉄道総局『昭和14年度　鉄道統計年報　第5編（上）港湾』。

表3-14　1939年度上位5位輸出貨物数量　　（単位：トン）

羅津埠頭		清津埠頭		雄基埠頭	
総計	399,440.2	総計	262,858.3	総計	196,877.2
大豆	289,253.9	鰮粉末	68,426.5	石炭	113,235.8
大豆粕	56,218.2	大豆粕	35,959.7	大豆	23,489.1
船舶焚料炭	27,591.8	大豆	32,347.9	鰮粕	14,697.9
パルプ	72,777.0	鰮粕	22,310.0	パルプ	10,349.0
小豆	4,311.6	木材	12,836.0	木材	3,805.0

注）出処は，表3-13に同じ。

のために輸出を禁止して以降，建築工事資材である木材，セメントなどの輸入が増加した。また，輸出貨物では，196,877トンのうち，一般貨物は170,500トン，前年度比21%の減少，船舶焚料炭20,371トンは29%の増加であった。輸出貨物の減少は，大豆の出回り不振によるものである。

　旅客輸送は，羅津で乗船客21,470人，前年度比41%増加，上陸客34,748人，122%増加，清津では乗船客55,161人，30%増加，上陸客は86,811人，17%の増加で，雄基では乗船1,178人，上陸1,089人であった。開拓団員の大量入満があったこと，また日本海航路の定期船強化にともなって利用者が増加した。これは大連航路と朝鮮経由の旅客の輻輳によるものでもあった。このためもあり，羅津埠頭では，荷役用機械の増設が行われた[85]。

5　1940年度

　1940年9月商工省令によって，関東州，満洲国，華北向け輸出貨物統制が開始された。これに対応して，満洲国，関東州でも，関東州輸出

表 3-15　1940 年度各埠頭上位 6 位輸入貨物品　（単位：トン）

羅津埠頭		清津埠頭		雄基埠頭	
総　計	285,812.1	総　計	120,246.7	総　計	61,995.4
木材	32,571.6	生野菜	12,535.2	木材	22,265.4
鉄及鋼製品	22,442.2	草藁製品[1)	8,772.6	生動物	7,643.2
柑橘類	27,325.9	鉄及鋼製品	8,740.0	草藁製品[1)	3,442.7
生野菜	20,977.3	木材	7,935.4	セメント	3,411.6
食料品類	20,146.7	食料品	6,695.9	鉄及鋼製品	2,138.0
官用品其他	34,726.8	官用品其他	32,051.7	官用品其他	10,722.5

注）畳及畳表類をのぞく。出処は，南満洲鉄道株式会社鉄道総局『昭和 15 年度鉄道統計年報　第 5 編（上）港湾』。

表 3-16　1940 年度各埠頭上位 5 位輸出貨物数量　（単位：トン）

羅津埠頭		清津埠頭		雄基埠頭	
総　計	214,651.8	総　計	89,938.3	総　計	163,021.1
大豆	117,863.3	鉄鉱	11936.0	石炭	92,875.2
船舶焚料炭	31,332.0	鰮粕	11,346.2	木材	25,275.6
大豆粕	18,029.5	大豆	9,464.2	鰮粕	10,652.3
麻類	13,683.6	パルプ	8,308.0	パルプ	9,609.6
木炭	12,173.5	鰮粉末	4,853.1	大豆	4,256.1

注）出処は，表 3-15 に同じ。

入許可規則，満洲国貿易統制法が実施され，10 月には満洲国農産物専管法と糧穀管理法が発令された。また海運統制も開始されたために，満鉄港湾は大きな影響を受けた。さらに特産物の出回り不振のため，満鉄港湾の総輸出量は 4,447,391 トンと前年比 30％ の減少，総輸入量も 5,395,764 トンと 28％ の減少であった。またこの年 7 月清津港および北鮮西部線が朝鮮総督府に返還されたことは，羅津，雄基 2 港に大きな影響を与えるとみられた。

羅津埠頭では，輸入貨物は 285,812 トンで，前年度比 21％ の減少，輸出貨物では一般貨物 183,819 トン，前年度比 51％ の減少であった。船舶焚料炭を加えると，総輸出貨物は 214,652 トンである。この減少は，「日満支経済ブロック」内の貿易制限，欧州大戦の影響を受けた第三国貿易の不振，清津港の朝鮮総督府への返還などのためであった。輸出貨物のうち，大豆，大豆粕の輸出減が欧州大戦の影響を示している。

雄基埠頭では，輸入貨物は 61,995 トンで，前年比 58％ 減となり，輸出貨物の合計は 163,021 トンであり，このうち船舶焚料炭 3,740 トンを

差し引くと，一般貨物は 149,281 トンとなり，15% 減であった。輸出貨物は，木材 2 万トンの増加があったが，石炭，大豆などの不振を補うことはできなかった。鰮がこの年突然不漁となったため，魚油・魚粕も減少した。

輸入は羅津埠頭同様全面的減少であった。なお，1940 年 7 月清津港の朝鮮総督府返還により，この年度の清津埠頭の数値は，清津港返還までの期間のものである。

旅客輸送は，羅津港が満洲開拓団員の入満経路であり，また最短経路でもあったため，利用者は，乗船客 61,292 人，203%，上陸客 80,695 人，132% の増加であった。雄基では乗船 488 人，上陸 786 人である。

6 1941 年度

1941 年 6 月の独ソ戦開戦，7 月の米英の対日資産凍結を受けて，8 月には戦時海運管理要綱が，さらに 9 月には海運の一元的統制のために海運統制令が定められた。その後，1942 年 3 月には戦時海運管理令によって船舶運営会が設立され，海運の統制管理が強化された。貿易のほとんどを日本船舶に依存している満鉄の港湾は大きな影響を被った。配船は，年度当初から次第に減少し，対英米宣戦布告後には，さらに抑制された。このため貨物輸出入量が激減しただけではなく，貿易の範囲も円ブロックに限られ，第三国貿易は極端な不振に陥った。戦時重要物資の供出，対日期待物資の輸入抑制も行われた。しかも特殊輸送船舶（軍用船）が激増し，一般商船は著しく減少している。満鉄所管港湾の着埠船舶隻数は，この年 7，8 月に急激に増加した。対ソ作戦準備である関東軍特種演習が発動されたためであった。ただし，関東軍特種演習に要する物資のほとんどは大連港に陸揚げされている。そして，12 月の日米開戦以降配船は激減する（表 3-17 参照）。

満鉄港湾全体での輸出入は，輸入貨物では，4,646,851 トンで前年度比 14% 減であった。石炭が増加し，大豆，小麦，煙草，茶，植物性油，草藁製品，マッチなどもわずかに増加したが，木材，麦粉，その他食料品など大部分の品目では激減した。こうした貨物の減少と戦時インフレの進行のために，満鉄は 1941 年 7 月に運賃改訂を行って増収を図った。これに加えて，諸物資の統制強化に伴って埠頭倉庫での保管日数が伸び

表 3-17　1941年度満鉄所管港湾着埠船舶隻数及び総トン数（単位：1,000トン）

月別	隻　数	総トン数
合計	7,418	17,021
4月	624	1,430
5月	632	1,367
6月	595	1,306
7月	717	1,726
8月	1,023	3,064
9月	634	1,547
10月	590	1,263
11月	620	1,487
12月	582	1,101
1月	474	941
2月	473	898
3月	444	885

注）出処は，南満洲鉄道株式会社鉄道総局『鉄道統計年報　第5編（上）港湾　昭和16年度）1頁。

表 3-18　1941年度上位5位輸入貨物（単位：トン）

羅津埠頭		雄基埠頭	
総　計	314,166.7	総　計	45,349.5
鉄及鋼製品	31,616.5	石炭	31,425.0
食料品類	19,376.9	生動物	1,949.8
草藁製品1)	18,656.1	米及籾	1,739.7
木材	16,155.8	鉄及鋼製品	820.6
機械類	15,705.8	麦粉	383.0

注）畳及畳表類をのぞく。出処は表3-17に同じ。

表 3-19　1941年度主要輸出貨物　（単位：トン）

羅津埠頭		雄基埠頭	
総　計	180,166.9	総　計	72,372.0
大豆	48,765.2	石炭	57,476.5
大豆粕	57,964.1	木材	8,155.5
船舶焚料炭	30,388.0	船舶焚料炭	3,550.0
麻類	21,953.7	パルプ	3,476.5
木炭	13,521.5	鰮粕	1,286.1

たために，満鉄の港湾収入は増収となり，黒字となった。輸出量は375万トン，前年度比16%減，輸入量は465万トンで14%減であった。輸出貨物のうちでは，蘇子，麻類，木材，鉱産品，重油，銑鉄，鉄及び鋼などの戦時重要物資が増加したが，穀類，礦物，パルプなどを除くと，ほとんどの品目で激減した。

羅津埠頭出入り船舶は，11月6日気比丸が触雷沈没したため，危険回避のために定期船は迂回航路をとった。また日米開戦以降船舶が減少したため，日本海航路は実質的に不定期航路化した。輸入貨物は314,167トン，前年度比10％増加しているが，これは石炭の満洲国向け輸入の結果であった。輸出貨物は180,167トンであり，前年度比2％減であった。雄基埠頭では，輸入貨物45,350トン，輸出貨物72,372トン，前年比25％減であった。さらに北鮮の特産品であった魚油，魚粕なども鰮漁の不振のため激減した。

他方，羅津港は満洲開拓団の入満経路であったが，定期就航船舶の減少によって旅客も減少する。乗船客29,119人，55％減，上陸客60,227人，25％の減少であった。羅津港の改良工事も，日米開戦の結果重要性が低下したため，既存設備の整備にとどまった[86]。

7　1942年度

1941年に日本は戦時海運管理令により船舶運営会を設立し，逼迫する船舶の活用を図った。日満貿易も配船制限によって船腹不足を来した。その結果，「日満支経済ブロック」における華北・華中からの対日輸送は，海上輸送から陸路輸送に転嫁された（大陸転嫁輸送）。このため，大連埠頭からの貨物の輸出入は激減し，かわって北鮮ルートの羅津港が活発化した。1941年11月の気比丸の触雷沈没の影響で日本海輸送は激減していたが，ようやく回復した。

羅津埠頭の輸入貨物は305,181トンであり，前年に比べて8,976トン，8％の減少であった。このうち官用品（すなわち軍用品）が171,120トンであり，一般貨物は180,090トン，57％の激減となった。日本が，対満物資の輸出調整を行ったためである。輸出貨物は376,659トン，前年度にくらべて100％の増加であった。このうち官用品（すなわち軍需物資）は65,243トンであり，これを除いても131,249トンであり，72％の増加であった。これは日本向け大豆が前年比116,869トン，147％増加したことが理由であった。

雄基埠頭では，輸入貨物2,376トンで，前年度比42,974トン，95％減となった。内地炭の輸入が皆無となったためである。輸出貨物は51,707トンで，前年度比29％の減少であった。これは，船舶の逼迫の

表3-20　1942年度各埠頭主要輸入貨物数量（単位：トン）

羅津埠頭		雄基埠頭	
総　計	305,180.9	総　計	2,376.4
柑橘類	23,233.1	鉄及鋼製品	681.7
生野菜	20,451.5	麦粉	335.6
鉄及鋼製品	11,185.4	軌条	302.9
食料品類	9,425.4	生動物	54.4
其他果物	8,732.9	薬品類	23.0
官用品其他	171,120.2	官用品其他	－

注）出処は、南満洲鉄道株式会社鉄道総局『昭和17年度鉄道統計年報　第5編（上）港湾』。および南満洲鉄道株式会社鉄道総局『鉄道統計年報』各年版。

表3-21　1942年度各埠頭主要輸出貨物数量　（単位：トン）

羅津埠頭		雄基埠頭	
総　計	376,658.9	総　計	51,707.0
大豆	196,634.2	石炭	40,127.0
大豆粕	53,718.5	木材	9,936.4
麻類	30,914.1	米及籾	533.6
船舶焚料炭	22,589.0	鉱物	980.0
パルプ	7,810.4	船舶焚料炭	70.0
官用品其他	65,243.3	其の他	30.0

注）出処は、表3-20に同じ。

ために，満鉄が羅津港への集中策をとったためである。

　乗降客は，船舶の逼迫の影響が大きく，大連と羅津港を除くと，定期航路の就航はなく，乗客は朝鮮半島経由の陸上交通を利用するしかなかった。羅津港では，定期航路の船腹不足が乗客輸送に大きな影響を与えた。乗船客は14,618人，対前年度比50％減少，上陸客は22,817人，対前年度比62％減であった[87]。

　このように，羅津港は当初年間呑吐能力300万トンを想定して築港がなされたが，実際には最大でもその約3分の1の貨物を扱うことしかなかった。表3-22は1936年から1942年までの数字をまとめたものであるが，羅津港では，軍の思惑によって，満鉄によって積極的に港湾整備が行われたが，輸出入においても，また人の往来という点でも，清津港には結局及ばなかったことが明らかになる。

第3章　満鉄の北鮮港湾建設と経営

第6節　北鮮3港の最後

　1943年度以降の状況は，統計資料を欠くため不明である[88]。連合軍の反攻によって，日本は，太平洋，中国沿岸の制海権を次第に失った。船腹の減少もあり，1942年度後半から「大陸転嫁輸送」が実施される。船舶不足と海上輸送の危険を避けるため，満鉄は，社線の複線部分および大連埠頭内の軌条を撤去し，朝鮮鉄道を複線化した。この工事は1945年2月に完成するが，この間も港湾の荷役能力と朝鮮鉄道の輸送力の不足のため貨物は渋滞した。1943年になると，日本の周辺海域はアメリカ軍の潜水艦が出没し，制海権を失い，かろうじて日本海のみが「安全」となる。満鉄は，このため北鮮ルートを重視し，羅津港を利用するように方針を転換し，北鮮連絡の京図線を整備し，輸送力強化を図る。また，大連埠頭局の職員を羅津に配置転換し，羅津港から新潟に向けて物資を輸送しようとした。このために，羅津鉄道局の人員は5000人近くまで増加する[89]。
　1945年に入ると，日本近海の制海権はまったく失われ，連合軍の海上封鎖に伴って，大連からの海上輸送はほぼ不可能になった。このため，大連埠頭の荷役作業設備の一部が撤去され，羅津埠頭に移設され，大連埠頭で働いていた荷役労働者数千名が羅津埠頭に移動した。こうしたなかで，日本国内の食糧不足を補うために，1945年4月から7月までの4カ月間に100万トンの大豆を羅津港から国内に輸送する「必勝輸送」計画を軍は立てた。このために，羅津港には主として大連港から機械，船舶，資材が運ばれ，中国人労働者，勤労奉仕隊によって船積荷役を行い，関東軍の内地への軍用貨物返送も含めて約120万トンの荷役を行った[90]。さらに，敗戦直前の8月に入っても大豆の船積み輸送は継続された[91]。麻袋不足のために大豆はバラ積みで羅津港から新潟港へ送られたが，新潟港ではバラ積みに対応する設備を有しなかった[92]。新潟港では，荷役，荷積施設の欠如の結果，野積貨物の濡荷が激増した[93]。日本海側港湾の荷役能力の強化，強制連行された中国人労働者の荷役への動員，貨物貯蔵設備の拡充整備，陸揚げ貨物の輸送力増強も試

表 3-22　北鮮 3 港の輸出入量・上下船者数の比較

		羅津埠頭				清津埠頭				雄基埠頭			
	輸入量	輸出量	船数	船数	輸入量	輸出量	乗船数	下船数	輸入量	輸出量	乗船数	下船数
1936	31,784	188,142	n.d.	n.d.	337,042	407,056	n.d.	n.d.	108,412	265,173	n.d.	
1937	47,783	449,683	9,255	10,048	311,946	311,102	25,297	37,797	60,720	287,878	1,280	
1938	346,157	723,290	15,273	15,686	420,386	240,337	39,610	75,391	72,694	723,290	1,373	
1939	748,605	349,440	21,470	34,748	567,281	262,858	55,161	86,811	149,360	196,877	1,178	
1940	285,812	214,651	61,292	80,695	120,246	89,938	n.d.	n.d.	61,995	163,021	488	
1941	314,167	180,167	29,119	60,227	n.d.	n.d.	n.d.	n.d.	45,349	73,372	n.d.	
1942	305,181	376,659	14,618	22,817	n.d.	n.d.	n.d.	n.d.	2,376	51,707	n.d.	

注）輸入量、輸出量はトン数。乗船数、下船数は人数。

みられたが[94]，すでに港湾の整備は不可能となっていた。

　1945年8月9日午前0時半ごろ，羅津埠頭の関東軍倉庫が爆撃され，爆発炎上した。ソ連軍の参戦であった。翌10日には構内の野積貨物が炎上し，また港内に停泊中の船舶10隻が炎上沈没した。ソ連軍の攻撃を受けて，羅津埠頭の全日本人従業員は，新京経由奉天に避難することとなった[95]。爆撃によって，倉庫，野積大豆などすべてが焼失し，荷役中の船舶12隻を含め，港内のすべての船舶が沈没した[96]。また雄基港もソ連軍の攻撃を受けた[97]。その結果，羅津の港湾・鉄道機能は喪失した。

　なお，雄基に残留した満鉄社員の一部は，敗戦後ソ連軍支配下の北部朝鮮で鉄道経営にあたっていた咸興地方鉄道局羅津鉄道事務所長の要請によって，羅津鉄道事務所に留用された[98]。対ソ作戦準備の軍需物資輸送という役割を担わされて建設された羅津港は，ソ連軍の攻撃によって崩壊したのである。

おわりに

　満洲国が建国されたあと，羅津港は，対ソ戦備充実のための軍需物資輸送，北満・東満の経済開発用物資輸送，満洲開拓団送出の基幹港として建設された。羅津港経由は，新京，哈爾浜などの中・北満の重要都市への日本からの最短経路であった。これに対応して，国内では，新潟港，敦賀港の増強が図られた。しかし，これまで見てきたように，当初の壮大な計画は実現されないままに敗戦となる。羅津港の第1期工事完成後の1940（昭和15）年現在でも，大連港を中心とする南満経由の貿易量は日満貿易全体の89%を占めており，北鮮ルートはわずか11%を占めるにすぎなかった。北鮮ルートは，日満貿易においては補完的な役割を果たしたにすぎないのである（表3-22参照）。その理由には，北鮮ルートの背後地である北満・東満が，大豆・木材・石炭をのぞくと有力な輸出産物を有していなかったこと，日本海側地域でも輸出可能な産物が，一次産品をのぞくと少なかったこと，また北鮮3港および日本海側の港湾・鉄道施設の不備などがあった。

表 3-23　南部幹線と北部幹線の輸出入と比率（1940年）　　（単位：1000トン）

	南　部							北　部			
	合計	大連	旅順	安東	営口	壺蘆島	合計	羅津	清津	雄基
輸出	3,112	2,447	167	-	379	129	353	172	58	124
比率	90	70	5	-	10	4	10	5	1	3
輸入	3,317	3,105	47	6	130	27	454	280	115	58
比率	88	82	1	-	3	-	12	7	3	1
輸出入計	6,739	5,552	214	6	509	156	807	452	173	182
比率	89	77	3	0	7	2	11	6	2	2

注）出処は、南満洲鉄道株式会社鉄道総局『昭和十四年度鉄道統計年報第5編（上巻）港湾』昭和16年。

　羅津港では，当初はそのほとんどが通過貿易であり，羅津港経由朝鮮各地への貨物移出は少なかった。京図線（新京・図們間）と図佳線（図們・佳木斯間）の開通によって，羅津港が北満各地と結ばれ，北満をその背後地としたことは，北満の社会経済に大きな影響を与えたと考えられる。ただし，北満各地では，哈爾浜・新京・奉天・大連を結ぶ鉄道の輸送力も著しく増強されているため，羅津港とそれに関わる新線の建設が北満の社会経済にどの程度影響を与えたかを見ることは困難である。また，羅津港の建設によって船舶から雄羅線への貨客の積み換えがあったため，羅津の都市化こそ進んだが，雄羅線，さらに京図線，図佳線などの沿線各地の都市では，駅周辺の整備こそ進んだとはいえ，貨客ともに通過がほとんどであったため，これら直接の背後地に与えた影響は大きなものではなかったと考えられる。

　この時代の鉄道・港湾のほとんどは，戦時には軍事輸送として利用することが想定されていた。羅津港も例外ではなかったことは，これまで見てきた建設にいたるまでの間の海軍，陸軍の主張に明らかである。また，添付した地図にもあるとおり，軍用地などの港湾設備も設置されていた（図3-1参照）。羅津港は戦時の軍港を想定して建設されたということは，強調しておくべき事実であろう。

　その結果，羅津港は，軍需物資通過港として，また国策であった北満への満洲開拓団の経由港として一定の役割を果たした。アジア太平洋戦争末期に，日本が近海の制海権も失ったことにともなって，大陸からの物資輸送に羅津港経由の日本海ルートが重視された。しかし，船舶の喪失と日本海側港湾の荷役設備の不備のため，それも次第に機能しなく

第 3 章　満鉄の北鮮港湾建設と経営　　　　　　　　127

なっていく。アジア太平洋戦争末期には，満鉄は大連港と羅津港に貨物を集中することに全力を注いだが，制海権の喪失と連合軍による攻撃の結果著しい船腹不足となり，輸送も思うにまかせないまま敗戦を迎え，ソ連軍の爆撃により羅津港は破壊されたのである。

　付記：本稿は，井村哲郎「満鉄の北鮮港湾経営」(『環日本海研究年報』第 15 号，2008 年 2 月，117-138 頁) と「村上義一文書に見る北鮮鉄道・港湾建設，満鉄の北鮮港湾経営・再論」(『環東アジア研究センター年報』第 7 号，2012 年 3 月，57-70 頁) の二つの論文を統合し，改稿したものである。なお，前者は，科学研究費補助金基盤研究 B「南満・中東鉄道沿線の社会変動と人口移動に関する研究」(研究代表者　芳井研一) の，後者は，科学研究費基盤 B 海外調査「戦時期南満州鉄道沿線の社会変容に関する史料調査研究」(研究代表者　芳井研一) の成果の一部である。

# 第Ⅱ部

南満州鉄道沿線都市の変容

第4章

長春市の都市形成

武　向平

はじめに

　長春の都市近代化の過程は，封建軍事都市－鉄道枢軸都市－植民地政治中心－総合工業都市[1]という階梯を経ている．本章では長春城（旧長春市内）・商埠地・附属地を中心に，19世紀末から1920年代までの長春の都市形成発展過程を考察する．長春の都市化は，ロシアと日本が中国東北における権益確保のために衝突する過程で開始された．その過程には，一貫して，中国，日本，ロシアの3国の利益の衝突と矛盾が交錯している．この時期には，長春は，長春市内，中東鉄道寛城子附属地，満鉄長春附属地，商埠地の4つの街区からなっていたが，日本とロシアの植民統治勢力が長春の都市発展を主導したといえる．日本とロシアは長春の鉄道附属地にさまざまの施設を設けたが，その目的は植民統治を維持するためであり，この時期には長春全体としての継続的発展はなく，不均衡な様相を呈していた．

第1節　長春の都市としての起源と発展

1　起源と建治

　清朝初期，長春地域はモンゴル郭爾羅斯（ゴルロス）前旗王公の領地

であった。1800年（嘉慶5），清朝は伊通河右岸から北約5キロメートルの長春堡（現在の長春市新立城）の地に理事通判を設け，長春庁を設立した。長春庁は，初め沐徳郷，撫安郷，恒裕郷，懐恵郷を統轄した[2]。清朝は，長春の発展と管理強化のために，長春庁から西北約20キロメートルの地に定期市を設け，郷警派出所を設置した。当時，長春には10余の雑貨店があり，小商いを経営していた。1825（道光5）年清政府は伊通河左岸の寛城子の地に長春庁を移転した。1865（同治4）年馬賊の侵入に備えるため，木の城壁を築き，さらに崇徳（東），全安（南），聚宝（西），永興（北），永安（西南），乾佑（西北）の6城門を作った。この頃には，長春には道路が四通八達するようになっていた。1882（光緒8）年清朝は理事通判を撫民通判に改めた。1889（光緒15）年長春庁を長春府としたが，その統轄地域は長春庁とほぼ同じであった。1913（民国2）年3月長春府は長春県に変更され，吉長道尹が管轄した。長春県には6鎮14郷があった[3]。

2 初期の発展と都市計画

長春庁の成立後，長春の街区は次第に発展拡大し，19世紀末には長春の都市街区はほぼ形成された。当時，市内の主な道路には，南大街，北大街，東西四道街，東三道街，西三道街，双橋西街，東二道街，西二道街，東頭道街，西頭道街，両頭道街，南関街，新開路街，横街があり，また市外の主要道路には，大南門外街，大東門外街，永安門外街，朱家大屯，熱鬧街，自強街，城壕外街があった。

街区の発展にともなって，長春はこの地方の政治，経済，文化の中心となっていった。とりわけ，西四道街，西三道街，二馬路などは長春の中心的道路となった。当時，長春県政府，公安局，法院，検察院，財政庁などは西四道街に置かれ，巡警総局，税務局，緝私局，禁煙分局，奉天官銀号，宣伝所，陸軍糧食供応局，鉱務局，監察局，電報局，郵政副総局などは二道街にあった。また長春総商会，県農会，教育会，警察教養会，病院科研所，県立苗圃，県立図書館なども長春の中心地域にあった[4]。

現在の長春には初期の建築はほとんど存在していない。その中で，比較的良好に保存されているのは主に宗教建築である。諸聖祠は，市内

西二道街に 1815 年（嘉慶 20）に建てられた長春最古の宗教建築である。当時，その祠堂は 6 棟あり，鐘楼が 1 つあった。1920 年（民国 9）にこれらは修復されている。大仏寺は長春・西門外にあり，1894 年（光緒 20）に建てられた。当時，大仏寺の内陣は 3 室，東西両側に 5 室，本堂前方両側に各 7 室，山門に 3 室があった。1925 年（民国 14）に山門の東西両側に各 2 室を作り，主に孤児の教室や喜捨の部屋とした。1926 年に大仏寺は改修され，新たに境内西南の地に大仙堂を建立した。また，文廟は当時長春ではもっとも有名な宗教建築で，長春市内東の二道街にあり，1872 年（同治 11）に建てられた。当時は，大成殿，崇経殿，東西両側に 3 室の偏殿，大成門に 3 室があった。また寺院前院の東西両側に各 3 室の更衣房があった。1924 年（民国 13）長春の経商各界の人々は白金 3 万両の義援金を集めて，改修を行った[5]。

3 人口と商工業

長春庁が成立した当時，長春の住民は主に関内から移入した流民であり，約 2330 戸があった。1811 年（嘉慶 16）には 1 万 1781 戸，人口 6 万 1755 人に達した。1821 年（道光 1）に 1187 戸，1 万 534 人が移出したが，その後 182 戸，657 人が増加している。当時長春の人口は，1 万 776 戸，5 万 1878 人であった。1835 年（道光 15）には，4494 戸，1 万 2290 人が増加し，1 万 5270 戸，6 万 4168 人に達した。1881 年から 1883 年の間に長春の人口は 8705 戸，2 万 7952 人が増加し，合計 2 万 3975 戸，市外人口を含めると 9 万 2135 人に達した[6]。その後中東鉄道が開通したために，長春とその付近の人口はさらに増加した。1930 年 5 月の時点では，長春市内の人口は，中国人 1 万 7936 戸，9 万 1300 人，日本人が 42 戸，217 人，朝鮮人が 11 戸，64 人，ほかに外国人が 11 戸，39 人であり，総数 9 万 1623 人を数えている[7]。

長春では人口の増加にともなって手工業が次第に盛んになった。民国初期の長春には，金銀商 20，銅器商 27，鉄器商 120，錫器商 8，木器商 101，皮革商 44，既製服業 66，靴帽商 109，鞭商 17，鏡商 19，筆紙商 18，印刷業 14，表装業 19，理髪業 70，鍛冶屋 21，鋏商 9，楽器商 14，風呂屋 14，花屋 3，味噌製造業 12，製糖業 2，製粉業 22，豆腐屋 47，機屋 262，軍服商 5，紺屋 4，傘商 3，提灯商 9 などがあった[8]。

中東鉄道の開通とともに，商業・サービス業も発展した。民国初期には商家も増加した。銭荘 79，儲蓄会 9，焼酎醸造業 4，質屋 56，糧桟 41，絹織物商 57，洋貨荘（外国製品）41，雑貨舗 118，茶屋 7，荒物商 12，酒場 7，糧米商 38，生鮮食品店 36，陶磁器商 18，金物屋 2，薬局 92，綿花商 14，獣骨加工販売業 7，骨董屋 5，顔料屋 1，保険屋 5，旅館 130，料理店 148，馬店（荷駄宿）11，魚屋 4，肉屋 41，病院 6，茶館 4，劇場 4，妓楼 58，義歯屋 13，時計屋 21，写真館 6，理髪業 70 などがあった[9]。

中東鉄道が開通するまで，長春地域の農産物はおもに遼河を通じて営口に輸送された。遼河主流の通江口（現在の遼寧省昌図県）は長春から営口にいたる途中の重要な港であった。その全行程は 1038 華里（1 華里＝ 500 メートル）であり，荷物 3 トンを積載できる木造船が運航した。毎年通航期には 5 往復した。冬期には馬車で貨物を通江口に輸送し，解氷とともに南に船の通航をおこなった。

長春への輸入商品を見ると，外国商品は，主に綿布，砂糖，石油，陶磁器，鉄器，雑貨などであり，国内製品は，主に綿布・綿糸，土布，煙草，麻などであった。輸出商品は，農産品及び農産加工品であり，大豆，大豆油，大豆粕，小麦，小麦粉および東北の特産品などが主なものであった。このうち，大豆は，長春の主要輸出商品であり，年間輸出量は約 1 万 2000 トンに達し，長春近郊の農安県，伊通県などの輸出量を加えると大豆の年間輸出量は約 3 万トンに達した。大豆油も長春の主要輸出品であり，年間輸出量は約 1000 トンであり，大豆粕の年間輸出量は約 1000 〜 1500 トンに達していた。

以上が，19 世紀末の長春の政治，経済，文化及び市政のおおよその様子である。長春は全体の街区計画と商工業の発展規模から見れば，中国東南沿海都市の近代化に比べてはるかに立ち遅れており，また大型の近代工業は存在しなかった。しかし，長春は独特の地理的位置を占め，また自然環境と自然資源が優越していたので，民族資本商工業の発展には極めて有利な条件にあった。長春は東北平原の中心にあり，南は遼寧省，北は黒龍江省に接している。東部の長白山は，石炭，木材，有色金属などの資源を，西部の松嫩平原は，鋼材，製品油，機械設備など多くの原料と工業品を，長春に供給した。また，遼寧省の海上輸送と黒龍江

省の国境貿易は長春の対外貿易の発展に有利な条件を与えた[10]。そのため，19世紀末から長春の民族資本商工業はすでにかなりの基盤と規模を持っていた。

当時，長春の民族資本商工業は，製粉業，大豆製油業，採金業，採鉱業などが主であり，また百貨，食用油，雑貨なども長春の商業に重要な地位を占めていた。しかし，19世紀末になると，長春は日本とロシアの利害衝突の場となった。日本とロシアは，長春を原料産地，商品市場と投資市場とした。そのため，長春の民族資本商工業は独立したシステムを保てなくなり，さらに自らの地域計画は行われず，経済発展の基礎は定まらず，適切な発展はなかった。これは近代中国東北の民族資本商工業が外国資本に依存したことが原因であり，同時にその経済の致命的な弱点となった[11]。

第2節　ロシアの中東鉄道敷設と寛城子附属地

1　ロシアの中国東北への侵入と寛城子駅

19世紀末，長春は地方軍事都市から日本とロシアの中国東北での利害衝突の地へと変化した。まず，ロシアは，中国東北で植民統治を行い，さらに進んで中国東北と朝鮮を侵略するため，また満蒙における日本の勢力に圧力をかけるために，1891年から中国東北を貫く中東鉄道を建設する計画を立てた。1896年9月ロシアは「中露密約」を結び，清政府と「中露合辦東省鉄路公司合同章程」を締結し，中国東北に鉄道敷設権を得ることに成功した。1898年3月ロシアは清朝との間に「旅大租借条約」を結び，哈爾浜から大連・旅順に至る中東鉄道の南満州支線の敷設権を獲得し，中国東北をロシアの勢力範囲に置いた。同年8月中東鉄道は，東・西・南の三方向から建設を開始した。1903年7月中東鉄道が完成し，正式に営業を開始した。

ロシアは中東鉄道全線の敷設を急ぎながら，中東鉄道附属地の施設の工事も進めた。中東鉄道の線路の両側と駅を中心とする地域を「鉄道附属地」とした。附属地は，1つは，鉄道沿いの両側で，鉄道の路盤と駐車場用地であり，もう1つは駅を中心とする街区の施設用地であった。

1898年5月ロシアは長春の北約10キロメートルの地，二道溝に駅を設置し，駅名を寛城子と名づけた。寛城子駅とその附属地の面積は約167万4000坪であった[12]。

ロシアは中東鉄道の敷設・経営に関する一連の権益を中国から獲得し，この地に道路，住宅，学校，教会などの施設を建て，政治，経済，軍事，司法など一切の特権を得た。寛城子附属地は，中国政府の管轄の及ばない，ロシアの事実上の植民地となった。

2 寛城子附属地の都市計画

寛城子駅が建築されたことによって，長春には新たな街区が出現した。ロシアは，寛城子附属地に，駅，街区，商工業施設を作った。寛城子駅には，駅舎，プラットホーム，給水塔，機関車車庫，転車台及び兵営などを建設し，線路の両側には監視所を作り，また約30棟の社員の住宅を建てて，ロシア人の居住に供した[13]。

寛城子附属地は2つの主要街路からなっていた。1つは秋林街（現在の一匡街），もう1つは巴珊街（現在の二酉街）である。寛城子附属地の住宅の建築様式は田園式であり，住宅の前には野菜畑があり，街路の両側に楊樹が植えられた[14]。

3 人口と商工業

当時，寛城子附属地を統治していた住民はロシア人であり，日本人と中国人も居住していた。1922年3月の満鉄の統計によると，寛城子附属地に居住していたのは，ロシア人763人（男458，女305），日本人18人（男10，女8），中国人772人（男512，女260）であった[15]。

ロシアは中東鉄道建設によって，中国東北における経済力を強化し，また軍需を満たすために，哈爾浜に大型の食糧加工企業を開設した。寛城子附属地の工業は，主に小麦粉製造業であった。1903年ロシアは寛城子附属地に亜喬辛製粉廠を設立した。これは長春でもっとも早い時期に出現した近代的工場である。建物は地上4階，地下1階の鉄筋コンクリートの建造物であった。この建物は，現在は長春市機車廠において保存されており，倉庫として使用されている。

寛城子附属地にはもう1つ有名な裕昌源麺粉廠と称される製粉工場が

あった。この製粉工場は1904年にロシア商人が創立した。日露戦争勃発後このロシア商人がハルビンに避難したため，中国人商人の王荊山が代わって営業を行い，裕昌源麺粉廠と改称し，また工場を拡張して，中国東北における有名な民族企業となった。

　以上が，寛城子附属地の大体の状況である。全体的に見て，寛城子附属地の都市計画と経営は長春満鉄附属地の施設にはるかに及ばない。しかし，中東鉄道の開通と寛城子附属地の出現は当時の長春の社会経済基盤に大きな影響を与えた。

　第1に，通商基盤から見れば，中東鉄道が開通するまでは，長春の物産は農産物と雑貨であったが，通過貿易であり，馬車輸送と遼河を通じて営口および南方に輸送された。ところが，中東鉄道開通後には，ロシアは中東鉄道を通じて中国東北の資源を獲得し，大連から絶えず雑貨などを運んだ。同時に，中東鉄道にはハルビンを中心とする商業圏が形成され，また中東鉄道沿線地区にも商業圏が形成された。中東鉄道は当時の中国東北の農産物の3分の1を輸送した[16]。

　第2に，農業生産基盤から見れば，18世紀中葉から長春では漢民族を中心とする自作農が形成された。栽培した農産物は主に高粱，小麦，粟，大豆などであった。中東鉄道の開通は東北の農産物の生産と価格に大きな影響を与えた。ロシアは，軍需消費と輸入の増加に対応するために，中東鉄道沿線で小麦を栽培したため，小麦生産が急激に拡大した。その結果，耕地面積は拡大し，また関内からの流民が増加した。こうして東北農村の生産構造は急変した[17]。

　第3に，金融から見れば，中東鉄道開通以前には，中国東北の貨幣流通量は少なく，銀貨流通量は通貨全体の100分の5を占めるだけであった。しかし，中東鉄道開通後，東北では商業交易が拡大した。さらに中東鉄道の運賃はルーブル建てであり，その従業員の賃金はルーブルで支払われた。その結果，中東鉄道沿線の貨幣流通の中にルーブルの流通量が大きな割合を占めるようになった。中東鉄道から離れた地域では，吉林官帖と黒竜江官帖が主に流通した。こうして，ルーブルが中国東北の主要通貨となり，中国銀貨とロシアのルーブルとが併存するようになった[18]。

　以上のことからわかるように，中東鉄道の開通と寛城子附属地の開設

は，長春の都市構造という点から見れば，長春の都市機能を分裂させたといえよう。ひいては中国東北の近代的商業，農業生産，金融の基礎の形成に大きな影響を与えた。

第3節　南満州鉄道の日本への譲渡と長春満鉄附属地

1　長春満鉄附属地の用地買収

日露戦争後，日露講和条約によって，長春・旅順間の鉄道及び鉄道附属地の権益の一切はロシアから日本に譲渡された。中国東北の植民統治を強化するために，日本は南満州鉄道株式会社（満鉄）を設立し，日本の対中国政策の代行機関とした。

日露戦争後，日露両国は中東鉄道の分割地点をどこにするかをめぐって意見が対立した。日本側は寛城子駅での分割と日本の寛城子駅の所有を主張した。それに対してロシアは，長春から中東鉄道に垂線を下ろした地点での分割，すなわちロシアが寛城子駅を所有することを主張した。両国の協議によって，最終的には南満州鉄道の終点は孟家屯北4キロの地点（現在の長春駅）とし，寛城子駅を日露の共有とした。後に日本は寛城子駅の共有権を時価65万ルーブルでロシアに譲渡した[19]。

寛城子駅がロシアの所有に帰したため，1907年3月，満鉄は長春と寛城子駅の間の頭道溝の寛城子附属地の面積に匹敵する土地を，低価格と強制的手段で買収し，長春満鉄附属地とした。その総面積は152万8180坪であり[20]，用地買収の総価額は日本円で33万875円であった。長春満鉄附属地は，商業地，住宅地，道路，河川，糧桟・商工業施設地などからなっていた。その内訳は，満鉄会社用地69万7918坪，関東庁協定用地1万8525坪，陸軍協定用地3万1677坪，商業用地33万2716坪，工業用地14万5238坪，糧桟用地5万7621坪，住宅用地1万9840坪，道路地20万8813坪，河川溝渠地1万5700坪であった[21]。

2　市街地計画と施設

長春満鉄附属地の施設及び市街地計画は寛城子附属地よりも精緻であった。日本は，長春満鉄附属地に主に日本の官衙施設を建設し，都市

第 4 章　長春市の都市形成　　　　　　　　　　　　139

計画を行い，商工業及びサービス施設などを開設した。
　長春満鉄附属地に日本は，官衙，すなわち憲兵隊，警察署，一般行政機関を設けた。日本は 1906 年 8 月孟家屯に憲兵隊を，1908 年 1 月には警察署を設置した。その目的は附属地の治安を維持するためであった。
　1906 年 7 月日本は軍事郵便のために郵便局を開設した。もともとこの郵便局は孟家屯駅付近にあったが，同年 9 月関東都督府郵便局寛城子分局と改称された。1907 年 1 月長春・西三道街に出張所を設け，さらに 10 月には頭道溝に移し長春支局と改称した。11 月には長春満鉄附属地の新街区に移し長春郵便局に改称された。
　日本の長春満鉄附属地での都市計画は，長春駅を基点に，東，西，南の三方向の道路を中心に全体計画を建てた。1908 年から 1913 年の間に中央通（長春駅前の広場から南の入島通まで），日本橋通（西北は駅から東南は日本橋と商埠地の大馬路まで，現在の人民大街勝利公園北段），八島通（西北は駅前広場から糧棧倉庫を経て東南は商埠地の大経路まで），敷島通（東北は駅前広場から西南は附属地以外の井楼広場を経て西三条通まで），大和通（東北は東広場から西南は南広場を経て八島通まで），朝日通（東北は五条通橋から西南は日本橋を経て商埠地の大経路まで），東一条通（北は日出町から南は頭道溝を経て朝日通まで），東二条通（北は日出町から南は頭道溝を経て朝日通まで），東三条通（北は日出町から南は南広場と頭道溝を経て朝日通まで），東四条通（北は日出町から南は日本橋まで），東五条通（北は日出町から南は東五条通橋と商埠地永長路の交差点まで），東六条通（北は日出町から南は祝町六町目まで），東七条通（北は日出町から南は六条通まで），東八条通（東北は商埠地から東南は日出町を経て三笠町八丁目まで），西一条通（北は和泉町から南は千島町まで），西二条通（北は和泉町から南は井楼広場を経て千島町まで），西三条通（北は和泉町から南は千島町まで）などであった。また，中央通の東には日出町（現在の長白路，以下同様），富士町（黒水路），三笠町（黄河路），吉野町（長江路），祝町（珠江路），室町（天津路），浪速町（芷江路），弥生町（青島路），曙町（呉淞路），入船町（宁波路），梅ヶ枝町（厦門路），永楽町（广州路），老松町（香港路）の 13 の道路があり，中央通の西に和泉町（遼寧路），露月町（丹東路），羽衣町（杭州路），錦町（四平路），蓬莱町（浙江路），平安町（松江路），常磐町（松江路），千島町（嫩江路）の 8 道路があり，鉄道

の北には住吉町（鉄北一路），春日町（鉄北四路），高砂町の三町があった[22]。

長春満鉄附属地には，都市計画によって公園が設置された。長春満鉄附属地には東公園，西公園，日本橋公園の3公園があった。東公園は附属地の東側の第十三区老楊樹付近にあり，1910年4月に完成した。その面積は7904坪，日本円で2044円を投じた。市街公園として公開された。西公園は附属地の千島町西南角にあり，1915年に完成した。園内には道路を造り，樹木を植え，各種公共施設を設けた。また忠魂碑と海軍記念碑を建てた。日本橋公園は附属地の東北にあり，1924年から草花を植えて，1925年7月に正門が作られた[23]。

また，日本は長春満鉄附属地に教育，医療衛生などの諸施設を開設した。長春満鉄附属地の学校施設には，長春附属地小学校（1908年5月開設。以下同じ），実業補習学校（1910年5月），長春実業女学校（1913年6月），長春公学堂（1917年6月），長春商業学校（1921年4月）などがあった。1907年10月には，長春満鉄医院が開設され，翌1908年11月に長春簡易図書館が開設され，1913年2月長春図書館に改組した[24]。1908年5月長春領事館内に日本赤十字社長春支部が開設された。1918年7月の赤十字社の社員数は3566人，うち日本人は1963人，中国人1289人，ロシア人314人であった[25]。

附属地には公会所や倶楽部なども作られた。その中で有名なものは御大典記念館と満鉄社員倶楽部である。満鉄社員倶楽部は1912年に中央通3番地に，御大典記念館は1919年に建設された。

3　人口と商工業

日本人は1906年末から長春に移住し始めた。統計数字を見ると，1906年には日本人人口は74戸，248人であり，1907年には275戸，1051人に増加した。その後，長春満鉄附属地の市街が拡大したため，長春市内に居住していた日本人は附属地の新街区に移住し始めた。1912年の長春市内の日本人は181戸，543人であり，1915年に171戸，576人であった[26]。

長春満鉄附属地の街区が建設されて，日本人は新街区に移住するようになった。1908年から1915年の間の附属地の日本人の増加は以下の

様に推移している。1908年には165戸，377人（男258，女119），1909年は168戸，432人（男353，女179），1910年には693戸，2221人（男1322，女899），1911年891戸，2740人（男1548，女1192），1912年908戸，2812人（男1625，女1187），1913年978戸，3073人（男1738，女1335），1914年1049戸．3279人（男1826，女1453），1915年1039戸，3348人（男1816，女1532）である[27]。

　長春満鉄附属地の街区が拡大し人口が増加するにつれて，附属地における商業も発展した。1917年2月の時点で長春満鉄附属地の商業とサービス業は，医師3，紙屋1，時計屋4，石油発動機商1，電気商3，産婆7，貿易商7，金物業5，銃砲火薬商4，ペンキ屋1，書店2，雑貨屋8，煙草屋4，陶磁器商4，運送業9，硝子商3，呉服屋4，牛乳販売業2，風呂屋（公衆浴場と風呂桶屋）8，代書屋1，古物商8，靴屋3，写真屋1，木材商4，食品店10，魚類青物商4，肉屋3，人力車帳場1，質屋24，金貨業1，口入屋5，料理屋33，洋服屋7，菓子屋7，薬局60，工事請負業4，鍛冶屋4，下駄屋5，旅館8，飲食店17などであった[28]。1908年8月に長春頭道溝商務会が成立した。商務会は満鉄経理部の管轄の下に，附属地内の中国人商工業を管理した。1920年6月に長春商業会議所が成立し，商工業の指導機関とした。

　長春満鉄附属地の日本の工業施設は長春の工業発展において重要な地位を占めている。1906年日清合資の広仁津火柴公司というマッチ会社が設立され，1908年10月には清燐株式会社新京支店が設立され，1915年10月には長春洋火工廠というマッチ工場が設立された。1916年9月に積徳増油房という食用油製造工場が，1920年には日本資本の満州製油株式会社が設立された。また益発合油房，積徳泉，洪発源などの製油工場が相次いで開設された。1914年5月裕昌源製粉股份有限公司という製粉会社が設立された。その資本金は日本円で300万円，年生産量は49万袋に達した。1924年3月には益発合火磨製粉廠という動力製粉所が，1927年4月には日東製粉株式会社が，1929年8月に天興福第一製粉廠が設立された。さらに12月には福順製粉廠が発足した。また，1918年5月には満州醤油合資会社が設立された。1910年2月に満鉄は長春電灯営業所を発足させたが，これは後に南満州電気株式会社長春支店となった[29]。

満鉄が長春附属地を開設して以降，附属地の貿易は次第に増加した。輸入と輸出の状況から見れば，逐年増加した。1907年の輸出入の総額は約2100万円であったが，1913年には輸出額は1800万円，輸入額は3200万円，総額5000万円に達した。1915年には輸出入の総額は7000万円に達した。輸入数量は，1912年は10万2333トン，1913年は14万9692トン，1914年は11万2750トン，1915年は12万3337トンであった。輸出は，1912年30万8545トンで，1913年31万6424トン，1914年37万125トン，1915年35万5973トンであった[30]。輸入商品には，綿布，綿糸，砂糖，煙草，米，食塩，陶磁器，石油，燐寸，金属原料などがあった。輸出品は，大豆，豆粕，高粱，小麦，小豆，玉蜀黍，木材など東北の産品であった。

長春満鉄附属地の銀行業と証券業は長春の金融業において重要な地位を占めた。1910年2月横浜正金銀行長春出張所が発足し，1912年10月には正隆銀行長春支店と北満銀行が発足した。これらの銀行は，当地の商業全体を対象とするものではなく，主に在長春日本官庁の金融を取り扱った。1913年9月朝鮮銀行長春出張所が発足し，主に証券の発行と特産金融を行った。同年，頭道溝に横浜正金銀行の分店が開設され，後，長春満鉄附属地に移転して支店となった[31]。

長春満鉄附属地には，附属地成立後まもなく旅館と飲食店も開設された。1908年三義旅館が開業した。これが長春満鉄附属地での最初の旅館である。1909年にはヤマトホテルが，また官庁が接待として利用する場である八千代館という料亭が開業した。

以上が19世紀末から1920年代の長春満鉄附属地の市政施設，工商業，金融業及び人口のおおよその状況である。長春満鉄附属地の施設と経営はこの時期の長春の発展に重要な地位を占めていた。

近代日本の中国東北における植民統治は，鉄道を基盤として鉱業及び農業など経済支配を中心に満鉄及び重工業企業の創設を通じて実行された。とりわけ，長春満鉄附属地における都市施設，各種商工業，金融機関の開設によって長春の経済支配の目的を達成した。

第4節　長春の開埠通商と商埠地の経営

1　商埠地の範囲

　長春商埠地は長春の四番目の市街区であった。長春の旧市内と長春満鉄附属地の間に設けられた。その範囲は長春の崇徳門（現在の大馬路と長春大街の交差するところ）から北に頭道溝，二道溝まで，また聚宝門（現在の西三道街と民康路の交差点）から西に十里堡までであり，その総面積は約163万1982坪である[32)]。1905年12月22日，清朝と日本は「会議東三省善後事宜正約」を締結し，その条約によって長春は，遼陽，吉林，哈爾濱，斉々哈爾，満州里などとともに商埠地を設ける16の都市の一つとなった[33)]。長春は1907年1月14日開埠式を行い，1908年5月吉林西南路道道台顔世清が清政府に上奏し，開埠局が設立され開埠した。

　長春の開埠は，長春の都市建設と民族商工業の発展に大きな意義を持っていた。まず，清が長春商埠地の位置を長春市内と長春満鉄附属地の間に設置した目的は，満鉄附属地の南への拡大，すなわち長春への進出に抵抗し，また長春商埠地の経済的繁栄を通じて，満鉄附属地による長春の植民統治に対抗しようとしたことにある。これは長春における日本とロシアの植民勢力に抵抗する重要な措置であり，開埠通商を通じて民族経済の発展を促進しようとしたものである[34)]。これは近代中国東北の商埠地の建設発展の根本的な目的でもあった。

2　市街経営

　長春の商埠地の開埠後，東三省総督徐世昌と官僚は商埠地の経営と繁栄に熱意を示した。1909年末長春開埠局は吉林開埠局とイギリス人技師を雇用し商埠地全体の都市計画を建てた。1910年までに馬路（現在の大馬路）が建設され，また道台衙門及び200県の貸家が建築された。それらの工事には約10万元の白銀を消費したが，商埠地自体の建設には2万元を使っただけで，残りのすべては清政府の各クラスの官吏の接待に消費された。1911年にペストが発生しまた伊通河が氾濫したため，

復興活動などに経費がかかり，政府は財政不足に陥ったため，商埠地の施設は停滞した。

1920年代末の長春商埠地の主な道路には，大馬路，二馬路，三馬路，四馬路，五馬路，六馬路，七馬路，永長路，永春路，長通路，興運路，大経路，二経路，三経路，大緯路，二緯路などがあった[35]。

長春商埠地で重要なのは，繁栄と経済発展のための市場の開設であった。商埠地の市場には，新市場と旧市場の2カ所があった。旧市場は三馬路と四馬路の間にあった。1912年9月商人の馬乗虔，解富之，劉乃剛は土地を賃借し北京や天津のような市場を建てた。初め，店舗は軒を連ね商品も多く繁盛したが，1921年火災のため市場内の建物はすべて焼失した。その後市場は修復され営業を再開したが，以前ほどには繁盛しなかった。1928年商埠局は商業の拡張のために，それらの土地を取り戻し，新たに，ビル39棟，瓦葺の家223軒，木造家屋11軒を作り，また5万6149元の巨費を投じて劇場を開設した[36]。

1917年，吉長道尹兼商埠督弁陶彬は商埠地の商業を拡充するために，西四馬路と西五馬路の中央地に新市場を建設し，また市場事務所を設立し管理した。新市場の規模と経営は旧市場より見劣りするものであったが[37]，商品も客も多かった。

第3に重要なのは，電灯の敷設である。これは日本資本の拡大を阻止するためであった。1910年10月吉林西南路分巡兵備の顔世清は，東三省総督錫良，吉林省巡撫陳昭常に，長春商埠地での電灯廠の創設を奏し，その後白銀17万6531両の巨費を投じて商埠地電灯廠が開設された。1911年7月26日に中国人経営の電灯廠は営業を開始した。この電灯廠は吉林西南路分巡兵備道台衙門（現在の長通路3504廠址）から北東300メートルぐらいの地にあり，その工場の建物は5棟あった。発電設備は，総辦の高守仁，高文垣が担当して，上海の米国人商の協隆洋行，慎昌洋行から発電機とボイラーをそれぞれ2機購入した。その総発電量は250キロワットであった。1918年11月アメリカの奇異廠から300キロワットの発電機を購入し，イギリスの商社，揆柏葛公司から250馬力のボイラーを購入し，5000灯の電灯用に供給した。当時，商埠地の電力業は電灯廠だけであった。この電灯廠は新式の近代的工業施設であり，また長春の民族資本が自ら経営する電力業であり，日本とロシア両

国の資本の拡張を制限する役割を果たした[38]。

3 長春商埠地の施設と建築

　長春商埠地は長春市内と長春満鉄附属地の間という特別の地区を占めていたため，その街区の各施設は鮮明な政治性を持っていた。まず，長春の最高の地方行政機関であった吉長道尹公署が商埠地にあった。公署は1908年10月に建設されたが，当時商埠地最大の建築であった。当時の名称は吉林西南路兵備道であったが，1914年に吉長道尹と改称され，吉林，長春，伊通，農安，徳恵，長嶺，舒蘭，樺甸，磐石，双陽，蒙江（現在の靖宇），乾安などの12県を管轄した。商埠地の行政機関である長春開埠局は大緯路に1908年に建設された。開埠局は商埠地における通路計画，修築，土地の賃借等を司り，合わせて長春地方である税を徴収した。また，教育局（二馬路），吉黒権運局（税収を管理する）（興運路），電話局（永長路），電報局（二馬路），無線電信局（三馬路）などが商埠地にあった。

　長春商埠地の政治的特徴の第2は，ロシア領事館と日本領事館が設置されたことである。ロシア領事館は1896年，商埠地長通路に建設され，1920年に閉鎖された。日露戦争後，日本は寛城子問題の解決のために，長春・西四道街の盛泰隆客桟に臨時領事館を置いた。これは1906年11月14日奉天総領事館長春分館に改編され，同年12月市内の西門，金安門の双橋付近に移転した。1907年1月市内の西三道街に移し，11月4日長春領事館に昇格した。1908年5月から商埠地五馬路に日本は領事館建設を開始し，1908年5月竣工した[39]。

　以上が19世紀末から1920年代にかけての長春商埠地の街区，工商業，建築及び施設の大体の状況である。当初，長春商埠地は長春の民族商工業を繁栄させ，外国資本の侵入に対抗するために開埠された[40]。長春商埠地は長春満鉄附属地と長春を結びつける役割を果たしたが，同時に長春の民族工業の興隆・繁栄を促進した。

おわりに

　以上が19世紀末から1920年代までの長春のおおよその状況である。
　長春の都市全体の構造をみると，日本とロシアが長春の植民統治の地位を強化し，それぞれの附属地内に植民統治と経済侵略を目的とする各種の施設を作り，商工業を作り上げたことによって，長春の民族商工業の発達を抑える役割を果たした。この時期の長春の都市構造は非連続性の様相を呈していた。長春は中国，日本，ロシアの3カ国の権益と利害の衝突の地であり，3国の利益衝突と矛盾の過程の中で，長春の市街は，旧長春市内，中東鉄道寛城子附属地，満鉄長春附属地，商埠地の4街区に切り離された。日本とロシアの植民統治勢力は，この時期の長春の都市発展に主導的な地位を占めていたのである。
　寛城子附属地の経営目的は，ロシアの中国東北への経済侵入と植民統治に奉仕するものであった。ロシアは寛城子附属地に鉄道を敷設し，各種の軍事・都市施設を建設するために，労働力と資金を大規模に投入した。ロシアの商人，資本家も不断に長春に進入した。またロシアは長春及び中国東北で大規模な製粉工場や酒醸造業を開設し，とくに哈爾浜を中国東北の商工業の拠点とした，これらの商工業の創立は現地の伝統的手工業に対して大きな影響と競争をもたらした[41]。
　また，長春満鉄附属地の経営の目的を見れば，日本の中国東北に対する経済侵入と植民統治に奉仕するためであったことが明らかになる。日本の中国東北植民統治は，鉄道を中心とし，鉱業や農業を基盤として，満鉄と重工業の創設を通じて実行された。農業では，中国東北の農産物流通構造の再編成と支配を通じて東北の経済支配の目的を達成した[42]。
　19世紀末から1920年代まで日本とロシアは，長春において植民統治に奉仕する各施設や商工業施設を創設したが，それらは長春の民族商工業の発達を抑制する役割を果たした。こうして，近代の東北は半植民地となり，長春の近代化は畸形的なものであったといえる。

第 5 章
奉天市内の交通整備問題

殷　志強

はじめに

　本章では，日露戦争後から満州事変前までの奉天市内の交通整備問題をとりあげる。第1に，近代公共交通機関の発足ともいえる中日合弁奉天馬車鉄道会社（以下馬鉄会社と記す）の成立，経営，解散などの問題をとりあげ，交通整備をめぐる中日間の紛争と妥協を考察する。第2に，1923年の市政公所の成立により，奉天市の都市近代化が本格的に始動し，道路・電車・水道・電気・ガスなど近代都市として欠かせない各設備の整備が計画されたことを検討する。この時期，曾有翼・王永江を中心とする「文治派」は「保境安民」の理想を抱き，自力による市政建設を進め，独自に奉天市の電車計画を実現しようとした。第3に，このような市政公所の自主的な市政発展の模索と，満蒙権益を拡大しようとする日本側との摩擦が顕在化し，両者が電車合弁問題をめぐってせめぎ合った過程を考察する。

第1節　馬車鉄道会社の成立と運営

1　馬鉄会社の成立をめぐる中日間の紛争と妥協

　近代公共交通を代表する軌道電車の原型は馬を動力とする馬車鉄道で

あった。馬が牽引してレールの上を走る軌道車は1825年にアメリカで開催された万国博覧会に初登場した。展覧会の観光客のために敷設したと言われる。都市交通を発展させるために、日本はこの鉄道を1887年に購入した。品川から上野にかけて敷設し、一時的に重要な交通幹線となった。1903年に動力を電気に変えたため、この路軌は撤去された。

大倉組は1907年に奉天商務総会と連携して奉天に中日合弁馬車鉄道会社を設立し、軌道を敷設した。馬車鉄道はすでに日本では淘汰されていたが、奉天城ではなお交通近代化のための利便性を有していた。奉天の馬車鉄道は1922年11月14日の会社解散まで、通算15年間運営された。奉天の近代交通における馬車鉄道の歴史的な意義は、すでに多くの学者によって注目されている。

たとえば葛俊は、「我が市の電車事業は1908年から1925年にかけて経営された馬車鉄道の基礎の上に建てられた」[1]と、この馬車鉄道が瀋陽市における公共交通の先駆であったと評価した。曲暁範も「その市内軽便鉄道の建設は東北において画期的な意味を持ち、東北都市の交通近代化の幕を開いた」[2]と高く評価した。李鴻祺は、中日合弁瀋陽馬車鉄道の創設過程及び1925年に成立した奉天電車株式会社の運営状況について簡略に述べた[3]。しかし従来の研究では、同会社の成立経過や運営状況についての検討は十分とは言えず、特に解散問題についてはほとんどふれていない。

そこで、まず当時の奉天地方政府、大倉組、奉天日本総領事館、日本外務省の間の公文、電報、協議資料を用いて、馬鉄会社の成立、運営、解散の経緯を検討し、馬車鉄道をめぐる中日間の紛争について考察する。

1906年に奉天総領事に就任した萩原守一は、奉天における交通機関の改善や道路の整備などを最急務とし、奉天地方政府との交渉に着手した。

同年6月19日、薩摩商会の支配人である藤森環治は林董外務大臣に電報を打ち、奉天において資本金13万円の電燈株式会社を創立する意向を表明した。また「電車事業ヲ成立スルベキ」[4]という要望を伝えた。この電報から2つの情報が明らかになる。1つは、日本側の企業が電燈事業を最優先に考えたことであり、もう1つは最初の希望は馬鉄では

第5章　奉天市内の交通整備問題

なく，電車事業であったことである。では，なぜ電車計画が馬鉄になったのか。その答えは萩原から外務省への報告書の中にある。

　萩原は薩摩商会の電報を受けた後，直ちに盛京将軍趙爾巽との交渉を開始した。萩原は当時の奉天の状況から考えて，電燈事業を展開する時機には至っていないと判断した。ただし彼は，地方の文明化事業をいずれ進展させる必要があると痛感していたので，まず「電鉄又ハ馬鉄会社ヲ合弁経営シ鉄道側ノ収益ヲ以テ電燈事業ノ損失ヲ償フ」[5]という案を趙将軍に提言した。しかし，趙将軍は上海，天津等の他の地方の例を挙げて，電鉄は不適当であり，又電気事業は時機が熟していないと指摘した。それに対して萩原は，短期間に趙将軍の主張を変えることは不可能なので，「第一着ニハ馬車鉄道トナシ置キ適当ノ時機ニ至リテ電鉄ニ改タムルコト」[6]にして，まず馬鉄の経営に集中する方針を決定した。

　ちょうどその頃，大倉組は小西門より奉天停車場の道路改築を受け負っていたので，その道路を利用して馬車鉄道を敷設する計画を趙将軍に送った。大倉組からの申請の時期は分からないが，1906年8月8日に萩原は外務大臣への報告書の中に「奉天停車場間ノ道路修繕電燈及ビ馬車営業ノ日清合資会社組織ニ関スル趙将軍トノ協議近ク大略纏マル筈」[7]と記しているので，その頃のことであろう。しかし，交渉は萩原の思うようには進展せず，難航した。その理由の1つは軽便鉄道の撤去問題であったと考えられる。

　馬車鉄道の修築前に，奉天城内にはすでに軍用軽便鉄道があった。日露戦争期に軍用物資を運ぶために日本軍が建設したものであり「安奉線」と呼ばれた[8]。日露戦争後，奉天地方政府がこの鉄道を回収しようとしたが，日本政府は「安奉線」が標準軌に改築されたことなどの理由をあげて拒否していた。

　1906年5月27日，奉天交渉総局は萩原総領事に照会状を送り，「日本軍隊ニ於テ敷設シタル奉天城内ノ軽便鉄道ハ弊局ノ道路修築ノ都合ニヨリ撤去スル」[9]と，城内の軽便鉄道を撤去する意向を日本側に伝えた。しかし萩原総領事は，軽便鉄道の存在は工事に邪魔にはならず，逆に土石の運輸に便利であると回答した。それに対して，奉天政府は「撤兵ト同時ニ当然撤去セラルベキモノ」[10]であると主張し，さらに，軽便鉄道の撤去は馬車鉄道建設のために欠くことのできない前提であると強調し

た。

萩原総領事はそれに対し，電気鉄道または馬車鉄道の建設が軽便鉄道を撤去する条件であると主張し，「若シ趙将軍ニ於テ之ニ同意スルニ於テハ豫メ難問題ト相成居ル軽便鉄道ノ撤去モ案外容易ニ解決セラルベキ」[11]という「交換方案」を趙将軍に提起した。趙将軍はこれを拒絶したが，萩原は強硬な姿勢で趙将軍に迫り，交渉を続けた。ついに両者は日清共同経営の形で馬車鉄道会社を設立することに合意した。

1907年4月4日，萩原は林外務大臣に「日清合同経営ニ関シ趙将軍ハ多少修正ヲ加エタルモ尚当方ノ希望ヲ十分ニ達スルニ至ラサルガ此際速カニ成立セシムル必要ヲ感ジ本日同意ヲ与ヘタリ…事業ハ直チニ着手セラレベシ」[12]と交渉の成果を報告した。すなわち，軽便鉄道の撤去を条件として，趙将軍は正式に日中共同経営の形で馬鉄会社を成立することを認めた。

なぜ萩原総領事は趙将軍を説得して日清共同経営の方案に同意させることができたのであろうか。前述した萩原の提議した「交換方案」が理由の1つと考えられるが，さらに，ほかの2つの理由があげられる。

1つは，日本側の事業者が中国の法律と習慣を守らなければならないとしたことである。萩原総領事は「馬鉄ハ清国ノ土地ニ敷設スルモノナレバ当然清国ノ法律ニ遵拠スヘキモノナル趣旨」[13]を趙将軍に対して認めた。また，日本側が出資人を選択する場合には中国の習慣や民俗に通暁していることを優先事項とした。実際には付属地と商埠地の法律がどう適用されるかは別の問題であるが，このような融和的な政策は十分に奉天地方政府への敬意を表したものであったため，中国側の抵抗を弱める効果があったと考えられる。

もう1つは，中国側の有力者を経営に参加させようとしたことである。馬車鉄道を中国側が独力で経営する考えがあると萩原は推察していた。そのため萩原は，日本人による単独の経営を断念し，速やかに中国側の資本家も参加するよう要請する合同経営の請願書を趙将軍に提出した。「一面将軍ニ対シテ鉄軌其他ノ材料ヲ速ニ取リ寄スベキ旨ヲ通シ置キ，一方ニ於テ大倉組等ニ命シ右取寄セヲ断行致サシメ置」[14]いた。このような行動により，趙将軍に対して，日本側が馬鉄会社の設立のために積極的に準備していることを印象づけた。それとともに，とくに重要

なのは，萩原が「此等ノ地方的事業経営ニ就テハ可成其地ニ於ケル有力ナル商人等ヲ擁護奨励スル上ニ於テ最モ必要ト存候」[15]として，当地の有力者を団結させ，また利用することを考えた点である。確かにこのようなやり方は中国人の考え方と合致したため，合弁事業への道を円滑にしたと考えられる。

2　馬車鉄道会社の成立

1907年4月9日（光緒33年2月27日），盛京将軍趙爾巽によって「中日商弁瀋陽馬車鉄道株式会社条規」[16]が制定され，中日事業者が奉天城外の指定区域で馬車鉄道を敷設することに同意した。この条規は馬車鉄道会社の創立のための方針，政策を定めている。その内容はおおよそ以下の通りである。

まず，中国の主権を尊重し，中国政府の管轄に服従することを合弁の前提として規定した。例えば，中日事業者は中国の商法を守るべきこと（第1条），農工商部及び郵伝部に登録すべきこと（第14条），奉天財政総局の規定により納税すべきこと（第28条），巡警の管理に服従すること（第29条）である。もし会社が中国の法律や条規に違反すれば，奉天地方政府は解散させる権限を有していた（第7条）。

さらに，会社の運営についても様々な細かい点を規定している。会社の名称，経営範囲（馬車鉄道のみ），経営路線と区間（奉天駅—小西邊門—十間房—北市場—小西門），経営年限（15年），株式の持ち分（中国側6，日本側4）等である。

このような規定からみると，当時奉天政府は完全に馬鉄会社の管轄権を把握していたことが分かる。また，日本事業者に対する強い警戒心もうかがえる。そのうちの運営年限の規定は，後に会社を解散する際の焦点となった。

中国側は条規を設定した後，奉天商務総会会長である趙清爾を代表として，大倉組の代表大倉喜八郎と馬車鉄道の準備について話し合った。中日合弁馬車鉄道の提案は，同年5月12日に清国郵伝部の許可を得た。6月24日，中日双方は「中日商弁瀋陽馬車鉄道株式会社章程」を制定し，本格的に会社設立準備に入った。章程は「総則」，「会社の職位」，「会社行事の規定」，「会社の利益配当」の4節からなる[17]。主な内容は

趙将軍が定めた条規にもとづいて，中日の代表者の義務と権利をさらに明確にしたものである。たとえば，資本金の総額は19万元であり，そのうち，中国側の株主は60％，計11万4千元，日本側は40％，計7万6千元であった。

　また会社には総理1人，理事5人，監査3人などが置かれたが，総理は中国人が担任することとなっていた。理事には中国人3人，日本人2人を配置した。監査役も中国人が1人多かった。中国側役員は，会社の日常経営のために日本側より重要な役割を担当していた。9月15日，会社は正式に成立し，趙清璽が総理に就任した。

3　馬鉄会社の運営状況

　馬車鉄道は1年間の計画，施工を経て，1907年10月18日（光緒33年12月1日）に奉天駅から小西邊門の区間（第一区）が完工し，開通式を行った。1908年1月4日，小西邊門から十間房，北市場経由，小西門までの区間（第二区）が開通した。第一区，第二区合わせて路線は全長4.03キロメートル，馬車27両，馬73頭であった。

　1910年10月3日に満鉄奉天新駅が完工した。馬車鉄道はその南に1.2キロメートル延長し，全長5.23キロメートルになった。馬車は29両に増加し，馬は200頭となった。毎日朝6時から夜11時まで一日160回運行され，一日平均運送量は7000人台に達したという[18]。運転区間は4区に分け，区間毎に料金を設定した。

　　第一区　新旧停車場
　　第二区　旧停車場―十間房
　　第三区　十間房―小西邊門
　　第四区　小西邊門―小西門

　料金は，第一，二，三区は小洋[19]3銭，第四区は小洋4銭となった[20]。ある統計によると，開業から1916年までの乗客の運送数は1203.8万人台で，収入は95.69万元となり，純利益は23.23万元に達した[21]。1913年と1914年のデータを分析し，当時の運営状況の一端をうかがうことにしよう。

　表5-1によると，1913年の運賃収入額は123,943.01元に達した。他に雑収入7,450.42元があり，総収入は131,393.43元であった。各支出

第5章 奉天市内の交通整備問題　　　　　　　153

合計の 86,256.91 元を差し引いて，最終的な収支差は 45,136.52 元であった。1914 年の純利益は 31,844.91 元であった。この数字からみると，馬車鉄道は多くの市民に利用されたと言える。その理由として，馬車が近代的な交通機関であったためだけではなく，日中合弁会社に対する厳しい規定により生まれた運営環境が市民に受け入れられやすかったことも考えられる。「馬車管理章程」[22] は，総則と 4 節から成っている。全部で 41 条であり，免許，車両，馬，車掌，御者，衛生，運転注意事項，乗客のマナーなどを細かく規定していた。たとえば，破壊及び汚染された車両及び付属品は使用禁止である（第 16 条），御者は年齢 20 歳以上且つ身体強健である人しか採用しない（第 20 条），車掌，御者，馬丁は制服を着用しなければならない（第 21 条），老人，子供，婦人が昇降するときには保護する（第 25 条），などである。

表 5-1　1913 年と 1914 年の営業比較

1913年	月別	運転回数(次)	乗客数(人)	収入額(元)	1914年	月別	運転回数(次)	乗客数(人)	収入額(元)
	1月	3,869	113,546	8,987.78		1月	4,167	117,505	9,262.30
	2月	4,160	135,555	11,223.74		2月	4,347	131,520	10,783.20
	3月	4,088	133,289	10,840.59		3月	4,352	135,734	11,186.26
	4月	4,373	137,672	10,806.51		4月	4,405	139,486	11,124.54
	5月	4,198	134,582	10,048.45		5月	4,219	116,306	9,003.63
	閏月	なし	なし	なし		閏月	4,268	115,750	8,662.82
	6月	4,223	136,640	10,131.54		6月	4,075	123,497	9,374.96
	7月	4,332	134,034	10,169.26		7月	4,212	109,227	8,194.81
	8月	4,212	129,936	9,808.85		8月	4,024	118,623	9,099.05
	9月	4,221	132,400	10,365.75		9月	3,401	94,214	7,247.34
	10月	4,350	133,610	10,593.06		10月	3,850	111,025	8,778.35
	11月	4,190	127,691	10,387.43		11月	3,774	106,390	8,645.11
	12月	4,255	128,417	10,581.05		12月	3,641	108,813	9,211.25
合計		50,471	1,577,372	123,943.01	合計		52,446	1,528,090	120,573.61

注）「瀋陽馬車鉄道株式会社事業成績其他ニ関シテ報告ノ件」，「民国三年度瀋陽馬車鉄道会社営業成績ニ関スル件」[23] より作成。

　これらの規則に違反した場合，1 日以上 30 日以下の拘留，あるいは 2 角以上 30 元以下の罰金が課せられることになっていた。このような近代的な経営方針があったことも馬車が現地住民に受け入れられた要因であると考えられる。
　しかし，清末に作られた近代的雰囲気をもつ馬鉄であったが，時代の変化によって廃止される日が近づいた。馬鉄会社の解散をめぐって，中

日の間で意見の食い違いが生じた。次に，これらの紛争を考察しよう。

第2節　馬車鉄道会社の解散問題

1　馬鉄会社の解散をめぐる中日間の紛争

　前述したように，「中日商辦瀋陽馬鉄株式会社条規」の第6条は，会社の経営年限を成立の日から旧暦で計算し，15年を期限として中国政府が買収あるいは解散の命令を出すと規定していた。馬鉄会社は1907年10月10日（光緒33）に開業していた。したがって，原則としては旧暦1922年10月15日に解散しなければならなかった。しかし馬鉄会社は，日中合弁の事業であったため簡単に解散することはできなかった。様々な利害関係を考慮する必要があった。そこで奉天交渉署は，解散予定日より1年前に，当時の奉天総領事に「公函第1169号」を送付し[24]，馬鉄を解散しなければならない理由を日本政府に説明しつつ，諒解を求めた。その理由は以下の通りである。

　第1は，近年省城の人口が日々増加し，特に小西門市街が甚だしく狭く感じられるようになったことである。鉄道馬車の車体は比較的大きいため，交通渋滞が常に生じていた。

　第2は，近年自動車事業が発達したことである，自動車が増えたものの，常に鉄道馬車が道を塞ぐようになった。双方は避けることができず，人に衝突する危険が増えた。

　第3は，近年人力車が増加し，すでに6600余両に至っていることである。貧民の多くは人力車の経営によって生活している。しかし鉄道馬車の運賃は比較的安いため，貧民の生計に多大の影響をもたらした。

　第4に，鉄道馬車は数頭の馬が引くため道路は陥没し，雨の日には水が溜まり，全路が被害を受けている。会社は毎年報効金として国家に利益の一割を納めているが，その額では損害を償うことができない。

　最終的に馬車鉄道は「有害として無利なり」と判断し，条規によって解散すること，事業の継続は不可であるとする意向を奉天総領事に表明した。

　大倉組はそれを受け入れなかった。1921年9月23日，大倉組の河野

久太郎は外務省の芳沢アジア局長に電報を送った。その中で河野は，会社が得た実績と社会に対する意義を「相当ノ収益ヲ挙ケ今日迄至極円満ニ其経営ヲ持続シ…公衆運輸事業ニ関シ市街ノ繁栄ヲ計リ努力」したと誇り，奉天政府の解散決定に強く反対した。そして河野は，前述した中国側の解散理由にはふれず，期限が満了するので解散を命令されたと訴えた。

　　日支民間ノ合辦事業ヲ単ニ期限満了ヲ理由トシテ全然官憲ノ手ニ回収セラルノハ現在ノ経営者ノ蒙ル損害ハ多大ノモノニ有之到底忍ブ能ハサル次第ト存候[25]

　大倉組にとっては，奉天政府が正当な理由がなく，馬鉄会社の解散を命じたことは諒解できないことであった。奉天市政の発展に大きく貢献した交通機関が，期限満了という理由で強制的に解散させられることは，法の精神や国際慣例に違反しており，民間企業の投資者に多大の損をもたらし，将来の提携事業にとって悪い先例をつくることになると日本政府に警告し，政府の支持と交渉を要請した。

2　解決の道

　大倉組の要求を受けて，赤塚総領事を中心とする日本の有力者たちは中国側の官吏と交渉を開始した。

　　総領事は直チニ一面王省長ニ面議シ電車問題ノ解決スル迄ハ此儘継続スヘキヲ力説シ同時ニ此旨公文ヲ以テ交渉署長ヲ経テ抗議的回答ヲナシタ[26]

　それにもかかわらず内田外務大臣は，1922年10月26日に赤塚総領事に対し直接張作霖との交渉を行うことを命じる電報を送った。

　一方大倉組も，自ら奉天交渉署と接触し始めた。大倉組は，1921年8月に奉天当地の株主と連合して「馬車動力ノ変更並ニ営業拡張ニ関シ申請書」を提出し，馬車動力の変更と資本の増加と路線の拡張を願い出た。しかし，中国側は強硬な態度でその提議を拒否した。11月2日第4号の「東方通信」は，「支那側の態度は頗る強硬にして期日に至れば断然運転を中止すべきを声明し居れり」[27]と報道している。解散問題をめぐる交渉は難航した。しかし，大倉組は依然として粘り強く交渉を継続した。1922年10月23日，河野は赤塚総領事に新たに三つの解決

案[28)]を提言して，政府による交渉を再び求めた。

> 第一案：新ニ奉天電車合辦公司ヲ創設シ現在ノ馬車公司ヲ買収シ新公司ノ所管ニ於テ電車其他ニ改善スルコト。資本金ハ中日各半数トシ中国株主ハ中国官憲ノ指示ニ一任シ日本ハ大倉株主ニテ代表スルコト。
>
> 第二案：現在ノ馬車公司ノ組織ヲ改善シ，資本ヲ増加シ電車其他ニ改善スルコト。資本ノ出資ハ第一案ト同シ。
>
> 第三案：新ニ奉天電車公司ヲ設立スル迄ハ現在ノ馬車公司ノ営業ノ継続ヲ命シ電車公司開設ト共ニ之ヲ引続クコト。

王永江省長は，大倉組の請願と日本政府の圧力に対して，省議会の決議により判断するという回答を日本側に伝えた。1922年10月27日，奉天省議会が開かれ，「中日商辦瀋陽馬車鉄道株式会社ヲ取消シ以テ主権ヲ尊重スルノ提議案」[29)]が全員一致で決議された。その提議には様々な理由が記されている。交通の渋滞，安全，設備の更新の問題などである。しかし，もっとも注目されるのは主権の回収であった。

> 該馬車鉄道ヲ創設セシ始ハ本来我奉天人民ノ願意ニ出テタルニアラズ即チ一方的勢力ノ圧迫ニ因リ余儀ナク辱ヲ忍ヒ憤ヲ含ム如ク我ガ完全領土内ヲ両分シ交通ノ権利ヲ外人ニ占有セラレタル

王省長を中心とする主権回収派は，国益の立場に立って馬鉄会社を徹底的に否定した。そのような強硬な立場は当時の中国全土の反日風潮に関係している。

奉天省議会の決議に対して，赤塚総領事は馬鉄会社の継続を断念し，折衷的な善後方案を提議した。期限満了による現有鉄道の一部を廃止することを認め，それと同時に全線廃止は交通上に阻害があるので，「城内小西門ヲ除キ小西邊門ヨリ奉天満鉄駅前ニ至ル区間ニ限リ該公司善後事務所ノ名義ヲ以テ其運輸ヲ存続セシムル」[30)]ことを提案したのである。中国側もその提案について異論はなかったので，限定の区間で経営し続けることで馬鉄会社解散の問題は一段落した。これ以後の中日の交渉の焦点は，新たに計画される電車会社を中日合弁の形にするか，あるいは独自に経営するかという問題に移った。この問題については後ほどあらためて検討する。

第5章　奉天市内の交通整備問題　　　　　　　　157

第3節　市政公所の独自の電車敷設

1　第一期電車計画の立案過程

　奉天市の経済発展と人口増加によって，従来の馬車鉄道より効率が高い電車の敷設が市政管理者から注目されるようになった。とくに中日合弁奉天馬車鉄道会社の契約期限が1923年に満了することになっていたため，奉天市政公所は独自の電車計画を作成しつつあった。一方，中日の間では，馬車鉄道の善後処理問題として電車の共同経営をめぐる交渉が断続的に行われていた。市政公所は日本側の抗議や脅迫を受けたが，最終的には着々と軌道電車の第一期計画を完成させた。ここでは，主として奉天の主要紙である「盛京時報」の電車敷設に関する報道を整理しながら，奉天市政公所の電車計画の立案過程と開通当時の状況を考察する。

　馬車鉄道が廃止された後，奉天地方政府は馬車鉄道を軌道電車に替えようと考えた。だが資金が集まらず，実施は一時難航した。1923年1月10日前後に，奉天省長の王永江は市政交通の便利を図るために，官民合弁の形で環状の電車路線をつくる意見書を提出した[31]。奉天において電車を敷設する考えが初めて報道された。

　王は1か月後に，無軌電車を優先的に敷設する計画を発表した。市内の状況を調査し，地方の盛衰は交通の便利さに深くかかっているが，道路が狭いため，外国のモデルを真似て広い軌道電車をつくることは難しいと考えた。つまり，磚城（煉瓦で作られた内城）と邊城（内城を包囲する外城壁）の間に，城関ごとに1つあるいは2つの電車専用の道路を敷設する。例えば，商埠地内において北には十間房まで，南には南市場までである。また，北関の方には北大営や北陵に至り，東の方には東陵や小河沿などそれぞれのところまで，通常線と臨時線に分けて設置するという計画であった[32]。

　張作霖は王永江の市政に関する構想を承諾した。3月11日，張は各事業を推進するために，速やかに市政公所を成立させる命令を王に下した[33]。

張作霖の命令は，市政公所の成立や各市政事業に拍車をかけた。3月末頃，奉天省公署で市政に関する会議が開かれた。建築会社の設立，道路の建築，衛生隊の組織など議題を含めて，電車の問題も議題となった。ここでは，大小西関から奉天駅までの間に無軌電車を設置し，幾つかの駅にわけて停車し，距離の遠近により運賃を定めるという計画であった[34]。

5月，元奉天電燈会社社長であった曾有翼が，王永江から奉天市政公所所長に任命された[35]。曾所長は着任の後「無軌電車や上水道や新道路」という市政公所の三要務を公表した。また，潘振麟を工程師に任命した[36]。曾所長は狭い省城の街路では軌道電車を通すことができないので，無軌電車20両を購入して小西門と大西門に乗り場を設置し，奉楡駅や奉天駅や南北市場までの路線に試運営することを決めた。もし効果があがれば，次第に小河沿，東塔，東北陵などの地域にも広げることが期待された。

6月になると，環状線の全容が報道された。1つは西塔を出発し，小西邊門に入り，そこから北へ延伸して磚城の大小北門を経て，また南に曲がり，大小東門を経て，終点の東塔に至るという路線である。もう1つは，南市場を起点として，大西門に入り，それから小大南門や大東門を経由し，東塔に至るという路線である。但し，これは第一期の幹線道路として計画された。もし当局がこの計画を実現すれば，奉天市内の交通の利便はもっとよくなると新聞記者は予測している[37]。

これまでの計画はすべて軌道電車敷設の可能性を否定していたが，8月になると，市政公所は新たな電車計画を発表した。そこでは，狭い街路に無軌電車を走らせることは極めて危険であり，逆に軌道電車のほうが安全性は高いことが初めて述べられている[38]。

軌道電車を建設するためには，道路に面している商店や住宅などを取り壊すことが避けられず，住民からの反発もかなり強かった。しかし，電車計画は奉天地方政府によって認められ，多大の支援を受けていた。曾所長は12月6日の「盛京時報」の記者との談話会で，電車事業を優先課題として最大限の財力と資源を注ぐと述べた。この事業は地方交通に関わっており，交通の利便を図るために全力を尽くすという決意を表明した[39]。その後，曾所長は無軌電車の総辨（総責任者）に任命された。

第 5 章　奉天市内の交通整備問題

　1924 年 1 月 23 日，市政公所での新年宴会に「東三省公報」，「奉天新聞」，「毎日新聞」など新聞社の記者が招聘された。その場で，曾所長は旧暦の 4 月に電車事業を必ず着工すると明言した。電車の路線については，新たなルートを採用することとした。すなわち十間房から大清宮に至り，その後南へ曲がって小西門を経由し大西門を終点とする。また，沿線の買収地や取り壊す住宅の関係者を北の方にある西北教場に移転させる意向を示した[40]。

　1924 年 2 月 2 日，電車路線図を含む奉天市第 1 期電車路線が新聞を通じて詳しく公表された[41]。その内容は以下の通りである。

1. 大西門から磚城の城壁に沿って，小西門を経て磚城の西北角までの一段は東西の幅を 15 丈とする。
2. 磚城の西北角から欣来当胡同，欣来当西胡同，恒牛禄胡同，東寺後胡同，北小廟胡同，瀋陽駅前，奉天公園東門前までの一段は南北の幅を 8 丈とする。
3. 奉天公園東門前から西塔大街に沿って西塔まで。

その長さを 1340 丈としている。電車諸材料は奉天のドイツ商信誼商行によってアメリカから輸入されることになった。価格は 13 万ドルであった。道路修築や家屋移転などの費用を含めて約 82,000 元を計上している。奉天電燈廠の電力を使用することになった[42]。

　第 1 期の電車計画が公表された後，市政公所はさらに全般的な電車計画を作り上げた。第 1 期完成以降，第 2 期は西南城隅から南市場を経由して付属地に入り，第 3 期は電車環状線，第 4 ～ 7 期は城内に「井」という形で，第 8 期は商埠地第 11 緯路から西 20 緯路を経由し付属地に入るとした。合わせて 8 期の計画が予定された[43]。

　この計画については，関東都督府の報告書にも記録が残っている。関東庁警務局は「支那側電車敷設ニ関シテハ市政公所ニ於テ豫テ計画中ノ處益々下記図 4 ノ如キ具体案ヲ作成シ第八期起工計画ヲ省長公署ヘ稟請中ナルカ第一期ハ本年度ニ起工シ明年四月開通セシムヘキ豫定ナリト而シテ其ノ経費ハ八十万元ナリト云フ」[44]と報告している。

　両者の内容を比較すると，市政公所が厖大な 8 期の電車計画を立てていたことがわかる。しかし，この先々を見通した大きな計画のうち，「満州事変」に至ってもわずか第一期電車計画が実現されたのみであっ

2 第一期の電車開通

1925年10月，城内繁華地区の大西門を起点として付属地の境界にある西塔まで，全長1340丈（4020メートル）の第一期電車路線が全線開通することになった。10月10日，中華民国の建国記念日に奉天市政公所が主催して第1期電車の盛大な開幕式が行われた。工業区にある電車会社の建物を臨時会場とし，奉天の政界，財界，軍警の関係者を迎えた。王永江省長は自ら祝賀会に出席し，電車開通の祝辞を述べ，様々な困難を乗り越えることができたことについて，社会各方面および日本総領事館等の援助に対する感謝の辞を述べた。

電車はこの日朝から正式に運行した。大西門から西塔までは僅か7分間であった。当日は開通祝いのため，一切無料で乗車することができた。最初は乗客が多くなかったが，午前9～10時頃には，多くの市民に伝わり，皆好奇心を持って喜んで乗った。開通当日の乗客数は8000人にのぼったとされている[45]。特に子供達は降りようとしないので，一時は車内立錐の余地もないほど込み合った[46]。

翌日，営業運転を開始し，5輛の内（計画は10両であったが，他の5輛は組み立て中であった）4輛の電車により往復48便が運行された。乗客数は7500人に達し，合計800元の運賃が払われた。12日にも780元の収入を得た。電車運営の出足は好調であった[47]。

すでに開通していた一部の無軌電車も良好な成績を示した。例えば，市政公所が管理している小東門から北市場の無軌電車は運賃も安く乗客に人気があった。その収入は1日80元であり，コストを差し引いてなお60元が残った。運行している車両は8台しかなかったので，時々乗れない乗客もいた。政府に対して，さらに電車の本数を増やして市民の需要を満足させようという要求も出された[48]。しかし，このような市政公所による電車運営の好調の裏で，日本側はしきりに中国側に対して電車合弁を提案していた。

第4節　電車の運営をめぐる中日の紛争

　電車合弁問題とは，簡単に言えば，元の馬鉄会社の代わりに敷設された電車を，中日各自で運営するか中日合弁連絡運営するかという問題である。この問題について，中日両国は1923年から数年間にわたって断続的に交渉を続けたが，合弁そのものについて大きな意見の相違があったため，平行線をたどった。そのため，やむをえず一時的にそれぞれが管理する地域内に軌道電車を独自に敷設することになった。しかし，大倉組は一貫して合弁経営を主張し，満鉄，奉天総領事，日本外務省などを駆け回って応援を求めた。また，日本の新聞に，いわゆる電車合弁問題の「真相」を暴露して奉天省政府を批判する文章を連載することによって，日本国民に注意を呼び掛け奉天政府に圧力をかけようとした。その結果，1925年12月1日，「中日奉天電車連絡運輸契約書」が調印され，電車合弁問題は解決した。

　ここでは，電車合弁問題に対する日中の対立を探りながら，電車問題をめぐる中日のせめぎあいを考察する。日本側がどのように奉天省政府に迫ったのか，また奉天地方政府が日本の外交交渉に如何に臨んだのかを検討する。これらの考察を通して奉天の都市発展の植民地的特徴を探りたい。

1　日中の交渉と合弁協定の挫折

　中日両国間では電車合弁の問題をめぐって頻繁な外交交渉が行われた。馬鉄会社の日本側の出資者である大倉組は，新たな電車合弁に最も関心を寄せていたため，中国側の電車計画の成り行きに注目していた。1923年2月，奉天市の電車計画はなお検討中であったが，大倉組は「東方通信」[49]を通して，中国がアメリカの投資を得て単独経営するという風説を否定し，成案を作成させるために改めて日本と協議することになるが，短時日にこの問題を解決することは困難だという情報を流した。

　1923年5月26日，満鉄奉天公所長鎌田彌助が満鉄東京支社長に「張作霖の日本全国新聞記者団歓迎演説（王永江起草）に於いて日本の奉天

省における既得権の主張は両国親善を害すると力説し，また奉天交渉署員などとの談話から張作霖をはじめ中国官憲は日本の奉天馬鉄などにおける既得権を固執することをうるさいと感じている」[50]という中国官吏の電車問題に対する不快感を報告した。確かに，張作霖は両国の共存共栄は中日の大幸事であり，両国の国民は共に努力をしてこの目的を達成すべきであると考えていた。しかし，両国の間には「利権」という障害物がある。さらに，張は「権利を得る者はこれを是として，権利を失う者は必ずこれを非とする。もし皆自分の立場から是とするところを是とし，非とするところを非とすれば交誼は知らず知らずのうちに破壊されてしまう」[51]として，両国の間には必ず誠心を開き，公道に即して利権という障害物を乗り越えようと提言した。

　張作霖の演説に対して，1923年6月，満鉄奉天地方事務所長竹中政一は「盛京時報」の記者のインタビューを受けて談話を発表した。「電車合弁問題に関して中国側に種々の異議があり，竹中から見ると，中日共同出資で速やかに敷設する方が良策であったが，現時点の情勢を考えれば中日の合弁のめどが立っていないので，満鉄本社はすでに付属地の市街地に独自で電車を敷設する方針を暫定し，具体的な施行方法はまだ検討中である」[52]という満鉄側の独自の方針を明確に語り，もし中国側が相互提携に賛成すれば，満鉄はこれを歓迎し，中国側の要求に従って行動するが，そうでないと双方はそれぞれの電車を敷設してからまた協議して連絡運輸を求め，乗客の便を図ることになると語った。満鉄側は中国官憲の不快感を承知していたので，電車合弁問題に対して，別のルートを通じて解決の道を模索ながら，新旧市街地の交通の便を図ることにした。

　9月に入って満鉄は元電気作業所長を派遣して現地調査を行った。その調査結果に基づいて，満鉄は4つの時期に分けて独自に電車を敷設する計画草案を発表した。第1期は奉天駅前を起点とし，浪速通，加茂町を経て，十間房に至る路線である。第2期は奉天駅前から，千代田通を経て，大西門までの路線である。第3期は敷設された浪速通線の延長線である。第4期は奉天駅前から富士町や宮町までという路線である。第1期は1925年内に実施され，4年間継続して工事を行い，すべての線路を完工するという計画であった[53]。しかし，この計画はまだ十分議

論されていない草案であり，電車敷設に必要な材料も用意していなかった。また大倉組や満鉄や外務省の間には単独で敷設するか合弁とするかと結論もまだまとまっていなかった。電車敷設を実行に移すことはなかなか困難であった。特に，大倉組は電車合弁に関与しているため，あらゆる手段を講じて中日の交渉を前進させようとした。

しかし，1923年末までの時期には，中国側は電車交渉には応じなかった。1923年11月5日の「大陸日々新聞」に，「合弁か単独経営か──岐路に立てる商埠地電車問題」という記事が掲載された。その記事によると，「奉天市政公所は単独経営する計画を立てた。その後，大倉組は繰り返し付属地と商埠地との交通連絡の必要性を説き，合弁経営を要請したが，何度も拒否された。ついに満鉄側は付属地内のみの電車敷設の歩を進め，すでに具体的に決定した」[54]という状況が記されている。一方同紙は，ある消息通によると，市政公所の大倉組に対する反応は張作霖の意志ではないこと，市政公所の一部有力者中の排日論者がかつての馬鉄の好成績をみてこのような利益のあがることを中日合弁にはさせないと考えて反対している，しかし電車の敷設に必要な資金や経営管理などが足りないことも事実なので，合弁の可能性も十分残している，と楽観的に見ていた。ところが，このような考えは中国側の単独経営の能力を過小評価したものであった。前述のように，1924年1月，曾有翼は新年宴会において電車計画の概況を披露した。その後2月に正式に奉天市の第1期の詳細な電車路線を公表した。

奉天公所長鎌田彌助は拓殖事務局長に，この情報を報告した。その中で，奉天市電車計画第1期の3つの法案[55]が明らかになった。すなわち，第1期の電車敷設に関して省長公署案や市政公所案，委員会案の3つの法案である。十間房を起点として大西門までの省長公署案に対して，市長は省長に対して営業成績に責任を負うという条件を付けて市政公所案に同意させた。市政公所案の詳細は第1節で記したので，ここでは省略する。

さらに，2月12日，奉天総領事代理領事内山清は外務大臣松井慶四郎に「奉天市電車布設計画ニ関スル件」を送り，中国側の第1期線計画の全容を報告した外，電車合弁問題の経緯を詳しく外務省に説明した。満鉄と市政公所がそれぞれ自地域に電車を敷設し，その境界の相互の責

任は曾有翼にあると指摘した。

 市長曾有翼ハ頑迷ナル排外的思想ノ所有者ニシテ而モ一面商務会及ビ省議会等民間側ニ相当ノ勢力ヲ有スル関係上省長ノ威力ヲ以テ同人民ノ主張ヲ圧シ…本件事業ハ既ニ王省長ノ了解ヲ遂ケ日支合弁トナスコトニナリ居ルニモ拘曾市長ハ従来ノ行掛リ等ヲ毫モ願念スル處ナク又国際関係ヲ無視シ只管路権ノ擁護利益ノ外溢ノ防止ヲ絶叫シ支那側単独ニ之ヲ実行スルヘク主張シ遂ニ省長等ノ穏健ナル方針ヲ圧倒シ[56]

一方，中国側の計画に対して，大倉組も積極的に動いた。1923年2月29日，奉天馬鉄会社の赤松は東京にある大倉組本社に打電した。東京大倉組はこの電報に基づいて「奉天電車ノ成行」という参考文書をまとめ，外務省アジア局の出淵勝次局長に報告した。その内容は主に大倉組の電車問題に対する意見である。特に注意すべき点は，王省長と赤塚前奉天総領事の電車合弁に対する諒解問題である。この諒解は，大倉組の中国側の無誠意を批判する際の根拠となっていた以下の点についてである。

 特ニ赤塚総領事ト王永江奉天省長トノ間ニ将来日支合弁ニテ電車敷設ヲナス事ノ諒解済ミトナリ居リシ事[57]

東京の大倉組は王省長と赤塚の間に電車合弁に関する合意があったにもかかわらず，中国側は独自の計画を実行しようとしている。これは極めて意外であるので，外務省及び満鉄の意向を確かめた上適当の行動をとるよう要請した[58]。

この要請を受けて，外務省は1922年10月28日付の赤塚総領事電報を取り出して調べた。これにより，大倉組が訴える電車合弁に関する王と赤塚の諒解はただの馬車鉄道運転継続に対する諒解に過ぎず，中日合弁電車敷設に関する的確な諒解ではないことが明らかになった[59]。従って，大倉組の主張は相当の理由があるとしても，合弁の諒解に関する文書はなく，すべて口頭によりなされた諒解で，これをもって交渉に臨むのは非常に困難であると判断した。さらに満鉄側とも十分協議の上で適当な措置をとるように指示した。

大倉組は外務省の指示により，奉天出張所主任川本静夫を船津総領事に派遣し，外務省と大倉組双方の意向をただした。この結果，船津総領

第5章　奉天市内の交通整備問題　　　　　　　　　　165

事は，大倉組計画の合弁案の成立に協力する姿勢を示した。さらに川本は，満鉄奉天地方事務所長山西や大連満鉄本社の川村社長と面会し，同計画への援助を求めた。川村社長は，中国側の排日態度にかんがみ，満鉄付属地内のみの電車計画を当面中止させ，大倉組の合弁運動を応援することを決定した。このように大倉組の説得によって外務省，総領事館，満鉄はついに電車合弁の問題について連合して交渉する，中国側に圧力をかけることに一致した。4月20日の「盛京時報」は，大倉組が再び王省長と電車の合弁について交渉したが，合意に達していないと報じた[60]。

　日本側が交渉を進める中で，中国側は電車計画の実行に本格的に乗り出した。4月22日には沿線の家屋を取り壊す期限が公表された。5月末を最後の期限とすることが市民に伝えられた[61]。

　5月20日，中国外交部特派奉天交渉員鐘世銘は船津奉天総領事に第795号照会を送り，奉天市政公所の第一期電車計画はすでに沿線道路の家屋の取り壊しに着手しているので，1922年に合意した馬鉄善後策により，該馬車鉄道の営業の停止，鉄軌の撤去，道路の復元などをするよう要求した[62]。中国側は始めて明確に単独敷設の意向を日本側に伝えた。

　それに対して日本側は猛反発した。大倉組はこの事態を重視し，日本国内の新聞を通じて，中国側が信義に背いて契約を破棄するという無誠意な行為を行ったと訴え，日本国内の世論を喚起しようとした。

　5月25日，「東方通信」は批判の矛先を王永江省長に向けた[63]。王は東三省交通委員会の反対という表面的な口実で1922年に日本の官憲及び大倉組に声明した合弁案があるにもかかわらず，陰に奉天市政公所に命じ，単独敷設計画を進め，すでに工事請負入札まで行っている，このような無誠意の行動は今後東三省における一切の日中合弁事業の悪い先例となるので，有識者は一斉に中国官憲の頑迷な態度に反対しよう，と訴えた[64]。

　5月26日付「朝日新聞」も，最近中国側の利権回収熱は益々高くなり，満蒙牧場に対する20,30年の税金前納の強要や奉天市政公所が馬鉄会社の路軌を無条件撤去しようとしている，と大きく報道した[65]。

　さらに同紙は，5月27日から「電車合弁拒絶——支那官憲の不法に

ついて切にその反省を促す」というテーマで4回連載し，電車合弁問題の経緯や中日交渉の内幕を大倉組の視点に立って掲載した。特に王永江など中国官憲の無誠意を激しく批判し，以下のように満鉄や外務省の中国に対する報復策を呼び掛けた。

> 先づ第一に満鉄に望む所は支那側が日支合弁を拒絶せりとの理由の下に，直に其既定計書たる新市街の電車工事に着手せぬ事である…満鉄としても日本の会社である。日本の面目を立つるために努力を惜しまぬは当然なれば，単独に新市街の電車敷設を當分中止し，飽迄も日支合弁の主張を貫徹するために大倉組を援け相協力して総領事館を鞭撻し，以て支那側と折衝せしむべきである。第二に，総領事館としても，由来霞ケ関伝統の弱腰外交，軟弱外交の誹りを免れるために且つ踏み躙られた面目を立つる為に断乎として一歩も譲歩せず。彼等の二枚舌を責め，前約の履行を厳重に迫るべきである。第三，大倉組としてもまた王永江氏が立派に合辨経営を誓約せる言質を以て，総領事館を通じ或は直接支那側に其の履行を迫るのが至当だ，馬車鉄道公司は既に解散し，現在の運転は支那側との諒解に基づき電車改組まで継続運転の契約であれば，支那側が如何に撤退を要求しても断じて応じてはならぬ。[66]

5月27日，大倉組の河野久太郎は外務省を訪れ，合弁経営の提案が中国側から拒絶されているので，援助をもらいたいと申し入れた。5月31日，松井大臣は船津総領事に打電し，大倉組の主張には合理性が十分あるにもかかわらず中国側に拒否されたことは，ほかの日中合弁事業に及ぼす影響を考慮するとこのまま放任し難い，全面的調査の上措置をとるよう指示した[67]。

この指示を受けて，船津総領事は引き続き中国側との交渉を行い，直接張作霖に対して馬車鉄軌撤去という不誠意な行為を再考するよう求めた。張は，この問題の内情について深く知らなかった。一般官民も中日合弁に反対し，王省長はかつて中日合弁とすることを声明していなかったなどと述べて日本側の批判をかわした。さらに船津は，北京，天津における電車事業が諸外国と合弁若しくは外国の経営に任せているなどの例を挙げて，日本と最も密接な関係を有する奉天省城において日中合弁を排斥しようとすることは徒らに両国の融合を阻害するのみならず，従

来日本に好意的な総司令や奉天官憲の誠意を疑わざるを得ないと強調した。もし奉天当局が日中親善を無視して合弁に反対するのであれば日本の世論は非常に沸騰する，日中の外交上甚大な結果をもたらす，と強調した。このような船津の脅迫に対して張作霖は，省長と商議し，熟考の上回答すると述べるにとどまった。船津は，張作霖に対して問題の重大さを伝える一方，中国側に強硬に抗議する理由は薄く，また将来の在奉利益を考慮して松井大臣に次のような対中緩和政策を建議した。

　　従来ノ交渉経過ヨリ按スレハ支那側ノ徳義心ニ訴ヘテ以テ其目的ヲ貫徹スヘキ性質ニ有之厳然タル抗議ヲ提起スヘキ理由薄弱ニシテ且又之ヲ強要センカ或ハ其目的ハ達シ得ヘケンモ将来一般ノ日支合弁事業ニ當リ幾多支障ヲ来タス虞レアリニ付本件交渉ハ其寛厳ニ手心ヲ加ヘ徐々ニ支那側当局ノ反省ヲ促ス所期ノ目的ヲ達成セシムルノ外ナク[68]

　こうして日本側は硬軟両様の対応を取って中国側との交渉を続けたが，中国側の第1期電車事業は計画通りに進められた。沿線家屋を取り壊し，鉄軌の敷設などが行われた。しかし，大倉組は電車合弁の問題を解決しなければ馬鉄の撤去に応じない方針を取っていた。馬鉄の撤去は奉天交渉署の請求から1年間以上経ても解決されず，中国側の電車計画実行の大きな妨げになっていた。市政公所は大倉組が譲歩することを断念し，馬鉄会社にある中国側の株主を交渉署に召致して馬鉄会社の運転停止を承認させた。市政公所は権力を使って馬鉄会社を内部から分裂させたので，ついに大倉組も電車合弁問題を別の問題とすることとし，付属地外の馬鉄を8月7日から停止することを決めた[69]。8月14日に一部の鉄軌の撤去がはじまり[70]，18日に全線の鉄軌の撤去は完了した[71]。

　曾，王を中心とする「国権回収派」は日本の圧力に抵抗して独自計画を実施し，電車合弁の提案を挫折させたのである。

2　日中合弁電車の開通とその営業

　馬鉄の撤去により，奉天市政公所の第1期電車計画の最大の障害が取り除かれた。電車敷設工事は着々と進展し，1925年10月には一部の運転を開始した。この中国側の電車開業の既成事実に対して，日本側はそれまでの強硬な立場を一転させた。奉天市政公所の日本人職員である宮

越正良の調停により，連絡運輸の提案を徐々に受け入れることにした。

　宮越正良は川本と曾市長との間を奔走し，両者の意見を徐々に接近させた。ついに 8 月末，双方とも受け入れ可能な調停案を起草し曾市長と王省長に呈出した[72]。この案は交通委員会の審査を受けなければならないので，船津は幣原外務大臣に今後の状況が如何に変転するかは不明であると報告した。だがその後正式調印された契約書では，連絡運輸区間や営業方式や利益の分配など原則点はほとんど変わっていなかった。従って，8 月末にすでにこの問題が解決されていたと言える。

　なぜ宮越正良はこの問題を解決できたのか。まず，宮越正良は市政公所に勤めている日本人の職員であり，日中の間のもっとも適切な位置にいた人であったからだと考えられる。特に，彼は大倉組と市政公所の手の内など「内情を窺知」しているので，双方の接点を探ることが出来た[73]。

　宮越正良の合弁についての主張を見よう。

> 交通機関の施設ハ其都市ノ情況ト四囲ノ環境トニ適応シタル施設ヲナスコト最モ肝要ニシテ市政公所経営ノ電車事業モ亦素ヨリ此主旨ニ基キ市民交通ノ便益ヲ計ルニアルハ勿論ナルカ付属地ノ境界ニヤムル時ハ城内ト付属地トノ交通ニハ是非共一度乗換ヲ要スル事トナリ非常ニ不便ト支障ヲ生シ特ニ風塵雨雪ノ時ノ如キハ一層ノ困難ヲ感シ折角多大ナル資金ヲ投シテ建設シタル交通機関モ十分ニ其ノ機能ヲ発揮スル能ハス当局ノ初志希望ニ反スルノミナラス之レカ為ニ却テ中日両国民ニ街境ノ感ヲ誘発シ深ク悪印象ヲ助長シ将来両国間ノ親善関係ニモ悪影響ヲ及ホスヲ以テ奉天ノ如キ他地方ト趣ヲ異ニセル都市ニ於テハ両国合弁トナス事最モ好都合トナラン[74]

　奉天の地方官吏は，このような宮越の公的な立場に立っての市内交通の利便性の主張や国際関係の改善の角度からの電車合弁の必要性についての説明に容易に同感しただろう。曾市長は中日電車連絡運輸の開通式でも中日の市街地の連結による交通の便利さを強調した。外交辞令だったとしても，少なくとも交通の便利を図ることが市政公所の重要な目的であったことは疑いの余地がない。

　さらに，大倉組を合弁の相手に選ぶ理由について宮越正良は以下のように述べた。

第5章　奉天市内の交通整備問題

翻テ日本側大倉組カ二十数年来多大ノ犠牲ヲ拂ヒテ中日親善実業提携ニ努力セラレ居ル効績ハ中外共ニ認メ居ル處ナルカ奉天ニ於ケル中日合弁馬車鉄道ノ如キモ十数年来奉天交通上ニ少カラサル貢献ヲナシ来リタルモノニテ此回大倉組カ日本側代表ノ任務ヲナスハ至當ノ資格者トシテ中日双方共ニ之ヲ諒認セルハ誠ニ因縁アルモノニテ将来事業発展上ニモ亦必ス良好ノ効果ヲ招来スヘキヲ疑ハサルモノトス[75]

　このような日中両国を平等な相手とする交渉提案は中国側としては受け入れやすかっただろう。
　11月11日の「東方通信」によると，奉天電車問題は久しく中国側と紛糾中であったが，今回大倉組と奉天当局との間に合弁経営の諒解が成立し，具体的契約の締結を見るに至るであろう[76]と報道した。
　11月30日には曾有翼市長と大倉組の代表川本静夫は「電車連絡運輸契約書」に調印し，中日電車合弁問題に劇的な終止符が打たれた。奉天総領事吉田茂は直ちに外務大臣にその契約内容と「電車連絡運輸契約書附帯説明書」を報告した。契約内容は以下の通りである。

電車連絡線路ハ奉天省城小西門ヨリ日本南満州鉄道付属地南満駅ニ至ル区間トス
奉天省城小西門ヨリ付属地境界ニ至ル一切ノ必要工事ハ甲方（市政公所）ニテ之ヲ施設シ付属地内ノ工事ハ乙（大倉組）ニテ之ヲ施設ス必要ナル修理モ亦各自負担之ヲ行フモノトス
連絡区間ノ営業ハ甲乙共同シテ之ヲ営業ス
電車営業ノ損益ハ下記ノ方法ニ依リ甲乙公平ニ之ヲ分配ス分配方法
連絡区間ノ総営業収入ハ連絡区間内ノ営業経費及車輌，車庫，事務所等ノ原価償却費ヲ差引キタル損益ハ甲乙各線間ノ距離ニヨリ之ヲ按分分配ス
甲乙両方代表各二名ヲ以テ連絡営業ヲ監理ス
本契約実施後若シ不便ノ處アレハ甲乙双方協議シテ改善スルコトヲ得
本契約ノ細則ハ別ニ之ヲ協定ス
本契約書ハ中日両文各四通ヲ作成シ中日官署ニ各一通ヲ届出テ甲乙双方各一通ヲ保存シ以テ後証トナス

契約締結の直後，大倉組は直ちに付属地内の鉄道敷設の準備に着手し，翌年春の融雪期から起工するとした。1926年4月9日から大倉組土木課は技師や職人を派遣し，道路の敷設を本格的に開始した[77]。工事はわずか2か月で竣工し，6月16日中国側は車輌10台，大倉組は5台の合計15台を用いて連絡運輸が開始された。運転時間は午前5時から午後12時の間であった[78]。運賃は以下の通りである[79]。

　　奉天駅前より日吉町まで　　小洋一角
　　日吉町より十間房まで　　　小洋一角
　　十間房より小西邊門まで　　一角

ついに付属地と城内との新旧市街地が一本の電車でつながった。奉天市内交通は大きく改善され，市民生活にも多大の利便が与えられた。交通の発達は都市の発展を促進し，大小西門や商埠地鉄道沿線がより繁華になり，地価も高騰する勢いを示した。

おわりに

本章では，日露戦争から「満州事変」前までの奉天市内の交通整備問題を考察することにより，近代の植民地的な都市である奉天の発展の特徴を明らかにした。

第1に，日露戦争以来，日本はロシアに代って中国東北地方に進出し始めた。奉天では満鉄付属地を拠点として，在満利益の基盤を徐々に拡大した。その植民地的拡張の「副産品」として様々な近代的な都市設備・技術・理念などが，この古い伝統的な都市に伝来した。馬車鉄道はその代表的なものである。交通技術としては最新とはいえないが，馬と近代の軌道を結合させ，1本の路線で満鉄付属地・商埠地・城内区という切り離された3つの区域を結びつなげたことは奉天の発展にとって重要な意味があった。しかし，その都市の近代化を促進する「積極的」な意味を持つ馬車鉄道の敷設をめぐる日本側の行動は満蒙権益を拡大する意図の下に行われたので，最初の段階からすでに現地の官民の反感を買った。それゆえ，現地の住民や官憲との間に経済的な利益や主権問題などをめぐる対立が生じた。馬鉄の成立と解散問題について，日中間は

第 5 章　奉天市内の交通整備問題　　　　　　　　　　　171

交渉を繰り返した。

　この時点では，奉天に進出した日本人事業者はまだ勢力基盤を作り上げていなかったため，現地の商人や有力者と協力して合弁会社を経営することが普通であった。満州経営の最末端にある民間企業（大倉組）は，馬鉄の交渉に際して，主として奉天総領事館を通して様々な利益供与を中国側に求めた。その仕組みを明らかにした。会社の成立にせよ，解散にせよ，すべての行為は中国側の法律に基づいて行っていたことも明らかにした。

　第 2 に，中国側は近代的な都市発展をはかるために，日本側の技術や経験に依拠せざるを得なかった。日本企業の経済的進出に強い警戒心を持つ東三省総督趙爾巽は，地方新政に着手した際，日本の援助を求める傍ら，「陰に陽に（日本の）軍政撤廃を求めるという気配を示し」た[80]。さらに一部の開明官吏は，1923 年の市政公所の成立にともない，満鉄付属地の市政建設を参照にしながら，自らの手で自立的な市政建設をはかろうとした。日本側は既得権を維持，ないし拡大するために，あらゆる手段をとった。奉天市の独自の電車敷設に強く反対し，自主権を主張する現地官吏を激しく非難した。市政公所は日本の非難や抗議にもかかわらず，外交交渉を行いながら，最終的には単独で第 1 期の電車計画を立案し，実施した。日本はこの既成事実に対してやむを得ず譲歩し，中国側と連絡運輸協定を結んだ。日本側が意図した合弁の企ては達成されなかった。こうした事実を考えると，王永江や李徳新など「文治派」は，市政公所を都市近代化の舞台とし，地域発展や国権回収などに全力を尽くし，自力で市政建設を進める能力があっただけではなく，この段階では，日本の奉天への進出に対して強く抵抗することが出来た。

第 6 章

大連華人の社会的生活基盤
――大連の華商公議会を中心に――

宋　芳芳

はじめに

　本章は，日本租借地時代の大連における華人社会の成立について大連の公議会を中心に解明しようとするものである。
　20世紀初頭，大連では大連港の発展に伴い新たな地域社会が形成された。租借地大連における地域社会の形成と展開を明らかにするためには，社会構成の主体である植民者社会と中国人社会をそれぞれ検討する必要がある。
　これまでの研究では，大連の植民者社会について論じられることが多く，とくに都市計画や商業活動に焦点をあてて植民地行政側と日本人住民側の動向を明らかにしようとする研究が中心であった[1]。
　大連の中国人社会を中心に論じた研究者としては Perrins, Robert John と松重充浩が挙げられる。Perrins は，大連の華人労働者を中心に，華人住民が大連の経済発展に大きな役割を果たしていたことを評価した[2]。松重充浩は大連の華商公議会，大連山東同郷会，大連中華青年会などの大連の華人団体における華人社会のナショナリズムの形成，華人社会と植民地行政側の関係および華人団体内部の関係について検討した[3]。しかし，以上の研究はあくまでも大連の華人社会の成立を前提としてその論議を展開したものである。大連の華人社会の成立過程について論じた研究はない。よって本章では，過去の研究成果を踏まえつつ，

華人によって作られた大連の公議会に焦点をあてて論を展開する。

まず第1節では，選挙権の問題を例に租借地華人の政治の限界を明らかにする。第2節では大連の公議会を取り上げ，研究史を踏まえて新たな位置付けを試みる。第3節では，小崗子華商公議会と西崗華人社会の展開を例に，大連華人の社会的生活基盤の形成を明らかにし，公議会が大連の華人社会の成立と展開に果たした役割について検討したい。

第1節　租借地華人の選挙権問題

近代日中両国では，欧米の選挙制度が導入された。実際には，選挙そのものの役割は限られていたが，民意を表現する手段としてその意義が重要であった。しかし，租借地内の華人は，中国と租借地の選挙権のどちらも与えられなかった。

1　中華民国の選挙権問題

中華民国の国籍を持つ華人は，租借地内においては中華民国の選挙権がなかった。

1915年の中華民国の国民会議議員選挙の前に，広東の地方官憲は，外国租借地内の中国人にも選挙をさせる意向を広州湾租借地のフランス官憲に伝えた。その際にフランス公使は，日本に対し関東州租借地における華人選挙の状況を尋ねた。関東都督府の回答によると，関東州内には華人の中華民国選挙権がなかったことがわかる。また，日本政府の正式意見として，「元来租借地内に支那選挙法の如き法律か施行せらるへき限りにあらさるは租借地の本質上疑なき所に属し従て同地を以て支那国民会議議員の如きものの選挙区となし又は其の一部となすか如きは到底我に於て容認し難き次第」として租借地内に中華民国の選挙権の不承認を原則としていた[4]。

2　大連自治市の選挙権問題

1915年に日本内地の自治制により作られた大連市が発足した後，大連市民としての華人も，選挙権を与えられなかった。40名の市議員の

うち，華人は，わずか7名で，しかも何れも官選議員であった。

1932年の関東州内の中国人の政治権利についての国際連盟の満州事変調査員への報告によると，大連油房公会長の古沢丈作は，「これは試験時代であるからで，もし支那人がこの種の公共事業に有能であり且つ関心を持つことがわかれば支那人議員数は漸次増加することになっています」と弁解していた[5]。

華人の公共事業については，後で具体的な例を通して詳しく検討するが，植民地行政側は，最初から華人に日本人と平等の政治権力を与える考えがなかったといえる。このような考え方は，1927年の大連市制撤廃論争において，間接的に示されていた。

1927年夏，大連の一部の日本人は，大連自治制改革期成同盟会を組織した。彼らは，大連自治制改革意見書を関東長官に提出すると同時に，一般市民にも印刷し配布した。具体的な市政改革意見は，大連市の撤廃，人事と事務の民政署への移管，市の決議機関の諮問機関への変更などである。主なる理由として，「畸形変態」の市制，二重機関，二重課税などが挙げられた。ここでは，最初に挙げられた「畸形変態」の市制を見よう。

> 自治制度を文化の理想として完全に其の精神を発揮せんには，市民に平等の権利を与へ差別的待遇ある可らず。租借地上に建設したる異族共住の大連市に，数に於て遙かに多き支人を除外しつつ，純然たる内地の自治制を採り入れ，其の運用の完璧を求めんとする事自体已に甚だ矛盾なり。吾人は自治と称する空疎たる美名に囚はれたるものにして，此の矛盾より脱せざるべからず[6]

すなわち，彼らの狙いは，大連の華人に平等な市民権を与えない大連自治制を撤廃しようすることにあった。同盟会の桝田憲道は，「満州日々新聞」で，「不自然なる自治制」と題し，自治団体としての大連市の矛盾を批判した。

> 植民地殊に関東州の如き租借地に於て……然らば邦人のみの自治団体に何故支那議員が参与する必要があるか，この事は何人が考へても，大連市現在の自治団体なるものが日支共同の自治団体なりと認めて居る証拠ではないか，即ち支那人議員如何に少数なりと雖も，彼等が支那市民の利害を代表して居ることは，何人も否定する事の

出来ない事実である。そこで次ぎに起るは，支那人にも民選の権利を付与すべしとの議論で，之は純理上に於ては立派に成立つものである。而して現に多くの支那市民の間にこの感情の蟠って居る事は否定出来ない事実である。斯かる否定すべからざる事実を認めながら，何故大連に斯かる不自然なる自治制の存在を必要とするか[7]

　このような大連自治制改革期成同盟会の市制撤廃論は，積極的に大連華人の選挙権について代弁したものではなかった。ただし，彼らにとって，日中共同の自治団体としての大連市では，華人にも選挙権をあたえるのは論理上自然であった。彼らは，このような華人の選挙権・被選挙権なしの現行大連市制の矛盾を解消するために，市制撤廃の意見を提出した。

　これに対し，現行市制を維持しようとする市会議員側は，市制の矛盾性を否認した。

日本の行政権が完全に行はれて居る関東州内の支那人は台湾の本島人や，朝鮮に於ける朝鮮人の如く国籍を日本に移した民族でなく，他の外国人と区別して民国人と呼んでいるものの，やはり外国人であるから，新領土の朝鮮や台湾と違って関東州には，内地風の自治を実施することが出来ると云ふことになって，法制局でも之を認め，遂に勅令を以て現行市制の公布実施を見たのである。されば最早，支那人のことは問題ではなく，支那人から官選議員を出しているのは一つの特典に過ぎない[8]。

　結局大連市制は，華人に選挙権のない状態で保留された。大連市自治の内容を見ると，「僅かに女学校及び市場の経営，並に糞尿汲み取り，浴場，火葬場などの衛生設備に関する事業を監督し，市長以下官吏の俸給その他の予算に関する審議権を有するに過ぎず。内地に於ける自治体とは比較にならぬ小仕事をなすのみで」[9]あるという指摘があった。市議会の7名の華人官選議員の実際の決議権は，このような自治権の範囲に限られていた。

　以上の検討により，租借地内の華人は，租借地内では，中国の選挙権と市民としての選挙権の両方とも持っていなかったことが明らかになった。租借地内の華人の選挙権問題は，植民地当局の統治の不公平性について疑いをさしはさむ余地がない。

選挙権なしの大連華人は，どのようにして自分たちの生活を守り，自律的に発展してきたのか。また，華人は，公共事業に「有能であり且つ関心を持つこと」があったのかどうかを検討していく。

第2節　大連の華商公議会

　租借地の華人社会の成立においてその中心的役割を担ったのは植民地行政側ではなく，地元の華人自治団体であった。華人自治団体こそが，自分たちの社会的生活基盤の形成に必要不可欠であった。大連の華人自治団体のうち，華人社会の最も中心的な存在となったのが公議会である。

　公議会そのものは大連の華人社会に特有の自治組織ではない[10]。公議会は地域社会のなかで自治権を持ち，社会慈善や道路の整備，消防活動などを担当していた。営口や奉天にも公議会があったが，大連と同様の機能を持っていたことがすでに知られている[11]。

　これまでの公議会についての研究では，公議会を地方行政側がなすべき仕事をやむを得ず代行する機関として位置づけられている[12]。しかし，これは義和団時期の営口の公議会のような地域社会がすでに確立していた時の例を引用して分析したものである。つまり，公議会の役割および地域住民の自律性は地方行政側の延長線上にあるとされ，公議会の自律性は過小に評価されてきた。しかし，視点を変えれば，地域住民にとって，行政も自らの「生活自治」を実現する一つの手段であった。そこで，筆者は大連の華人社会の成立における公議会の役割を，あらためてこの視点から考察する必要があると考え，検討を行うことにした[13]。

　1915年以前の小崗子華商公議会は，あらたな地域社会が形成されつつも地方行政がまだ確立されていない場合の好例であると考えられる。また，1915年以降に変化した公議会と租借地（植民地）地方行政側との関係についても考察する必要がある。これらを中心に分析を行う。本論はこれまでの早期公議会の研究を補足するものであると同時に，これまでの論点に対して修正を促すものである。

　大連の公議会は，植民地での自治団体としてほかの地域の公議会と異

なる独自性を持っていることが明らかである。

　まず1つ目の特徴として，租借地大連の公議会は華商の個人レベルでは中国行政側と個人的な関係があったが，組織レベルでは中国の行政側との所属関係がなかったことが挙げられる。大連の公議会は，満鉄附属地の華商公議会・商務会と同じように，日本側の絶対的・排他的行政権下に置かれていた。中国側の商会法を適用しなかったので，1910年代に営口奉天などの公議会が商務会に改称したが，大連の公議会は中国の商会に改組せず，公議会という名称は「満州事変」まで保留された。「満州国」の建国により，大連華商公議会は1932年10月に大連市商会と改称した[14]。小崗子華商公議会は西崗商会へと改称した[15]。

　2つ目として大連の公議会は，組織内部事務を処理しながら，選挙権なしの大連華人住民の要求を代言し，租借地の華人社会と自国の中華民国および植民地行政側の間に介在した組織であった。このような仲介的な役割を二つの儀式を例に見ることとする。

　1926年末には，日本大正天皇の病気が重くなったことが関東州に伝わった。11月24日に大連華商公議会と小崗子華商公議会の両公議会は，天后宮で大正天皇の快癒のために祈る会を開いた[16]。天后宮は，華人の宗教場所としていろいろな伝統行事が行われた。日本天皇のために宗教的な祈る会を開いた意図は，儀式を通して植民地最高統治者への尊敬を植民地行政側に伝えたことであったと考えられる。大正天皇が亡くなった後，関東州内の日本人行政担当者，団体，市民は遙拝式を行った。12月29日に両公議会も自発的に大正天皇の遙拝式を行った[17]。公議会は，このような儀式を通じて，租借地の華人社会と植民地行政側の関係を強化したことになる。

　一方，両公議会も，儀式を通じ，中華民国の国民という帰属感を示した。1927年の元旦の祝賀会の順序の4番目は，一緒に国旗に3つのお辞儀礼をすることであり，6番目は，酒杯を挙げて一緒に中華民国万歳を三声で歓呼することであった[18]。

第3節　小崗子華商公議会と西崗華人における
　　　　　社会的生活基盤の形成

　西崗華人社会の生活基盤の形成のために，地域内部の自治団体としての小崗子華商公議会が重要な役割を果たした。小崗子華商公議会は，単なる商人の自治団体ではなく，西崗華人社会の核心的な組織として住民の生活を支えながら，西崗華人社会の展開とともに発展してきたものである。
　以下，公議会の地方自治権を奪われた1915年を基準として前後期に分けて公議会と華人社会の関係を検討する。

1　1915年以前の小崗子華商公議会と西崗華人社会の形成
　日本租借地時代の西崗華人社会の形成は，日露戦後の1905年に遡る。関東都督府大連民政署は大連市街の地区計画上，小崗子を華人集居地とし，小崗子村7万8千余坪の地を指定し，中国人商人および労働者（苦力）を移住させた[19]。これが，後日の西崗華人社会の集居区であった。
　植民地の地方行政制度がまだ完備していなかった段階では，華商の公議会は，関東州の地方行政の一環と位置づけられた。

> 大連，旅順，金州及貔子窩等の各市街には公議会なるものを置き民政署の監督を受けて政令の伝達，人民の諸願届の取扱等を為さしむ公議会には会頭及副会頭を置きて常務を処理し前記公事の外支那商人間に起る各種の案件及商業上の紛議等を処弁し其の費用は商人間の醵出に依りて之を維持す[20]

この報告によれば，公議会は，植民地側が設置した組織であると認識されている。だが実際には，公議会はすべて華商の自治団体であった。
　当時小崗子公議処と呼ばれた小崗子華商公議会も，1905年に華商が西崗の敷地の申請の手続きの便利を計るために設置された組織であった。
　1915年大連市規則の頒布までの小崗子華商公議会は「商民聯合自治制機関」であった[21]。この時期の小崗子華商公議会は，西崗の地方行政

表 6-1 西崗四区の正副区長

	1905 年正区長	1905 年副区長	1907 年正区長	1907 年副区長
第一区	梁盡臣（玉成號）	左懷堂（泰來當）	―	―
第二区	王餘堂（德慶昌）	應新亭（天合銀）	―	―
第三区	段榮卿（永興茂）	王子民（公和號）	王子民（公和號）	張綏亭（新昌順）
第四区	徐香圃（天一堂）	韓子豐（增順德）	―	―

注 1) 大連西崗商会『大連西崗商会三十年沿革史』1938 年 12 月 1 日發行，非売品，5, 6 頁により整理作成。
　2) ―は変動なしを示す。

を担うため，自治権は強かった。

　公議処の下に，四区が設置された。公議処は，各区の事務を管理し，西崗地域の最高地方行政機構と位置づけられた[22]。四区の区長および副区長は，すべて華商であった。

　公議処は，西崗華人社会の草創期の公共生活の形成のため，公共事業の基盤を作った。公議処は，土地の代理受領のほか，50 坪ごとに 4 円の自治費を徴収し，初期のインフラを整備し始めた[23]。

　蘇貴亭初代公議処総代時期には，8 個の公共井戸が掘られた。西崗東南の第 2 区の四百坪の敷地に西崗子病院が建設され，貧民の救済が行われた。第 4 区内に衛生事務所が設置され，道路の掃除が管理された。十二処の公共便所が作られた。そのほか，道路の修繕や，溝渠の浚い，警察官官舎の請負などいろいろな事業に取り組んだ[24]。

　1907 年 3 月からの段榮卿 2 代総代の時期には，西崗街にただ 1 つの警察派出所しかなく，地域の治安には足りなかった。この状況に鑑み，公議処は，治安を担当した。植民地当局の許可を得て，公議処は，会費で巡査 8 名を募集し，夜も昼も休まずにパトロールした。

　しかし，植民地当局側の統治体制の完備とともに，小崗子華商公議会の自治権は次第に奪われた。小崗子華商公議会が，公議処から公議会へ改称したのは，植民地行政側との衝突の結果であった。

　1908 年 5 月に植民地当局は，小崗子警察官吏派出所を西崗に設置した。職権をめぐって公議処と小崗子警察署は対立した。警察署が公議処の会務に干渉した結果，段榮卿総代をはじめ，副総代，役員及び 4 区の正副区長は，全員辞職した。小崗子警察署は，福興公の劉金谷を任命し，会務を代理させた。10 月に西崗の華商は，会務の立て直しのため

第6章　大連華人の社会的生活基盤　　　　　　　　　　　181

に自ら協商会を開き，公議処を小崗子華商公議会に改称し，新たな会長を選挙した。華商と名付けたのは，日本人商人と区別するためであった[25]。

　1910年代には，小崗子華商公議会は西崗消防問題と西崗北海海岸の桟橋問題を中心に取り組んだ。

　まず，西崗消防問題である。植民地行政側が担当する消防という公共事業は，西崗地域の需要を満たさなかった。大連民政署の消防屯は，街の裏にあって遠いので，火災のときに，間に合わなかった。住民の生活を守るために，1908年に，公議会と西崗の華商が協議した結果，自ら消防会を組織した。消防機材は，公議会より提供された。消防員は，有力な華商全員であった。火災のときに，全員が火災の現場に駆けつけ，消防することになった。しかし，このようなやり方は，有効ではなかった。1914年の秋から，公議会は消防員10名を募集した。副会長の徐香圃が消防会長となり，毎日消防規定に基づいて演習した。火災のときに，消防会長は現場で消火活動を監督した[26]。このような自発的な消防会の活動は，1920年代に小崗子警察署が正式に消防屯を設置するまで続けられた[27]。

　次に西崗北海海岸の桟橋問題をみよう。小崗子北海岸は浅いので，ジャンクが岸につけなかった。積み卸しの貨物は，よく濡れたり傷ついたりしたので，華商はよく重大な損失をうけた。それを解決するために，公議会は，1915年の春に，会費で西崗北海岸桟橋を築造した[28]。

　要するに，地方行政の公権力が正式に成立する前の地域社会において小崗子華商公議会は，地方自治権をもった商民自治の組織として，初期の西崗華人住民の生活基盤を整えた。

2　1915年以降の小崗子華商公議会と西崗華人社会の展開

　1915年大連市制が実施され，区が公議会から市役所に移管され，公議会が所管した行政権力が市に奪われた。商民分治した後の小崗子華商公議会は，純粋な華商の自治団体となった[29]。しかし，華人の選挙権なしの現状では，小崗子華商公議会は，華商だけではなく西崗の華人住民の代弁者でもあった。

　1920年代は，西崗華人社会が急激に拡大していった時代である。そ

の急成長に伴い商業施設・生活インフラ・公共機構の遅滞問題が顕在化した。華人住民と植民地行政側のパイプとしての小崗子華商公議会は，積極的に対応し，華商の経済生活を支えながら，西崗華人社会の展開をバックアップした。

以下において，華商と一般住民のニーズに応じた公議会の活動をいくつか検討しよう。

(1) 華商の経済生活を支える公議会活動　商人自治組織としての小崗子華商公議会は，まず，商人の経済生活が円滑に行えるよう，いろいろの請願活動を行った。

まず，西崗に貨車駅の開設と倉庫の設置が急務となった。1926 年には，小崗子華商公議会の管理範囲としての西崗街および工業地域には，油坊業が急成長し，油坊業者数は 30 余軒に増えた。しかし，油坊業者にとって，運送費が負担であった。馬車で西崗から埠頭までの大豆・豆粕・豆油の運送費用は，大連市内の油坊の運送費の 2 倍以上であった。小崗子に貨車駅を増設し貨物倉庫を建造することなどが，各油坊業者の要望となった。それに応じ，公議会は，満鉄と協議した結果，1927 年 4 月 1 日，小崗子駅を開設した[30]。

小崗子駅の開設に伴い，銀行小切手問題が浮上した。小崗子駅の駅長は，各油坊の使った小切手が偽物ではないかと疑い，小切手の収納を拒否した。公議会が保証して，捺印保証の形で，問題を解決させた[31]。

また，海関の小崗駅監視所の設置，西崗商民戸別割改訂問題，大連特産取引所民営問題，警務署への行商人露天許可申請など，商人の関心に沿って請願活動が行われた[32]。

(2) 華人社会の展開をバックアップする商会の活動　西崗華人社会の急激な成長の結果，西崗の既存のインフラと公共機関は，一般住民生活の需要を満たさない状況になった。ここでは，道路問題と街灯問題をインフラの整備問題として取り上げる。次に郵便所と警察署の昇格を公共機構問題として取り上げる。華人社会の急速な展開と既存の社会的生活の基盤の間の矛盾とその解消を通して，植民地行政側の限界性と小崗子華商公議会の自律性を提示する。

① インフラの整備
A 道路問題

植民地当局は，大連都市計画内のインフラの整備について積極的であった。例えば，大連管内小崗子・周水子間道路内暗渠及張石溝新設工事については，木工事は小崗子公議会長及沙河口会長に特命契約で請負わせて施行した[33]。

しかし，西崗華人地域内部の道路の整備については消極的であった。1927年3月11日付の「泰東日報」は，「泥海化之小崗区」と題として，雪と雨が降った後の小崗子道路の泥濘問題を取り扱った[34]。3月16日付の「汚穢如泥海之小崗子街道問題 市當局漠不關心」で，小崗子道路問題の歴史的な成因をたどった。この記事は，以下のように批判した。日本植民地当局は，華人を小崗子街に集居させた時に，街の建設計画を全くつくらなかった。街が発展した後も，当局は改造や改良のことに一切無関心であった。大連市の膨張につれて，小崗子は大連市の中心地帯となったが，市行政は終始冷ややかであった。市当局の無関心を批判しながら，華商の市議員に対しても，一言の提議もしなかった，と[35]。5月5日付の「小崗子道路太壊　官庁置于度外耶」に，吉田小崗子署保安主任の発言が掲載されている[36]。吉田保安主任によると，小崗子一帯は，中国人の人口が一番多かった。中国人はおとなしく，官庁の施設に不服を唱えるところがなかった。しかし，新思想家からみれば，非難の声が避けられなかった。それは，皆は納税したのに，居住地が平等に取り扱われなかったからであった。大連市は，旧大連市と沙河口の建設に関心をもっていたが，小崗区には気にかけなかった。吉田は，何度も土木課と交渉したが，予算なしを理由に拒否されたという[37]。

1928年に小崗子華商公議会は西崗の住民を代表し，道路をつくるために当局に割当金を申請したが失敗した。公議会は自ら募金して道路をつくることにした。大連華商公議会の張本政会長の斡旋で，ようやく1931年に植民地当局の許可を得て，西崗の一番賑やかなところに南北方向の大街（現在，新開路）を築くことになった。公議会は補助金を出し，道路両辺の現住の住民を引越しさせ，古い建物を取り除き，新しい建物を建てた[38]。

1933年の夏に新開大街が竣工した。その後，西崗商会に改称した小崗子華商公議会は，夜店の開設について再び関東庁に申請した。かつて小崗子華商公議会時代の1929年に関東庁に大龍街一帯の夜店の設置を請願したことがあった。そのときの理由として，大連市内浪速町と沙河口には夜店があるものの，大連市の中心部であった西崗にはなかった。しかし，関東庁側は，大龍街の狭さを理由として認めなかった[39]。1933年には，ようやく新築の新開大街で夜店の開設の許可を貰った。西崗商会には夜店開設に関する事務を処理する夜店事務所を設置した。

　B　街灯問題

　1920年代の西崗では，街灯も問題となった。1927年に小崗子警察署管内の街灯数は80余個で，大連市内の376個の2割に過ぎなかった。小崗子警察署は，街灯の増設を市役所当局に請求しようとした[40]。ちょうど1927年度から，大連市の電気事業は，満鉄の運営事業から独立し，大連市に接収管理された。しかし，市は財政困難を理由に，全市には920個の増設すべき街灯数のうち，200個しか増設しなかった[41]。小崗子で街灯の増設は，困難となった。

　1933年に西崗商会は，夜店開設にあたって，満州電気会社と交渉した。新開大街の両辺で街灯を取り付け，すべての店に電燈を取り付けることになった[42]。

　② 公共機構の昇格

　道路街灯などのインフラだけではなく，植民地当局の公共機構の設置も低いレベルに止まり，住民の生活需要に適応できなかった。郵便所と警察署の昇格問題を例として詳しく検討しよう。

　A　大連小崗子郵便所の昇格問題

　西崗の唯一の郵便所は，1910年5月1日に設置された小崗子郵便所であった。1933年までに，大連管内に小崗子郵便所と同時に設置された7箇所の郵便所のうち，6箇所はすでに郵便局に昇格した。しかし，小崗子郵便所は，1920年6月16日に大連小崗子郵便所と名称を改称しただけであった[43]。

　小崗子郵便所の設置から20年にわたって所長を務めたのは，香宗我部操であった。1930年1月15日「大連小崗子支那人街を担当し特に繁

表 6-2 小崗子郵便所取扱郵便物

小崗子	郵便						電信			
	通常郵便物	通常郵便物	通常郵便物	小包郵便物	小包郵便物	小包郵便物	電報通数		中継信	
	引受	配達	合計	引受	配達	合計	内国電報発着計	外国電報発着計	内国	外国	合計
1910年	3151		3151	465	65	520	9104	3093	8	17	25
1915年	3542	3	3545	2260	150	2410	16556	2695			152
1920年	13139	1404	14543	5849	607	6456	43764	2797	414	13	427
1921年	14152	153	14305	6952	579	7531	45376	3556	406	12	418
1922年	15463	84	15547	6469	619	7088	49534	6240	420	30	450

注 1)『関東都督府統計』『関東庁統計』当該年度分より作成。
　 2) 1923年から小崗子郵便所の詳細統計データは掲載されていない。

忙」していた香宗我部所長は，慢性腸カタルと半身不随で，「時恰も旧正月を前に年末年始の郵便事務は病気引篭中の所長は到底事務の万全を期するを得ず」，郵便所長を真山明に譲った[44]。

郵便所には，所長以外に職員は3〜4名しかなかったため，郵便配達は非常に遅かった。市内の郵便局が，小崗子郵便所へ郵便物を取りに行く回数は，毎日2回しかなかった。小崗市民は非常に不便を感じ，小崗子華商公議会へ陳情した。1927年に公議会は，大連逓信局桜井学局長と交渉し，小崗子郵便所を小崗子郵便局に昇格させようとしたが実現しなかった[45]。

B　大連小崗子警察署の昇格問題

郵便所昇格請願の失敗と対照的なのは，警察署昇格の実現であった。

俗称「大衙門」と呼ばれた小崗子警察署は，西崗の華人社会にとって，もっとも密接な関係をもっている植民地行政司法機構であった[46]。

1930年までの警察署は，いくつかの変遷を経て，警部待遇の警察署に定着した。しかし，警部レベルのままでは，保安・司法・衛生などにおいて，急速に発展してきた西崗地域の需要が満たされない状態となった。西崗より遅く開設した沙河口警察署では，商務居民は西崗の10分の5か6しかなかったが，1934年に警部待遇の警察署から警視待遇へと昇格した[47]。市議員としての西崗商会の龐会長と周副会長は，小崗子のほかの5名の市議員と一緒に，関東州に小崗子警察署の昇格を請願した[48]。

1935年に，小崗子警察署の警視への昇格が実現した[49]。

表 6-3 大連小崗子警察署名称と待遇の変遷

年	名　　称	待遇
1908 年 5 月	小崗子警察官吏派出所	
1921 年 8 月 18 日	小崗子支署	警部
1922 年 11 月 28 日	小崗子警務署	警視
1924 年 12 月 25 日	大連小崗子警察支署	警部
1935 年	大連小崗子警察署	警視

注 1) 関東庁編『関東庁施政二十年史』(上) (関東庁, 1926 年)
(復刻版, 原書房, 1974 年, 274 – 282 頁) より作成
2) 『旧植民地人事総覧 (関東州編)』各年 (日本図書センター, 1997 年)。

表 6-4 大連小崗子警察署管内人口数

	年	日本人 男	女	合計	割合(%)	中国人 男	女	合計	割合(%)	日中人合計 男	女	計
小崗子警察官吏派出所	1908 年	263	184	447	3.6	10411	1665	12076	96.4	10674	1849	12523
	1909 年	30	17	47	3.0	1183	362	1545	97.0	1213	379	1592
	1910 年	49	35	84	4.3	1362	526	1888	95.7	1411	561	1972
	1911 年	51	30	81	4.1	1321	597	1918	95.9	1372	627	1999
	1912 年	74	49	123	6.4	1295	496	1791	93.6	1369	545	1914
	1913 年	79	52	131	4.8	1758	829	2587	95.2	1837	881	2718
	1914 年	91	52	143	5.3	1772	759	2531	94.7	1863	811	2674
	1915 年	102	55	157	4.8	2125	1017	3142	95.2	2227	1072	3299
	1916 年	97	58	155	4.0	2558	1168	3726	96.0	2655	1226	3881
	1919 年	127	103	230	3.4	4532	2050	6582	96.6	4659	2153	6812
	1920 年	182	128	310	2.2	10193	3380	13573	97.8	10375	3508	13883
小崗子支署	1921 年	3621	3053	6674	16.6	26393	7083	33476	83.4	30014	10136	40150
	1922 年	3941	3760	7701	18.5	26307	7660	33967	81.5	30248	11420	41668
小崗子警務署	1923 年	4265	4039	8304	20.0	25435	7885	33320	80.0	29700	11924	41624
	1924 年	4409	4286	8695	20.8	24547	8516	33063	79.2	28956	12802	41758
大連小崗子警察支署	1925 年	4639	4384	9023	18.6	29907	9574	39481	81.4	34546	13958	48504
	1926 年	4627	4650	9277	19.4	28686	9950	38636	80.6	33313	14600	47913
	1927 年	4947	4732	9679	18.4	31559	11415	42974	81.6	36506	16147	52653
	1928 年	5149	4821	9970	18.0	33026	12275	45301	82.0	38175	17096	55271
	1929 年	5583	5182	10765	17.7	35450	14569	50019	82.3	41033	19751	60784
	1930 年	6485	5961	12446	17.5	42427	16171	58598	82.5	48912	22132	71044

注 1) 『関東都督府統計』『関東庁統計』各年より集計。
2) 日本人のなかに朝鮮人を含む。外国人は含まない。小崗子警察署の組織の変遷により, 管轄範囲も変わったので, データは, あくまでも人口変動の概況を説明するものである。

　警察署の昇格は, 住民に対する統治強化の面がある。人員と財政予算が限られていた植民地行政側にとって, 社会支配の強化のためには, 警察署の配置は, 郵便所より優先的なものであったのではないかと考えられる。

第6章　大連華人の社会的生活基盤　　　　　　　　　187

　一方，警察署は，植民地行政の社会支配の機能のほかに，治安・衛生・消防など公共事業の機能も持っていた。このような公共事業の機能は，「商民聯合自治制機構」時代の公議会も持っていたが，植民地地方行政制度の完備に伴い奪われた。西崗商会の警察署昇格の請願の動機は，西崗華人社会の生活を守るためであったと考えられる。

おわりに

　本章では，大連華人社会がどのように社会的生活基盤を整えながら，自律的な発展を遂げたかを，小崗子華商公議会と西崗華人社会の展開を通して検討した。
　まず，関東州租借地内華人の選挙権問題を考証した。関東州の華人は，中華民国の国籍を持ちながら，関東州では中華民国議会の選挙ができなかった。また，1915年の大連市制の実施とともに，華人は，大連市民として市税を納めていたものの，市議会の選挙権と被選挙権を与えられなかった。民意の表現手段としての選挙権を与えられなかった華人にとって，華人の自治団体は，自分たちの社会的生活基盤の形成のために欠くことのできない拠りどころであった。よって租借地という特別的な政治情況における華人の核心組織としての公議会の役割を検討することの重要性を指摘した。
　そして，以上の問題意識をふまえ，小崗子華商公議会と西崗華人社会の展開を検討した。華人の公共事業に対する関心と能力をふりかえり，華人社会の生活基盤の形成における植民地行政側の限界性と公議会の自律性を指摘し，大連華人社会の形成における公議会の役割を明らかにした。
　西崗の草創期に小崗子華商公議会は地方行政への自治権を持ちながら，社会的生活基盤を整え始めた。植民地行政側の地方行政制度の完備にともない，小崗子華商公議会の地方行政自治権が奪われた。しかし，植民地地方行政側が引き受けるインフラ整備や公共機構などは，西崗華人社会の急成長に遅れた。このような西崗における公共事業の遅れや，郵便所の昇格より警察署の昇格を重視したことは，植民地行政の限界性

を示している。

　そのため，華人社会と植民地行政側のパイプとなっていた西崗商会は，華商だけではなく華人住民の生活を自律的にバックアップする中心組織として活動した。

第Ⅲ部

「満州国」期の社会変容

第7章

「満州国」統制経済下の農村闇市場問題

陳　祥

はじめに

　本章は，「満州国」（以下便宜上「満州国」の括弧を外す）が1942年9月に実施した農村生活必需品配給機構調査の報告書を手がかりとして，満州国下の農村部の闇問題の実態を明らかにすることを課題とする。
　農村生活必需品配給機構調査の報告書は満州国の県以下を調査対象とした調査である。ただし，この調査シリーズに関する報告書は完全に保存されていないので，本章では主に海城県と通陽県の報告書を利用する。そのほかの綏化県，開原県，安達県，延吉県などの調査報告書も利用する。これらの報告書を利用するにあたり，いくつかの問題点がある。まず，調査した県はほとんど鉄道沿線にある県であるという制約がある。奥地農村に関する調査をしていなかったか，あるいは報告書が残っていなかったためである。第2点は，満州国が実施した1942年の農村生活必需品配給機構調査は，戦局の悪化により後続の調査は中止された。満州国末期の農村社会に存在している闇問題の把握のための全面調査は見つかっていない。従って当時の農村闇問題を説明するためには，満州国の都市闇問題に関する調査報告書が必要となる。それ以外には，『満州評論』や他の調査を利用することによって補い推計しなければならない。
　これまでの研究では，満州国地域社会が戦時中の統制政策により，ど

のように支配されたかについて検討しているが[1]，統制政策の外でその存在が公然と認められた闇市場にかかわる具体的な研究はほとんどない[2]。特に，農村部の闇問題についての研究は，関係調査資料に制約されて，深く分析されたことはなかった。満州国の闇市場問題に触れた先行研究を整理しておこう。

まず，満州国社会経済の末端をとりあげた研究としては，風間秀人の著書があげられる[3]。風間秀人は日本帝国主義下の満州国における代表的な民族資本であった土着資本・糧棧の動向を検討した。満州国の糧棧が統制政策の下で，農村市場を支配したことを日本帝国主義による農産物収奪政策の全体像のなかで検討した。しかし，闇市場については，「配給統制機構を通して農村市場に供給される生活必需品は，極端に減少し，大多数の農民は正常なる手段にては入手することができないために公定価格の何倍かで購入せざるを得ない」[4]と述べたのみである。土着資本の糧棧が日本帝国主義の農産物収奪政策を規定していたとする論法は，闇問題を視野に入れていないと言えよう。

山本有造の『「満州国」経済史研究』[5]は，全般的に満州国経済の輪郭をあざやかに描きだした。本書の闇価格に関する部分では，新京物価指数のデータを利用して，「公定価格に比較した闇価の上昇倍率は幾何級数的な高騰を示す」[6]と指摘したが，農村闇問題には全く触れていない。

塚瀬進は，1940年代における「満州国」統治の社会への浸透を分析することにより，満州国行政面の支配は県城まで浸透したことを明らかにした[7]。塚瀬は満州国の三大都市の闇経済の分析により，統制が広範囲に及んで，満州国の各領域を統制下に置こうとしたが，非日本人を動員することには必ずしも成功していなかったと指摘している。

中国の解学詩の『偽満州国新編』は，闇市場問題に触れている。満州国の闇問題と統制配給問題に分けて分析し，闇については価格暴騰と公定価格の差に言及した[8]。例えば，「その他の一般部品では，特に生活と密接な関係がある生活必需品は公定価格にもかかわらず，物価の暴騰を抑えられなかった。特に官定の公定価格以外には，いわゆる「民価」が実際に役に立っている」と分析した[9]。つまり，日本帝国主義の失敗とともに，満州国は「民価」に対する統制がなかったと指摘した。

本章では，かかる研究状況を踏まえつつ，以下の検討課題を設定す

る。第1は，満州国における農村統制政策の構造を実態に即して検討することである。この部分の検討は，第2,3部分の闇問題の前提となる。

第2に，農民の統制に対する認識と闇市場形成の原因を検討する。従来の満州国の闇市場に関する研究は，前述したように，主に満州国の都市と公定価格，闇価格，配給不足という面から分析しているが，それ以外の要素には全く触れていなかった。満州国の闇問題をめぐる農村部の動向にはほとんど触れていない。満州国農村の闇市場にはどんな特質があるのか，満州国農民の統制に対する期待と農村部に特有な闇市場に対する原因を明らかにすることは重要である。

第3に，満州国農村社会に存在している闇市場の実態を検討する。今までの研究は農村社会に存在している闇の実態にほとんど触れていなかった。ここでは農村闇物資はどんな流通ルートで都市に流出し，厖大な闇市場を形成したかを検討する。

以上の検討課題に取り組むことによって，本章は，「満州国」農村に存在している闇市場問題の実態を具体的に究明しようとする。以下の図のように，「満州国」農村社会には二つの経済圏が存在した。これまで研究は主にBの統制経済圏に注目していた。本稿はそれと対立しているAの農村闇市場に注目する（図7-1参照）。

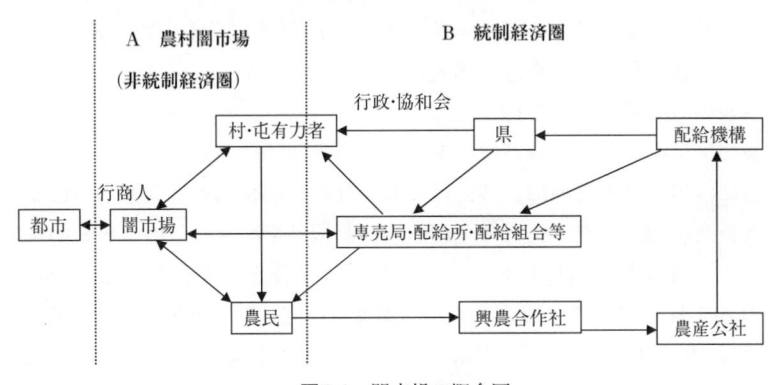

図7-1 闇市場の概念図

第1節　農村統制政策の構造

　満州国は，どのような仕組みによって満州社会を支配しようとしていたか。特に県と県以下の農村社会に対する支配の構造を検討する。主に1942年7月農村配給機構調査報告書を利用して，当時の県下農村部の統制の仕組みを分析する。

　これまでの研究は，主に統制経済法令の公布と改定に注目した[10]。統制経済法令が満州国の組織構造を通じてどのように社会末端を統制したかについて言及していない。県以下の統制政策の実施は，1940年のことであった。満州国は，1940年に県レベルの統制機構を再編した。日本人の副県長を中心とする経済統制委員会あるいは整備委員会制度を設立した。例えば，奉天省の海城県統制経済委員会は1940年6月1日に成立した。吉林省の通陽県整備委員会は1940年5月21日に成立した。委員会の下に分科会を配置した。鋼鉄建築，燃料，皮革，金融，住宅，生活必需品，運輸，労務，糧食，木材，畜産，小麦などである[11]。地方経済統制委員会は最高経済方策を執行する機構で，中央と省の命令・指示により，具体的な執行方案を研究し，画策した[12]。海城県の統制経済委員会の構成をみると，日本人官吏の数が圧倒的に多かった（表7-1）。その上，各分科会の主査も日本人が担当した。日本人官吏は全面的に県レベルの重要統制部門を握った。

　満州国は県レベルの統制機構を支配すると同時に，統制を有効に農村社会に浸透させるために，各街村にも同様の経済統制委員会あるいは整備委員会を配置した。街村に全面的な統制機構を配置したのは比較的遅かった。海城県で街村レベルの経済統制委員会が成立したのは，1940年の6-7月の間のことであった。通陽県の記録は比較的詳しい。伊通地区は1940年の9-10月の間に，街村レベルの整備委員会が配置された。双陽地区で街村レベルの整備委員会を配置したのは1941年の3-4月であった。街村レベルの委員会は「街村長ヲ委員長トシ所在機関職員若干名ヲ委員トシテ構成セラレ県委員会ノ指示ニ依リ概ネ物資配給ノ都度開会セラレ」た[13]。県と街村を結ぶ統制機構を設立することにより，

第7章 「満州国」統制経済下の農村闇市場問題　　　　195

表 7-1　海城県経済統制委員会構成表

部門別	日本人 人数	日本人 割合	非日本人 人数	非日本人 割合	合計 人数	合計 割合
顧問団	9	90%	1	10%	10	100%
委員長（副県長）	1	100%	0	0%	1	100%
委員	16	67%	8	33%	24	100%
幹事長（経済科長）	1	100%	0	0%	1	100%
幹事	11	92%	1	8%	12	100%
専売品分科会委員	11	79%	3	21%	14	100%
燃料分科会委員	16	94%	1	6%	17	100%
穀類分科会（一）委員	16	70%	7	30%	23	100%
建築分科会委員	11	73%	4	27%	15	100%
物価審査分科会委員	8	80%	2	20%	10	100%
労務分科会委員	12	86%	2	14%	14	100%
穀類分科会（二）委員	19	90%	2	10%	21	100%

注）農村配給機構調査海城班『海城県配給機構調査報告書』（康徳9年7月，56～64頁）より作成。

　満州国社会の最末端の支配制度が整った。日本人は重要な街村の街村長を担当した。通陽県の二つ重要な街である伊通街と双陽街の街長は，すべて日本人が担当した。
　農村統制に関する研究は，主として農産公社・興農合作社・糧桟組合などの農民に対する配給統制の問題を取り上げている。それらによると，当時農村末端への配給は「通帳切符制」を採用していた。県統制経済委員会や県経済整備委員会による県―街村の2級の統治機構を用いた農村への配給方針は，当時の農村支配の実態を示していた。海城県の場合は，「麦粉・食塩・石油・火柴・豆油・砂糖ニ付テハ街村長ニ於テ各自通帳又ハ切符制ヲ採用シツツアリ，而シテ農民ニ対シ直接切符ヲ発給スルモノ又ハ屯長ニ切符ヲ発給以下農民ニ対スル配給ハ屯長ニ一任スルモノ等種々アリ」，「製綿花・打綿・綿布・綿靴下・綿糸・地下足袋・ゴム靴ニ対シテハ綿製品小売商組合，小売聯盟，打綿組合等ノ発給スル切符ニヨリ各農民ニ対シ配給シツツア」った[14]。満州国では，満州社会を基礎とする県―街村の2級統制構造をつくることにより，県レベルの統治機構においては街村長を通じて農村各屯レベルに浸透させ，同時に各専売制度・販売組合と組み合わせることにより，農民の生活必需品の配給を支配できると考えられた。表7-2によると，県の統制機構は卸売人・小売人組合・小売人という3つの販売機構を通じて，小売人

表 7-2 安達県農村配給機関表

品目	元売捌人	卸売人	小売人組合	小売人
綿製品	哈爾濱繊聯	伊藤忠又は丸永洋行	安達綿糸組合	26 戸
ゴム製品	哈爾濱生必支店	肇州配給所	小売聯盟靴店組合	17 戸
豆油	地場油房	興農合作社省聯合会		安達合作社
	地場油房		安達合作社	雑貨業
糧穀	農産公社出張所	指定商（糧棧）	糧米組合	76 戸
砂糖	生必支店	肇州配給所	小売聯盟雑貨組合	復聚成・広永永
専売品	安達専売局		専売品総合組合	合作社
石油	哈爾濱専売署	哈爾濱石油販売会社	販売人組合	19 戸

注）農村配給機構調査安達県調査班：「農村生必品物資配給機構調査報告書」（康徳9年7月, 21〜22頁）により作成。

レベルまで約 140 の小売業者をコントロールして農民に配給物資を配給した。論理的には，行政と販売の両面を通じて，「満州国」は制度上，街村社会の物資配給を支配できた。けれども，この統制構造は実施の過程で，いろいろな抜け道がつくられた。満州各地に闇市場が形成され，満州国社会末端の支配を動揺させた。その実態を後述する。

第 2 節　統制政策に対する満州農民の要望と闇市場形成

満州国社会では，闇市場問題がどんどん拡大した。これまでの闇問題に言及した研究は，主に都市部の公定価格と闇価格や満州国の三大都市の闇活動に注目して分析している。闇市場の形成原因と農村部の反応についての検討はほとんどなされていない。そこで，1942 年 9 年 7 月に作成された農村配給機構に関する調査報告書を利用して，統制政策に対する農民の要望と闇市場形成について検討する。

1　農民の要望

満州国は，統制政策によって農民に出荷を強制した。配給についても，配給機構に依拠して統制を厳しくした。しかし，満州国農民から糧穀を集荷しても，それに対応する生活必需品を配給できなかった。農民は配給制度に対する不満をつのらせた。

まず，配給される量の面から農民の要望を検討しよう。通陽県の農民

表 7-3　通陽県一人当たりの生活必需品実際配給量と農民要望配給量（1941 年）

	小麦粉/年	塩/年	石油/年	火柴/年	棉布/年	豆油/年	砂糖/年	靴下/年
希望配給	9斤	20斤	27斤	14包	32尺	7.5斤	2斤	3足
実際配給	3斤	10斤	9～10斤	4包	10尺	1斤余	過少	1足

注）農村配給機構調査第九班『通陽県配給機構調査報告書』（康徳9年7月, 57, 58頁）

　調査資料によると，「豆油と小麦粉の如き満系農民の嗜好度著しい高い品目」[15]の配給は非常に不足していた。農村では，綿布や塩のような代替のきかない生活必需品が不足していた。海城県の農民も同様であった。「塩ト棉布ノ配給量ノ増加，並ニ配給時期ノ適正化ニ関シテハ全調査農家ヨリ希望」があったという[16]。同県感王村葉深堡屯の農民の要望は「塩年十七斤，棉布五丈ヲ是非確保」して欲しいというものであった[17]。しかし開原県の配給は「棉布ハ一年一人平均二十四尺ヲ要スルニ拘ハラズ八年実績ハ六尺前後ニ過ギ」[18]なかった。表 7-3 によると，配給量と農民が実際に求めている量との間に大きな差が存在している。農民たちは生活必需品の購入のために闇市場に頼らなければならなかった。そして，日本帝国主義の戦争がだんだん拡大することによって，配給量問題も日々深刻化した。

　次に，配給時期の問題を検討する。配給時期が先送りされたり，配給時期が農民の要望した時期とずれていたりした。通用県の農民は「綿布及塩ニツキ前者ハ旧二月及八月ヲ便宜トスルト言ハレ殊ニ塩ハ春秋二回旧四月及十月ノ二回配給ノ要望ガ強」かった[19]。塩の配給について海城県感王村葉深堡屯の農民も，「塩ノ配給ハ農家ノ味噌ヲ作ル時期（五月頃陽暦）ト漬物ヲ作ル時期（九, 十月頃）ニ重点的ニ配給」することを求めた[20]。開原県の農民は「平均配給ヨリ大醤生産時期ニ於テ時期的重点主義ヲ採用セラレムコトヲ希望」[21]した。一方，東北部に居住している朝鮮族は，「豆油ニ就テハ満系ハ毎月希望スルモ鮮系ハ佳節ニ限リ之ガ配給方ヲ希望シ」た[22]。配給時期と農民の需要時期がずれているため，闇市場から購入せざるをえなかった。

　第3に，農民の配給機構に対する不満をみよう。自由経済期には，農民は小売人・行商人・店舗などの農村商業機構から生活必需品を購入できた。農民と農村商業機構の間では，比較的平等な売買関係が成立していた。当時の農村商業機構の東北農村社会に対する浸透度は，割合

高かった。生活必需品が全部行政の力で統轄されるようになると，農民は生活必需品を獲得するために，屯長（村長）・興農合作社・各統制販売組合などの統制機構に従属しなければならなくなった。商業活動に従事していた土着資本は統制組合に加入し，農民に対する態度を変化させた。品質・質量・サービスなどがどんどん悪くなった。

通陽県の「配給機関ノ問題トシテハ一般ニ業者配給ノモノハ秤量，検尺又品質ニ不正多シト言ヒ，又街ノ者ト屯ノ者トニヨツテ諸種ノ便宜ノ取計ヒヲ異ニスル事モア」ったという。

海城県大甲村驗軍堡では「配給機関（商店）及村公署ノ職員カ農民ニ対シテ甚タ不親切ニシテ衙門化」した[23]。

一方，闇経済活動を取り扱っている農村土着資本は，従来のネットワークを利用して，余剰特産品を集めると共に，生活必需品などを農民に販売した。それに対して統制配給機構は土着資本の商業活動のようには，各農村まで浸透できなかった。各屯まで配給機構を設置することも不可能だった。海城県感王村葉深堡屯の農民は「小麦粉ノ小売人カ居ナイ為柳公村迄買ヒニ行カネハナラヌ又其他ゴム靴，棉布等ノ配給ニ当ツテモ大石橋海城，騰鰲堡，牛荘等相当遠距離ニアリ農繁期ノ猫ノ手ヲモ借リタイ時ハ配給ノ権利ヲ放棄スルコトトナ」ったという[24]。葉深堡屯のような辺鄙なところにある村は配給機構が設置されていないので，農繁期には配給品を購入できず，農閑期になると，闇市場で生活必需品を購入せざるを得なかった。

2 農村における闇市場形成の原因

満州国末期の闇市場問題の中心は，公定価格と闇価格の価格差が非常に拡大したことにある。そこで従来ほとんど言及されていない農村社会における闇市場形成の原因について検討したい。

（1）行商人の存在　　行商人については従来ほとんど研究されていなかったが，近年「晋商（山西省商人），徽商（安徽省商人）」などの研究が盛んになった。中国伝統社会における商人グループに関する研究は大きく進んでいる。これらの豪商は最初「行商」として，大量の資本を蓄積し，「坐商」になった。本文で論述している満州国の行商人は中国の

第7章 「満州国」統制経済下の農村闇市場問題　　　199

表7-4　海城県農村生活必需品価格一覧　　　　（単位：銭）

屯名		葉深堡屯	験軍堡屯	八里河屯	東艾台堡屯
小麦粉（一斤）	公定価格	23～28	同左	同左	同左
	闇相場	70	70	90	90
塩（一斤）	公定価格	7	同左	同左	同左
	闇相場	15	30	9	9
石油（一斤）	公定価格	22	同左	同左	同左
	闇相場	200	200	150	150
火柴（一個）	公定価格	2	同左	同左	同左
	闇相場	15	13	12	12
高粱（一斗）	公定価格	220	同左	240	同左
	闇相場	1000	800	2000	2000
包米（一斗）	公定価格	215	同左	235	同左
	闇相場	―	800	2200	2200
粟（一斗）	公定価格	200	200	220	220
	闇相場	1400	1200	2200	2200
豆油（一斤）	公定価格	32	同左	同左	同左
	闇相場	170	200	230	230
砂糖（一斤）	公定価格	44	40	―	―
	闇相場	250	300	―	―
棉布（一尺）	公定価格	22	23	25	26
	闇相場	320	280	250	260
棉靴下（一足）	公定価格	50～80	50～80	―	―
	闇相場	400	190	―	―
石鹸（一塊）	公定価格	20	20	20	20
	闇相場	80	60	55	70
手巾（一枚）	公定価格	50	50	28	28
	闇相場	200	200	50	50

注）農村配給機構調査海城班『海城県配給機構調査報告書』（康徳9年7月，41～45頁）より引用。

伝統的な行商人と多くの点で非常に似ている。満州の行商人は主に針・糸・燐寸・鉢・椀・靴下・煙草などの雑貨類を売り歩いていた。

　現金で物を売る以外に，物々交換によって品物を売っていることである。彼等がその代価として農民から受け取るものには，豚や馬の毛，鶏や家鴨の卵などが多く，時にはなめされていない毛皮なども見受けられる。之等は主として針や糸，女の装粧具，化粧品類或いはマッチ等と交換されているようである。……糖葫蘆などを売り歩くものも見受けられた。[25]

海城県のいくつかの屯の調査資料の価格一覧（表7-4）によると，各屯の公定価格はほぼ同じであるが，闇価格は非常に高く，値段も異なっていた。満州国の経済統制政策によると，「街村の生活必需品は県

に集め，そこから各小売業組合に分割され，組合内の商人に配分され」た[26]。各村・屯の経済分割体制が形成されて，農村社会内部の闇価格差を拡大した。行商人の活動空間が拡大した。行商人は農村部に巨大なビジネス活動空間があるため，「行商人ニ依ル配給品ノ闇取引」を横行させた[27]。「(行商人ニ依ル配給品ノ闇取引ハ) 対農村必需品ノ暗取引ノ根源ト看做サ」れた行商人の闇経済活動は，相当程度満州国の農村における経済統制政策を動揺させたと考えられる[28]。

(2) 配給機構から闇市場への物資流出　村長・屯長は満州国社会の統治機構の末端にいて，統制政策を施行する主体であった。彼らは満州国社会の統治基盤として期待された。街村経済統制委員会規程によると，同委員会は「街村長ノ監督ニ属シ物資物価及労務ノ統制ニ関スル重要事項ヲ審議立案」するとなっていた[29]。街・村長や村長以下の屯長は各屯に対する配給物資の決定権を持っていた。だが，これらの地方有力者の多くが公平に配給を執行した訳ではない。彼らは「利潤追求ニ急ニシ且責任観念薄ク特ニ物資配給上与ヘラレタル地位ヲ乱用スルノ傾向」があった[30]。配給物資は村・屯長の手によって闇市場に流出した。

　　各屯並ニ屯民迠ノ配給計画ヲ立ツルニハ人員不足シ居リ且僅小ナル物資配給ニ依ル非難ヲ避クル為各村単位ノ配給ヲ行ヒタル上各屯並ニ屯民ヘノ配給計画ノ場合ヲ除クノ外，村整備委員会ハ村長ヲ中心トシ，警察官・屯長有力者等ヲ集メ割当計画ヲ立テ……大孤山村ニ付之ヲ見ルニ村整備委員会ハ必ズシモ公平ナル配給計画ヲ立テテ居ルトハ謂ヒ難ク寧ロ極言スレバ有力者ノ秘密会議的観ヲ呈シ，村自体自然発生的集団性ヲ有セザル行政区割タル為，各屯ヘノ連絡悪ク各屯ノ代表タル屯長ノ出席セザル場合モ多ク，又出席スルモ，既ニ其レ以前ニ予備的打合セガ村ニ於ル委員ニ行ハレ業者モ亦有力者トシテ打合セ会ニ出席，相互ノ利益ヲ図リツツアルヤニ見受ケラレ……一部人士ノ利益ノ為ニ運用セラルル怖レ多……人的問題ハ又一部分ノ特例トモ思ハレズ，相当普遍的ナル現象トシテ考フ[31]

　彼らは満州国統制政策の下にある執行機構として最終的に配給物資を左右できる立場にいた。しかし実際の配給過程において，彼らはいろんな手段を使って本来の配給物資を占有し，ひそかに物資を闇市場に流出

表7-5 通陽県一農村の特配状況

年　月	品　名	一般配給数量	特配数量	特配比率
1941年 3月	石油	6,972斤	1,617斤	23%
1941年 6月	小麦粉	27,930斤	2,008斤	7%
1941年 8月	ゴム靴	468足	430足	92%
1941年 9月	小麦粉	2,311斤	270斤	12%
1941年12月	靴下	4,920足	486足	10%

注）農村配給機構調査第九班『通陽県配給機構調査報告書』（康徳9年7月，60～61頁）より作成。

させた。

　村整備委員会ハ其ノ人的関係ヨリ運営上遺憾ノ点多ク各委員並ニ商人ガ相互ノ了解ノ下ニ一定ノ特配ヲ一部ニ行フニ対シ商人ノ不正ヲ或程度寛大ニ黙認スル模様アリ[32]

　通陽県のある村では，実際に配給する時に，「全村人口26,678人ニ対スル各機関人員ハ75人ニシテ例令家族割合ヲ含ムモワズカ1％ニ過ギザル状況」であったという（表7-5）[33]。特配という名目で相当数の配給品が村内有力者に占有されていたことがわかる。海城県の場合も同じような状況が存在した。

　葉深堡屯209戸1226人ニ対シ屯長代表シテ康徳9年（注：1942年）3月30日感王村公所ヨリ，1218張ノ配給票カ交付サレタルモ本実際調査ニ当リ今年中綿布ヲ貰ツタモノハ地主及自作農ノ一部ニ相当多量配給サレ居ルモノノ如ク配給ノ不公平ト其ノ一部ヲ闇ニ銷流セシメ居ルモノノ如シ[34]

　全国的にも同様のことが考えられるのであり，相当数量の配給品が不正に流通したことを推知できる。闇市場への物資の流出は，満州国統制政策の基盤を動揺させたと考えられる。

　（3）**農村土着資本金の流入と蒐市**　満州国の闇問題が益々深刻になったもう一つ原因は，満州農村の土着資本金が流入したからである。農村の土着資本金の規模は闇市場の規模に対応していた。満州国経済統制政策が実施される前でも，満州の土着資本代表の糧桟は，満州農村社会に対する支配から退去していなかった。糧桟は新しい満州国政権に弾力的に対応しながら，旧来の農村社会支配システムを利用して，頑強に

満州国農村の特産市場を支配した。統制経済期に入ったばかりの1938年に，満州国の糧桟は，4500余の店舗を有していた[35]。しかし，農事合作社が設立され，それと競合する糧桟は次第に事業を縮小せざるをえなくなった。1943年12月には満州の糧桟総数は2317まで減少した[36]。これらの土着資本の相当部分はこのとき闇経済に転換したと考えられる。まだ営業している土着資本も合法的な営業身分を利用して，ひそかに資本金を闇に流出した。これらの土着資本は元々農民とのネットワークを利用して，町の郊外地で町と農村の間の各種闇貿易を行っていた。

県南門外西湖春（料理店）トハター取引ニ依リ本年一月ヨリ六月迄ノ間ニ高粱米二斗，大豆二斗，米一斗ヲ西湖春ニ引渡シ之カ対価トシテ西湖春ヨリ小麦粉五十二斤ヲ数回ニ亘リ貰ヒ受ケ居リタリ而モ本調査戸ハ自興村主点部落タル験軍堡ノ農家経済調査戸トシテ合作社ヨリ指定サレ居リ別ニ家計調査簿ノ内ニ記載シ居リタルモノヲ摘出調査シタルモノニシテ如斯キ商人トノ間ノ闇取引ハ相当頻繁ナルモノノ如ク観取サレタリ[37]

海城県の西湖春料理店は小規模の土着資本で県城と農村をつなぐ闇貿易商である。他の大規模な土着資本も，都市や区域の闇貿易に従事していた。1939年の報告がある。

龍江省訥河県糧桟十数名は，穀粉会社の複代理人として小麦を買付，代理収買人に売却せず奉天，安東方面へ高価に横流しして，訥河県下全糧桟が違反に問はれ，罰金，追徴金合計七十万圓以上を科せられた[38]

一方，綏化県満系糧桟の資本金の変遷を表7-6によってたどると，満州国建国後，満系糧桟の資本金と軒数はいったん減少したが，その後回復した。しかし，統制経済に入ってから土着資本が急に減少した。数字だけから見ると1942年度の満系糧桟の資本金はピーク時の1940年に比べ，約74％減少したという。表7-7によると，これら廃業した満系糧桟の60.5％の資本金はそのまま綏化県内に残り，他は県外に転じた。県外に転じたことが必ずしも綏化県との関係を断絶したことにはならないと考えられる。廃業した満系糧桟資本の58.6％，露天商資本の5.2％は，無業と称しながら金貨又は仲買業に投入されていた。つまり，統制経済政策の強化のなかで，綏化県満系糧桟の大部分は地元に残

第 7 章　「満州国」統制経済下の農村闇市場問題　　　　　　　　203

表 7-6　綏化県満系糧桟資本変遷　　　　　（単位：万円）

年	建国前	1934	1935	1936	1937	1938	1939	1940	1941	1942
軒数	13	9	15	24	61	51	33	29	12	5
資本額	40.2	32.9	25.5	40.3	54.3	47.5	50.7	101.7	58.0	36.2

注）松本幸一「特約収買人廃止後に来たるべきもの──戦時統制経済下に於ける土着資本基本対策に関する覚書」（『満州評論』第 27 巻第 9 号，昭和 19 年 9 月，11 頁）より引用。

表 7-7　1936 年度～ 1942 年度綏化県満系廃業糧桟調査　　（単位：％）

地域別	軒数比率	資本比率	転業先別	軒数比率	資本比率
綏化県に残留	54.4	60.5	無業と称し金貨業又は仲買業を営む	54.8	58.6
綏化街に移る	7.1	7.2	当舗に転ず	6.5	3.6
慶城に行く	1.7	0.7	露天商に転ず	9.7	5.2
望奎に行く	1.7	3.1	精白商に転ず	6.5	5.3
海倫に行く	1.7	1.7	酒製造業に転ず	3.2	6.7
ハルピンに行く	8.8	9.0	旅館業に転ず	3.2	1.8
佳木斯に行く	3.5	3.1	大車店に転ず	3.2	1.2
南満地方に行く	1.7	0.6	木材業に転ず	3.2	6.1
関内地方に逃避	12.3	11.0	糧桟事務員となり	9.7	11.5
行先不明	7.1	3.1			

注）松本幸一「特約収買人廃止後に来たるべきもの──戦時統制経済下に於ける土着資本基本対策に関する覚書」（『満州評論』第二十七巻第九号，昭和 19 年 9 月，12-13 頁）

り，元の商業ネットワークを利用して営業を続けた。これらの資本は統制政策の配給システムに入っていないため，配給システム以外の闇市場で活動していた可能性が高い。

　農村の土着資本金は闇市場に流入した。

　　闇取引就中行商人並ニ小売商店ニ於テ行ハル闇取引ハ農村ニ於テ普通化シツツアリ且又蒐市ニ於ケル闇相場ノ横行ハ言語ニ絶エスモノ[39]

　　毎月一定ノ期日ニ開催サレル蒐市ニシテ，原則トシテ附近農村ノ蔬菜類ヲ販売シタリ，家畜ノ市場ニシテ其ノ間ニ処シテ都市ノ商人カ生必品ヲ闇相場ヲ以テ販売シ居ルモノナリ[40]

　一般的な農家は闇取引に参加していたと考えられる。この蒐市は自由経済期に，主に農民と糧桟を代表する満系土着資本が集まり満州各地で行われていた。農民は，馬車などの運搬工具に特産品を積み，慣習上定まったところに集まった。農民はそこで各糧桟に特産品を売った。農民と糧桟の間では何の仲介もなく直接売買の取引が行われた。県城では公

表 7-8 奉天市日常生活の闇依存率（1944 年 4 〜 9 月平均） （％）

品目	雑穀	蔬菜類	魚類・肉類	其他食料品	調味嗜好品	衣料品	燃料	総平均
満系	70	69	91.1	67.3	63.6	85.6	62.9	74.9
品目		雑品	嗜好品	食料品	調味品	衣料品	燃料	総平均
日系		51.9	3.4	43.2	11.0	42.1	35.9	30.1

注）満州中央銀行調査部『都市購買力実態調査報告書』（康徳 11 年 7 月，210 頁）より作成。

然と蒐市を行うことは禁止されていたので，県城の城門外などで取引することが多かった。これらの蒐市は農村と都市の物流連結点になった。海城県城の蒐市についての以下の記録がある。

　　毎月三, 六, 九ノ日南門外ノ海城河ノ橋ヲ渡ツタ処ニ在ル広場ニ開催サレル，其他家畜市場，野菜市場ハ毎日開カレル本市場ニ於テ洗濯石鹸カ一個七〇銭ニテ売買サレ，……且又営口ヨリ袋ノ中ニ石鹸ヲ入レ行商シ居ル者ヲ見受ケタルモ買受ケタル[41]

　　同県感王村…「毎月二, 五, 八ノ日ニ家畜市場カ開カレルモノニシテ大甲村…「毎月二, 六, 九ノ日ニ蒐市アル模様ニテ，本村ノ市ハ時間ノ都合上之ヲ見ルコト能ハサリキ[42]

　蒐市の行商人は生活必需品を闇価格で販売した。販売は生活必需物資配給機構の配給時間をはずして行われた。蒐市で集められた物資を都市に闇流入させ，大連経由の密輸や華北への密輸を行った。

　満州国による統制経済の実施により，農村部の統制が進められた。しかし，満州国農村はこの体制をなかなか受け入れなかった。村・屯の有力者は各自の利益を守るために，相当数の配給品を占有した。そして，彼らは余分の配給品を闇市場に流出した。この点からみても，満州国の大部分の農村地域の統制に成功したとはいえない。大部分の満系土着資本は配給機構に入らず，闇市場に流入した。

第 3 節　満州国農村闇市場の実態

　闇問題が満州国の農村統制を動揺させたことを示す資料は少ない。むしろ都市の統計によって農村から流出した闇物資の問題がわかる。南満州の大都市奉天について，以下の記述がある。

満系人口が約20万人と見て，毎月六千瓩の闇糧穀が必要となり，尚此の他に浮動人口と称する配給物資に入らざる部分が約10万人と推算して，之等は全部闇購入で暮すとすれば一人15瓩にて毎月1500瓩，両者を合計すると七千五百瓩となり，之を奉天の糧穀の闇一瓩二円と見て，毎月二千五百万円，年間には一億八千万円の莫大なる闇資金となる。斯る莫大数の主要糧穀の闇が旋風の中心となって……大都市に隣接する農村に於ては，……都市への闇物資搬入の代償として都市の闇資金の厖大量が毎月農村へ流入し，百姓の懐中に吸収される。推算に依れば現在農村より都市への闇糧穀の搬入に依って，都市より農村へ流入する金が年間十億円乃至十二億円の多額に上ると云はれるが，単に糧穀のみに止らず蔬菜の闇，食品類の闇にて満農は現在相当に豊富な資金を持って居る[43]。

1944年の奉天では9つの大市場があり，莫大な闇市場を通して消費者に販売した。

原材料，製品，生活必需物資一般の商売がこの九大市場（店舗451軒，露店1096軒）では殆ど公認された形で，統制とは凡そ無関心然として取引されている。……購買客数は一日三万人以上でその売上代金約三十五万円……[44]。

このように都市に住む人々は，闇経済への依存度を非常に高めていた。闇市場の店舗や露店は，満洲国各地の農村から生活必需品を集め，都市部の消費者に販売する闇流通システムを形成した。

一方，農村部の綏化県についての，以下の記述がある。

四十四人の家族を有する三合屯の劉家では，昔織物を自由に手に入れた時代には，家族員中十五歳を越えた男子は大布（大尺布一八吋二二碼）一疋（一反のこと），一〇〜一五歳のもの半疋，五〜一〇歳三竿（一竿は五尺），婦女は一〇歳以上のもの半疋，五〜一〇歳の三竿といふ割合で毎年『家全体』として支給したが，康徳八年頃から綿布が自由に手に入らなくなったため，織物一疋の代りに金を四十圓（康徳八年度）ずつ各家族員に支給したといふ[45]。

1941年以降，劉家家族全員44人は40元ずつを支給されていたが，農村の配給機構から公定価格で生活必需品を購入できないため，闇市場から生活必需品を購入しなければならなかった。藤田順三は1940年

表 7-9　海城県下各商店営業実態調査表（1942 年 7 月調査）

商店名	資本金(A)	利益(B)	B/A の割合	対農家生必品取扱金額(C)	其他商品取扱金額	合計(D)	C/D の割合
盛記公司	30,000	128,698	429%	130,633	564,473	695,106	19%
公興湧	66,200	-1,424	-2.2%	40,081	321,143	361,224	12%
公和盛	38,000	10,193	27%	249,756	278,865	528,621	47%
德泰盛	41,060	18,155	44%	20,009	83,755	103,764	19%
德興東	16,300	17,397	107%	23,751	116,492	140,243	17%
同昌盛	18,000	728	4%	638	90,751	91,389	1%
天興会社	10,000	54,079	541%	5,682	249,964	255,646	2%
慶昇厚	88,000	15,459	18%	20,906	113,100	134,006	16%
德昇厚	60,000	47,677	80%	21,414	183,721	205,135	10%
大德厚	41,000	64,985	159%	13,498	99,173	112,671	12%
大連商行	26,150	-10,947	-42%	1,671	165,518	167,189	1%
東和洋行	8,000	1,168	15%	27,070	6,239	33,309	81%
日盛福	1,000	4,195	420%	792	27,115	27,907	3%
協和商店	4,000	-704	-18%	12,591	28,014	40,605	31%
天福興	1,000	-1,401	-140%	576	4,887	5,463	11%
万盛興	10,000	4,801	48%	4,971	45,700	50,671	10%
合計	458,710	353,049	77%	574,039	2,378,910	2,952,949	19%

注）農村配給機構調査海城班『海城県配給機構調査報告書』（康徳 9 年 7 月，69-72 頁）より作成。

6 月から 1943 年 4 月まで遼陽市警務科経済保管股長の任にあり，この 2 年 10 か月間に遼陽市で経済統制違反の中国人 1400 人余りを逮捕した[46]。

土着資本の各商店は，農家に生活必需品を供給すると共に，闇活動にも参加した。安達県の紹武興農会の談に「街ニ行ケバ何デモ手ニ入ル只無暗ニ高イ丈デ幾ラデモ入手スルコトカデキル」とある[47]。海城県下各商店の営業状況を見ると，公定の対農家生活必需品の取扱は総資本金の二割弱を占めていた。それに対して，相当の資本は他商品を取り扱っていた。

このように，満州国の都市は，農村から厖大な物資を集めた。蒐市を通じて物資を集めた。土着資本がその輸送を担った。農村経済は，配給機構の一翼を担いながら，闇市場を形成した。満州の県城は張作霖軍閥時代から，経済力・政治力が集中していたので，この時期農村と農民に対する関係を強めた。

おわりに

　満州国の統制経済期に，県以下の市場は配給統制機構によって統轄された。生活必需物資が十分に農民に届かなくなった。その結果，闇活動が盛んになり，戦局の進展と共に県下の蒐市を中心として村や屯にまで浸透した。農村部の闇活動は配給統制政策の隙間を利用してどんどん拡大した。満州国は日本人を中心とする県統制機構をつくり，県統制機構を通じて街・村を統制しようとした。しかし，多くの村・屯の有力者は配給権力を利用し，自らの利益を求めて，大量の配給物資を闇に流出させた。一方，農民たちは手元の一部生活必需品を闇に流出させて，別の生活必需品を購入した。農村の統制配給機構の外で「行商人―村・屯の有力者―農民」という「三位一体」の闇市場が形成された。「行政―協和会―合作社」という「三位一体」の配給統制政策と対峙し，共存した。しかし満州国の統制経済圏はだんだん弱体化し，1943年以降，農産物の集荷を実現するために，警察力も動員しなければならなくなった。1945年になると闇経済は公然とその存在が認められるようになった。この一連の過程において，「満州国」は県と街・村の2級の統制構造を通じて農村社会の末端を支配しようとした。

　満州国の権力支配は農村末端まで浸透していたとはいえない。行商人や相当数の村・屯有力者，農民は，かなりの程度統制経済圏の外側にいた。「満州国」政権の崩壊により，統制経済圏が一気になくなった。非統制経済圏の闇市場は現実の経済循環システムになった[48]。このシステムを誰が把握するかが満州国政権崩壊後の重要な課題になった。

第8章

「満州国」期の労働力強制動員
――関東憲兵隊文書に見る動員の実態――

芳井 研一

はじめに

　「満州国」は日本の傀儡国であったから，日中全面戦争からアジア太平洋戦争の時期には日本の総力戦体制を支える産業基盤として，また対ソ開戦時の前衛基地としての機能を求められた。1938年に始まる満州産業五カ年計画やソ連国境における軍施設の強化などであるが，その実行のために大量の労働力が必要となり，大規模な強制動員が実施されるに至った。本章では，この強制動員の実態について関東憲兵隊文書をもとに検討する。

　「満州国」の労働政策や労働力移動の問題については，松村高夫の先駆的研究以来の着実な取り組みがある[1]。とくに近年刊行された『満鉄労働史の研究』におさめられている諸論文は，現在までの研究蓄積を踏まえた最新の成果といえよう[2]。そのなかで児嶋俊郎「満州国の労働統制政策」，解学詩「満州国末期の強制労働」，李力「蜂起」等の収録論文は，本書の課題に直接かかわる重要な実証的研究である。

　中国でもこの間あい次いで資料集や研究書が刊行された。とくに遼寧省档案館が編集した全20巻の満鉄関係労働者の資料集である『満鉄與労工』や，中国社会科学院中日歴史研究中心文庫『日本略奪華北強制労工档案史料集』など地道な資料の刊行が進められている[3]。

　そこでここでは，「満州国」の労働政策史や強制動員とそれに対する

抵抗・蜂起など，すでに解明された論点をふまえつつ，あまり取り組みが進んでいるとはいえない強制動員の実態について検討することにしたい。「満州国」の下で地域住民や俘虜がどのように動員されたのか，それが彼らの生活にとって何を意味したのか，彼らは実際にどのような声を発していたのか，などについて関東憲兵隊文書等から復元しよう。

第1節　住民の強制動員

1　「満州国」の労働力不足対策

　重工業化と軍工事の増大にともなう労働力不足を解消するために，日中全面戦争期に満州国の政策として追求されたのが地域住民の強制労働動員であった。日本では，1938年4月に国家総動員法が公布され，翌1939年7月には国民徴用令が施行されて工場等へ強制徴用が出来る体制が整えられつつあったが，それに先立つ1938年2月に「満州国」では国家総動員法が公布されていた。また日本の国民徴用令施行より8か月前の1938年12月に，「満州国」では労働統制法が施行されている。同法により，満州労工協会の依頼を受けた各省長・市長・県長・旗長が労働者の募集の斡旋を行うことが出来るようになった[4]。

　それにもとづき「労働者雇入並使用に関する全国協定」と，「各省地区協定」が結ばれた。1939年7月には大東公司と満州労工協会が統合された[5]。

　しかしこれらの対策が有効に機能しないまま労働力不足は続いたので，労働賃金が飛躍的に上昇し，住民はかえってインフレによる生活困難にあえぐことになった。そこで労働者供給のための半官半民組織である満州労工協会は，1940年6月に安東・錦州・熱河の三省を一括して「専管募集」することにした。解学詩によると，これが「労働力募集時に行政権力が介入した最初の事例」であるという[6]。

　ただ1940年の段階で，「満州国」はそれ以上の労働力強制動員政策に踏み込むことはなかった。なぜなら，それまで満州国の労働力の主力をなしていた華北からの移入労働者が，この年一気に増加したからである。日中戦争の戦場となっていた華北地域の住民は，ちょうどこの時期

に戦禍と水害のダブルパンチで極度の生活困難に陥り，現金収入を求めて「満州国」地域へ出稼ぎ労働に出かけた。1939年に華北から満州国に流入した労働者は98万5669人であったが，1940年には131万8907人となり，43万8238人増加している。1941年の流入労働者数は100万4479人で，以後1942年は78万6638人，1943年は34万6448人と激減してしまうので，1940年の流入者が異常に多かったことがわかる[7]。この状況に助けられて，1940年にはどうにか深刻な労働者不足をまぬがれることが出来た。

しかし実はその裏で，1940年半ばから1941年前半の時期に「満州国」の労働力不足問題が再び顕在化しつつあったことを見逃すことは出来ない。

1つの原因は「満州国」の外貨決済能力が脆弱で，このままでは行き詰まるとみられたことから為替管理強化政策が採られたことに伴う影響である。1940年7月15日の満州国為替管理法の一部改正により，国外労働者の郷里への送金および持帰金が許可制となり，かつ持帰金の上限が50円になった[8]。入「満」労働者の出稼ぎ理由の中心は，家族の生計維持のための現金収入だったから，それが果たせないのであれば帰るしかなくなる。1940年8月に満州労工協会が山海関駅で調査した1000人のうち435人は，離「満」理由を「為替管理強化に依る家族への送金困難」のためだと答えた。303人は家族に会うため，102人は病気のためだったという[9]。

新京憲兵隊の調査によると，1940年の1月から3月までの山海関経由の離「満」労働者数は5万9757人であったが，1941年の同時期は7万5570人，1942年には12万2148人に増加した[10]。1941年には，普段は最盛期となる3月，4月になっても入「満」労働者は増えず，逆に離「満」労働者の数が何時になく増加したという[11]。確かに，年度ごとの入「満」者のうち離「満」した人数の割合を見ると，1941年は入「満」者の74.9％にあたる68万8169人が離「満」している。1939年は39.7％，1940年は64.2％であった。

「満州国」政府はあわてて，1940年11月に持帰金の制限額を，一般労働者60円，技術工120円に増やした。さらに1941年5月にはそれらの制限を撤廃してしまう。このことは「満州国」がいかに華北から

の出稼ぎ労働力に強く依存していたかを示していよう。その結果1942年における離「満」労働者の比率は59.3％となり，1943年には31.1％まで減少した。1941年の離「満」労働者の増大の一つの有力な理由は，為替管理法の改正の影響であったことがわかる。

　実は入「満」労働者の減少傾向には，もう一つの理由があった。1941年6月22日の独ソ戦の開戦の影響である。開戦は，ソ連と国境を接する「満州国」に極度の緊張をもたらした。住民は，ソ連がヨーロッパ戦線に精力を注がなくてはならなくなるので極東の戦力が弱まり，日本が対ソ戦を始めるのではないかと憶測した。

　たしかに日本は7月2日の御前会議で南北並進方針を決定し，対ソ戦準備を本格化させた。対ソ戦準備のための兵力動員は関特演（関東軍特種演習）と名づけられた。8月にかけて秘かに70万人の兵力を「満州国」方面に動員した。それにともない対ソ戦用の軍関係工事も激増し，この面でも労働力の不足が深刻化した。労働力の強制調達問題が急浮上したのである。

2　関東軍特種演習の影響

　独ソ開戦と関東軍特種演習は，満州国の住民や労働者にどのような影響を与えたのであろうか。

　原守関東憲兵隊司令官は，1941年8月16日付の関東軍司令官宛報告において，独ソ戦開戦以降「満州国」内における労働者の逃走や罷業が急増したと述べている。5月中には軍関係と地方関係を合わせて逃走は3件57人，罷業は2件127人に過ぎなかったが，独ソ開戦後の6月22日から7月31日までの間に，軍関係の現地逃走24件750人，輸送中の逃走8件1214人，罷業4件925人，地方関係の逃走8件1549人，罷業10件1694人となったという。合計54件6128人であった。

　主な原因は，多数の労働者が必要だったので一部「半強制的募集」をしたことにある。無理矢理集めた労働者の間で先行きの不安が募り，軍関係の就労はとくに危険だとして忌避したことにある。軍工事の突然の中止にともなう転業のために不安が募り，流言蜚語を信じて前途不安になった人もいた。賃金の高騰，賃金の地域格差を背景として，最初の募集条件と違うことに不満を募らせ，より高い賃金を求めて離脱した人も

第8章 「満州国」期の労働力強制動員　　213

いる。

　憲兵隊司令官は、「時局の進展と共に益々多数の労働力を必要とする時」であるのに労働者の逃走や罷業により諸計画の遂行に大きな支障を生ずるばかりでなく社会不安を助長することになる、と恐れた[12]。

　8月26日にも同趣旨の内容が関東憲兵隊司令官によって報告されている。対象時期は少しずれて7月1日から8月20日である。表8-1に示されているように、この間の逃走は31件3069人であり、罷業は10件1382人であった。合計すると41件4451人になるから、やはり6月後半から7月中に逃走と罷業が集中していたことがわかる。表8-2は軍関係労働者の逃走と罷業の内訳であり、表8-3は地方関係労働者の逃走と罷業の内訳である。

表8-1　1941年7月20日～8月20日における労働者逃走・罷業一覧

		逃走件数	逃走人員	罷業件数	罷業人員
軍関係	賃金問題	15	538	0	0
	軍工事就労忌避等	11	1,587	0	0
	流言生必品配給不良	2	63	0	0
	日人の取扱不良	0	0	3	881
	計	28	2,188	3	881
地方関係	賃金低廉	4	98	0	0
	苦力挑発忌避等	4	1,451	0	0
	時局不安	1	800	0	0
	待遇不安	3	383	0	0
	賃金値上げ等	0	0	5	272
	賃金不払	0	0	1	100
	暴行	0	0	1	130
	計	12	2,732	7	502
総計		31	3,069	10	1,382

注）関東憲兵隊司令官「軍及地方関係労働者逃走罷業等発生状況並之カ対策ニ関スル件」（1941.8.26）（吉林省档案館所蔵、以下憲兵隊資料については所蔵の記載を省略）所載の表より作成。

　軍関係の逃走原因について見ると、前借り金の踏み倒しや賃金が安いなど賃金問題をめぐる件数が多い一方で、人数が多いのは軍工事の就労不安や時局不安によるものであった。とくに北満で軍関係工事にたずさわる労働者にその傾向が強かった。対ソ戦準備にからんだ軍関係の工事であることを察して身の危険を感じ、逃走を図ったのである。なお軍関係の逃亡者が多いのは錦州、呼蘭などから就労した労働者である。たとえば8月5日に熱河で募集した1447人の労働者を列車で輸送中に、逃

表 8-2　軍関係労働者逃走・罷業一覧（1941年）

	逃走月日	場所	逃走人員	募集地	就労地	摘要
賃金問題	7月2日	北安	11	安東	北安	前借り踏み倒し
	7月2日	富錦	36	佳木斯	富錦	同
	7月10日	富錦	10	富錦	富錦	同
	7月15日	神武屯	5	神武屯	神武屯	同
	8月2日	哈爾浜	52	東安	東安	同
	7月2日	孫呉	23	新京	孫呉	逃走者前借り負担
	7月4日	北安	85	安東	北安	賃金募集時と不一致
	7月10日	龍鎮	58	斉々哈爾	龍鎮	賃金低廉、疫病続出
	7月18日	杏樹	38	杏樹	杏樹	賃金低廉
	7月20日	勃利	60	勃利	勃利	賃金募集時と不一致
	7月21日	龍鎮	53	牡丹江	龍鎮	時局不安
	7月24日	山神府	14	奉天	山神屯	賃金精算なし
	7月24日	勃利	12	勃利	勃利	賃金安
	7月14日	山神府	72	山神府	山神府	賃金募集時と不一致
	8月7日	勃利	9	勃利	勃利	工事中止収入減
軍工事就労忌避等	7月16日	佳木斯	9	勃利	勃利	工事中止不安
	7月17日	平陽鎮	57	平陽鎮	平陽鎮	同
	7月13日	四平街	180	昌圖	北満	北満軍工事就労不安
	7月28日	錦州	700	錦州	北満	北満軍工事就労忌避
	7月28日	東安	5	東安	東安	時局不安給養不満
	7月29日	錦州	67	錦州	北満	北満軍工事就労忌避
	7月31日		70	阜新	北満	同
時局不安	8月1日	呼蘭	306	呼蘭	呼蘭	時局不安
	8月1日	嫩江	90	嫩江	嫩江	鉄道工事転用不安
	8月6日	東安	3	東安	東安	時局不安
	8月6日	哈爾浜	100	北満	北満	北満軍工事就労忌避
流言生必品配給不良	7月13日	予稜	9	牡丹江	予稜	糧食等配給不良不満
	7月15日	嫩江	54	嫩江	嫩江	時局関係流言

	罷業月日	場所	参加人員	募集地	就労地	摘要
日人の取扱不良	7月10日	海拉爾	23	海拉爾	海拉爾	日人の殴打
	7月14日	綏稜	156	綏化	綏化	賃金契約不履行
	7月15日	鎮東	700	鎮東	鎮東	日人組員と感情対立

注）出典は表 8-1 に同じ。

亡した者に警乗兵が発砲して射殺または重傷を負わせた例が何件かあり，労働者の不安が高まったという報告がある。なお募集地を一瞥すると「満州国」内の広い範囲から募集されていたことがわかる。

　大量の逃走者が出た一番の背景は，地域で普通に暮らしていた住民が「半強制的募集」により突然戦争の渦中に無理矢理放り込まれる危険を恐れたことにある。憲兵隊が「軍苦力供出の好事例」として挙げている

第8章 「満州国」期の労働力強制動員　　215

表 8-3　地方関係労働者逃走・罷業一覧（1941 年）

主要原因	逃走月日	場所	逃走人員	募集地	就労地	摘要
賃金低廉	7月3日	黒河省愛琿	7		愛琿	募集条件の不履行
	7月10日	黒河省孫呉	10		孫呉	同
	7月11日	黒河省三吉地	24		同	同
	7月19日	北安省伊拉哈	57	白城子	伊拉哈	同
	7月21日	黒河省山神府	54			急に鉄道工事使用
	7月28日	錦州	600		錦州	軍工事募集を杞憂
	7月28日	錦州	590		錦州	同
	7月30日	黒河省山神府	207	敦化	山神府	給与不満
時局不安	7月19日	斉々哈爾	800		斉々哈爾	日蘇開戦準備憂慮
待遇不満	7月30日	北安省霍黒沿線	207		霍黒沿線	待遇不満
	7月31日	虎都沿線	4		虎都沿線	給養不満労役拒否
	8月10日	錦州	172		錦州	待遇不満

主要原因	罷業月日	場所	参加人員	募集地	就労地	摘要
賃金値上	7月5日	浜綏線牙不力	30		牙不力	物価高騰賃金値上要求
	7月5日	北安	62		北安	日人洋服店賃金値上要求
	7月7日	新京	100		新京	
賃金値上他	7月16日	間島省琿春	30		琿春	賃金値上拒否
賃金不払	7月17日	公主嶺	100		公主嶺	賃金低廉日人態度不満
殴打	8月1日	鞍山	130		鞍山	賃金不払支払い遅延
賃金値上	8月3日	北安	50		北安	日人守衛より殴打憤慨 物価高騰賃金値上要求

注）出典は表 8-1 に同じ。

哈爾浜の場合は，以下の通り市当局が指揮して動員数を割り当て，750人の労働者を動員（資料では「供出」とあるが，以下すべて「動員」と表記）した[13]。

　哈爾賓に於ては連続的に三千名の軍工人徴傭を行ひ，悪偵流言流布せらるるに至れる折柄更に中央より一千名の供出方下命を受けたる省，市当局に於ては関係機関たる土建支部労務統制会等協議の上供出人員を定め更に各組等苦力保有者に割当七五〇名を供出し軍に協力せり。

当座の軍工事のための労働力不足を補うため，行政組織を使って地域住民を強制動員する政策が実施された。

3　強制動員体制の整備

地域住民強制動員の枠組みを法的に整備するために緊急にとられたのが 1941 年 10 月 22 日の労働統制法の修正であり，労務興国会法の施行

であった。「満州国」民政部大臣が労働者の募集・雇い入れ・供給・使用・解雇に関して統制上の必要に応じて命令することが出来るとした労働統制法の趣旨を継承しつつ，国と省，新たに設置される労務興国会が満州労工協会に代わって労働者の管理経営を行うことになった。また統制令違反者については，従来は罰金刑のみだったが，新たに3年以下の徒刑（懲役刑）などの重罰が課せられた。こうして省長を中心とした行政機構が労働者管理の実施機関として位置づけられ，機能することになる[14]。

それにともない1942年2月9日には，民政部令第2号として労働者緊急就労規則が制定された（3月1日施行）。これは労働統制法第8条に盛り込まれていた，公共事業や国策事業の中で重要かつ緊急を要するものについて民生部大臣が労働者供出命令を出す際に必要な段取りを整備するためのものであった。民生部大臣は省長や新京特別市長に労働者の供出命令を出し，それを受けた省長等が各市長・県長・旗長に一定の割合で労働者の供出を割り当てる。各市長・県長・旗長はそれに基づき，地域住民を選定して供出に応ずるよう命令することになった。軍人・軍属や官公吏，学生等を除く，18歳から50歳までのすべての住民がこの労働力動員の対象に含まれた。実際の窓口となる事業者は，労働者受領報告書，労働者供出報告書の提出が義務づけられた。また報告書の別紙として，市・県・旗のそれぞれの労働報国隊に所属するそれぞれの供出労働者の家事担当者，現住所などを記載した受領労働者名簿が作成された[15]。

この規則は，1942年10月に制定される国民勤労奉公法，12月の学生勤労奉公法ともども広範な地域住民を行政機関が強制動員するための枠組みとして機能していくことになる。

この1942年段階における労働力動員の状況を示すひとつの事例として，東辺道開発会社の動向を見ることにしよう。東辺道開発会社は，満州重工業によって1938年9月に石炭や鉄鉱石の鉱山開発をする会社としてつくられたが，新設であるために労働力の調達が思うにまかせず，当初から山東省の青島や済南に労務派出所を設けて労働者の募集に尽力した。派出所は，1942年4月に782人の労働者を強制募集して東辺道開発会社に送った[16]。全体の状況はわからないが，勤労奉仕隊や俘虜・

農民の強制募集に依拠したいくつかの例がある。

第1は，勤労奉仕隊の例である。通化の近くにある五道溝採炭所では，安東省鳳城県から1500人の勤労奉仕隊を導入した。1942年3月にそのうちの47人が逃走したという。2月で期間満了の予定だったが，会社側が労働力不足に陥ってしまうので安東省の県公署に連絡して延長することにしたが，農耕の季節を迎えて家族の状況を憂慮した奉仕隊の人々の一部が逃走したのである[17]。

第2は，農民と俘虜の強制募集の例である。鉄廠子採炭所に68人，七道溝採鉱所に313人，石人溝採炭所に194人，大栗子採鉱所に202人の合計777人が送り込まれたが，強制募集であり作業を体験したことがないことへの不安が重なり，輸送途中の梅河口で5人が逃亡した。現地到着後も「強制募集に対する不満と現地作業の悪条件等に起因し内部的に相当動揺しあるものの如く認められ」る，と記されている。以下のような言動があったという[18]。

　○この鉱山の現状では，我等は到底長期作業は出来ぬ（副隊長）。
　○王道国家満州も宣伝ばかりで，全く日本の植民地と変りなし（班長）。
　○郷里に妻子を残し強制就労せしめられたが，心配で作業も出来ぬ（工人数名）。

第3に，これは次の第2節にかかわる俘虜の強制動員の例であるが，1942年3月21日と22日に650人の輔導工人が大栗子採鉱所に連れて行かれた。彼らは「北支軍の支援の下に強制的に河北省及山東省一帯より」石門労工訓練所に連れていかれた後東辺道開発会社に引き渡されたという。輸送中に252人が逃亡し，大栗子採鉱所には398人が就業した。就労後に以下のような不満の声が聞かれた[19]。

　○宣伝に因る大栗子とは全く大差あり。中国も満州も日本人は絶対優勢なり（班長）。
　○満州は王道国家と云ふが，作業しある我々の同僚を見るとき乞食に等し（工人二）。
　○日満一徳一心等とは方便なり。日本人の我々に対する取扱は牛馬の如し（工人二）。

4 斉々哈爾地域

このように1942年に本格化した強制動員をめぐって，以下においては関東憲兵隊文書において事例がもっとも豊富な1943年の状況を中心に地域別の実態を追うことにしよう。ソ連と国境を接する斉々哈爾地域，東安・北安地域，海拉爾地域の順にたどり，次に都市部と熱河・錦州地域について検討する。

まず斉々哈爾地域である。この地域では，1943年の春も例年と同様，雪や氷が溶けると共に農作業が始まった。関東軍にとっても軍工事を始められる季節でもあったので，地域住民に対して大規模な労働力の強制動員が行われた。

1943年4月1日，龍江省の大賚・鎮東・筱南・杜爾哈特の各県旗から，満州第983部隊に就労する1300人が緊急供出された。この1300人のうち，4月から8月はじめまでの3か月間における死亡者は41人（伝染病2，その他胃腸疾患），逃走者85人，疾病帰郷者338人であり，疾病加療中の58人を合わせると事故者は522人と，全体の4割にのぼった。労働者不足に陥った同隊は，急きょ7月20日に斉々哈爾市から130人を動員させた。

各県ごとの内訳は，表8-4の通りである。洮南県の労働者に逃走が多かったのは，人選の問題と事故者が多数にのぼったことへの恐怖があったと見られた。他部隊に比べて異常に多い事故者に対して，斉々哈爾憲兵隊はただ「部隊関係者の監督或は施設及供出時に於ける県当局の諸施策不十分等に基因する」と指摘するのみであった[20]。

4月15日からは第二次の軍供出労務者として2400人の割り当てがあったが，農繁期だったので商業方面への割り当てを増やしたという（表8-5参照）。農村から強制動員された労働者は，以下のような不満をもらした[21]。

○凡有方法を以て宣伝しても損をしてまで進んで行くものは無い。もう少し当局に於て考慮して貰い度い。
○県に在っては真心を以て労工を待遇して呉れるが，現地に行くと牛馬と同様に取り扱われる。（以上洮南県）
○夏季は我々の掻き入れ時だ。長期の労工に行けば安い賃金で多い家族は養って行けぬ。（訥河県）

表8-4 龍江省動員状況調査（1943年4月〜8月）

供出県	供出人員	死亡	逃走	疫病帰郷者	現在疫病者	事故者計
大来県	450	21	8	185	20	234
鎮東県	300	10	17	57	18	102
桃南県	450	10	57	65	18	150
特爾哈特旗	100	0	3	31	2	36
計	1,300	41	85	338	58	522

注）斉々哈爾憲兵隊長「軍直傭労働者ノ動向ノ件」（1943.8.2）所載の表より作成。

表8-5 965部隊動員状況（1943年4月15日〜5月15日）

県別	使用者	就労地	供出割当	供出人員
洮南県	神谷組	阿古廟	200	200
訥河県	神谷組	韓家屯	250	250
斉々哈爾市	新京昭和工務所	王爺廟	200	200
瞻楡県	新京昭和工務所	王爺廟	400	400
醴泉県	新京興亜建築株式会社神谷組	西口	200	200
醴泉県	神谷組	索林	200	200
龍江県	飛島組	湖南	500	500
龍江県	伊賀原組	五叉溝	450	450
計			2,400	2,400

注）斉々哈爾憲兵隊長「軍労務者供出状況ニ関スル件」（1943.6.30）所載の表より作成。

表8-6 斉々哈爾・軍補給廠動員調査（1943年4月〜5月）

部隊名	帰還県別	入廠人員	帰還数	死亡	逃走	病気	他	合計
983部隊	鎮東県	300	205	10	4	81	0	95
	大賚県	450	191	23	7	229	0	259
	泰康県	99	57	0	3	39	0	43
	斉々哈爾市	10	10	0	0	0	0	0
	洮南県	497	294	17	65	121	0	203
	斉々哈爾市	173	141	1	6	25	0	32
	計	1,529	898	51	85	495	0	631
76部隊	安広県	390	371	0	3	15	0	19
281部隊	泰賚県	300	253	0	8	34	4	47
総計		2,219	1,522	53	96	544	4	697

注）斉々哈爾憲兵隊長「在斉補給廠直傭労務者ノ帰還並入廠状況ニ関スル件」（1943.10.21）所載の表より作成。

○現農耕に支障を来す。農民より大都市の不良有休者の活用を考慮して貰い度い。
○契約済の榜青を労工に供出せざるを得ぬ為増産に依る割当数の出荷は困難と思ふ。（以上瞻楡県）
○時局下の労工は必要でしょうが，賃金が安い為一般に市内で働くことを望んで居る。（斉々哈爾市）

表 8-7 斉々哈爾・軍動員調査（1943 年 9 月）

部隊名	供出県別	予定人員	入廠人員	事故者
983 部隊	甘南県	250	250	0
	鎮東県	100	100	0
	醴泉県	200	200	4
	訥河県	350	356	5
	林甸県	200	200	0
	泰康県	100	99	1
	謄楡県	200	200	0
	計	1,400	1,405	10
76 部隊	安広県	210	210	0
281 部隊	泰賚県	250	250	0
総計		1,860	1,865	10

注）出典は表 8-6 に同じ。

○之から増産といふのに百姓ばかり労工として連れて行かれ，春になれば増産，秋になれば出荷と言って相当喧しく言ってくるのに，之では百姓は全く救われぬ。（醴泉県）

　同じ 4 月，龍江省では別の強制動員の事例がある。斉々哈爾にある軍の補給廠の直傭労働者として 2219 人が 9 月までの期間動員された。龍江省の斉市・鎮東・大賚・泰康・洮南・安広の各県に動員の割り当てがあった。表 8-6 はその動員状況である。2219 人のうち 544 人が病気になり，96 人が逃走，53 人が死亡している。死亡を含め 31.4％の労働者が故郷に帰ることが出来なかったのである[22]。

　9 月からは新たに 1865 人が甘南・訥河・醴泉・林甸・泰康・泰賚・安広・謄楡・鎮東の各県から強制動員された。動員は村長を経て，屯別に動員人員を割り当て，引き渡し当日は屯長が引率してそれぞれの県公署に集合し，県医の身体検査を実施した上で部隊受領員に引き渡された。訥河県下において浮浪者の強制動員があった。訥河街は割当人員 150 人であったが，集合人員はわずか 40 人に過ぎなかったので，警察署と協和会の協力を得て城内 2 か所に検問所を設け，浮浪者・無職者等を強制的に徴集して割当人員を確保した。また農産物の集荷期を控えていたので，動員忌避も見られ，替玉が 16 人あった。表 8-7 は，1860 人の供出者の県別割当数と実績である。

　7 月 8 日に斉斉哈爾市から割当外で動員され，満州第 956 部隊の鎮西飛行場で就労していた 422 人の労働者のうちからは，次のような不満

が出ている。
　○最近軍用労工の徴発が数多く行はれるが，日蘇関係か急変するのではないか（満系有力者の言）。
　○今度の労工徴発は市内丈の様だ。従って或る一部労工は徴発を避ける為県外の縁故者を頼って行き除草をしておるそうだ（永安大街に於て満人二の言）。
　○軍用労工等に徴発されて連れて行かれたなら生きては帰れないそうだから，此の際逃走した方が良い（被動員労働者の言）。
　この422人の供出労働者は斉斉哈爾市の恩信区から50人，龍華区から50人，財神区から60人など各区への割り当てにもとづいて動員された住民である。そのうち身体検査不合格者は58人，忌避逃走者は150人であった[23]。
　つぎに訥河県の事例である。訥河県当局は，斉々哈爾満州第956部隊の要請により，5月26日に拉哈飛行場，6月1日に訥河飛行場工事にそれぞれ労働者400人を緊急動員した。緊急動員の対象は，18歳から40歳までの男子で，各村に人数割当ての命令が出された。訥河飛行場へは九井村（42人），造化村（25人），保安村（35人）など10か村から，訥河飛行場には維新村（37人），福民村（61人），人和村（49人）など9か村から緊急動員された。これらの村ではそれ以前に補給廠就労者の動員や国民勤労奉公隊の第1次動員に応じており，農繁期にたびたび強制的緊急動員があるのは，国策である食料増産に反するものであるとして，忌避的動向が著しかったという[24]。

5　牡丹江地域

　1943年春の牡丹江における軍関係労務者の強制募集に対する農民の不満は激しかった。農繁期だったので，強制動員に応ずると減収になってしまうと，忌避する住民がいた。「農繁期に際して強制的に部隊に出される事は一番辛く此れでは増産もあったものではない」「農耕期に向かい一番大事な時なのに，働き盛りの息子を供出せられ種播きは遅れるし，其の上何時帰って来るか分からぬとは国策とはいえ困ったものだ」「農民が除草期に長期に亘り徴用されたる為め，農産物の生産は約二割方減収せり」「我々の如き貧乏者が此の生活費の高い時に一円五十銭位

で働いて居ては国家の為とは言ひ乍ら死ねと言ふか如き様なものだ」「軍の仕事なら仕方がないが，農産物の出荷も終わらぬ時に馬車を徴用されるし興農合作社からは早く出荷せよとやかましく言はれるし困ったものだ」「軍隊は農繁期も何も考慮せず，諸要求が多く，稲作も野菜も其侭にして牛馬車共に引張り出されたのは全く困る」「農家の一番忙しい八，九月に飛行場の草刈や土壁構築に引き出されては，田畑の除草も出来ず遂に今年の農作も不作に終わるならん」といった農繁期の供出への強い不満が述べられていた。

　牡丹江地域における食料不足による逃亡の例を見ておこう。1943年7月24日に憲兵が勃利街南方4キロの三叉路で間道対策実施中に，軍工事就労工（松本組）の48人が逃走してきたという。逃走理由は主に食糧不足で，約1か月前より所要量に達しなかったというが，さらに建築資材が不足して休業状態にあったともいう[25]。

　8月22日には牡丹江地域の海林満州第9163部隊の飛行場工事（橋本組）に就労している浜江省から供出された労働報国隊員8人が宿舎から逃走した。やはり食糧不足，とりわけ塩と豆油の不足による不満と，就労以来の報酬として8月に5円（県との契約は10円以内）を支給されたので煙草代にも支障をきたすと給与に対する憤懣があったという[26]。

6　東北国境地域

　ソ連沿海州と国境を東に接する地域が東安省であった。関東軍は日ソ戦に備え，この地域の国境地帯の軍工事を急いだ。関東軍は1943年9月，第4部隊に属する直傭労働者数として下半期1万228人を割り当てた。それを各部隊に割り振った一覧が，表8-8である。就労期間は，1943年9月以降の開始時から1944年4月上旬までが予定されていた。この表には地元である東安省の動員数が含まれていない。吉林省や浜江省なみの動員であるとすれば，合わせて1万5000人前後の動員規模となる。就労先は，東安・孤林・都木河・虎頭などであった[27]。いずれも直接国境を接する地域への労働力の大量動員であり，対ソ戦準備用の工事であったことがわかる。

　一方北にソ連と国境を接する北安地域における住民の強制動員先は，斉々哈爾地域と同じく軍の補給廠や飛行場であった。表8-9に示され

第8章 「満州国」期の労働力強制動員　　　223

表8-8　東安地域動員状況調査（1943年）

部隊名	供出県別	就労地	職種	人員
2644部隊	吉林省	東安	荷役及雑役	1,315
		東安	木工	30
		東安	縫工	15
		東安	靴工	70
		東安	毛織工	20
		興凱	荷役及雑役	150
		大山	荷役及雑役	80
		斐徳	荷役及雑役	100
		西東安	荷役及雑役	90
		虎林	荷役及雑役	1,435
		虎林	鍛工	15
3759部隊	吉林省	湖北	土工	200
920部隊	吉林省	虎林		200
9750部隊	吉林省	虎林		500
5245部隊	吉林省	虎林		1,000
747部隊	吉林省	都木河		800
		都木河		30
		都木河		30
		都木河		10
		都木河	鍛工	5
175部隊	浜江省	東安	荷役及雑役	250
		虎林	荷役及雑役	200
		虎頭	荷役及雑役	30
410部隊	浜江省	水克	土工	800
		水克	木工	40
		水克	鍛工	10
交通部	浜江省	都木河	土工	500
		馬鞍山	土工	1,000
		虎林	土工	200
		虎頭	土工	300
		水克	土工	300
		湖北	土工	150
		新立屯	土工	300
新立屯	浜江省	虎頭	土工	45
		虎頭	木工	5
		虎頭	鍛工	2
		虎頭	左官	1
吉林省供出				6,095
浜江省供出				4,133
合計				10,228

注）「東安憲兵隊命令」（1943.10.1）所載の表より作成。

ているように，北安省では綏化・望奎・慶安の各県から1943年4月から10月までの間に合計1938人が動員された。
　そのうち黒河省老金溝第44部隊特設道路隊に就労した1135人のう

表 8-9 北安地域動員状況調査（1943 年 4 月～10 月）

部隊名	帰還県	帰還数	死亡	逃走	病気	合計
黒河省老金溝	綏化	448	37	18	237	292
44 部隊	慶安	241	5	6	81	92
特設道路隊	望奎	446	57	10	248	315
計		1,135	99	34	566	699
北安 983 部隊	綏化	408	4	33	55	92
北安 230 部隊	望奎	255	0	10	35	45
	慶安	60	0	0	0	4
北安 281 部隊	慶安	80	0	0	10	10
計		803	4	43	100	52

注 1）孫呉県憲兵隊長「軍供出労働者帰還状況ニ関スル件」(1943.10.29) 所載の表より作成。
　2）同表には別枠に「犯罪ニヨリ事件送致セルモノ」として 4 人が北安 230 部隊の事故者合計欄に記載されているが，ここでは表記しなかった。

ちの 61.6％が事故者であり，これは各地の関東憲兵隊が報告している事例のなかでは最も高い比率に属する。逃走は 34 人とそれほど多くないが，死亡は全体の 8.7％の 99 人，病気は 49.9％の 566 人にのぼっている。

　北安の各部隊の補給廠に就労していた 803 人のうち逃走は 43 人，死亡者は 4 人，病気は 100 人であり，事故者の割合は 18.3％であった。これらの結果についての憲兵の「所見」は，「疫病死亡等の多発は爾後の供出に相当影響する」として，後々の動員に支障が生ずることを恐れた。北安の補給廠の労働者の言動についてはあまり批判的なものは記されていないが，特設道路隊からの帰還者による以下のような発言があった。

　　○宿舎は悪く其の上食糧も少なくて弱った。身体の弱い者か病気になるのは無理もない。
　　○施設か悪く病気になる者や死亡する者か多かった。軍でも今少し改善して貰いたい。
　　○今回の供出者中には労働に慣れない者が相当あり，過労で倒れる者が多かった。

　死亡者については，綏化県と慶安県では一人 150 円，望奎県では 300 円を遺族に交付した。疫病者については，無料施療を行ったという[28]。

　北安第 956 部隊には大同組の労働者が 600 人いた。そのうち 91 人が募集条件と相違したとして 5 月 25 日から 27 日にかけて逃走した。実

際馬鈴薯により食糧を補充したものの，1日1人当り750グラムであった。衣類靴等は配給しなかったという。

　食料や衣類をめぐる逃走は1943年の冬の訪れと共に顕在化した。第956部隊が管轄する嫩江県金水飛行場工事には，7月から9月までの約束で熱河，奉天，四平，北安の各省から1700人の労働者が動員されていた。諸種の障害のために工事は遅滞し，供出期間はずるずる延長となり，凍結期を迎えてしまう。就労者の間に期間延期に対する不満が高まり，また防寒用被服と食料の不足に耐えられず，11月28日から12月1日にかけて166人が逃走した。労働者は12月15日の時点で1200人にまで減っていたが，なおそのうちの半数が食糧不足のために病弱者になっていた[29]。

　嫩江県柏根里飛行場工事でも同様の逃走事件が起こった。こちらは小川組が1943年1月から8月までの予定で哈爾賓・斉々哈爾・海拉爾・拝泉方面から1200人を動員した。やはり工事が遅延したので就労期間が長引き，極寒期に入るなかで，12月1日から8日にかけて労働者223人が逃走した[30]。

　「満州国」のソ連との国境地帯は，東境の東安省から北境の北安，斉々哈爾，海拉爾へと続く。海拉爾は北西の国境地帯であったが，やはりこの時期に軍関係工事が行われていた。工事は軍が管理し，哈爾賓の鈴木組を軍下命業者として指名して，諸部隊の土木建築工事等にあたらせた。1943年6月15日，その鈴木組の工人宿舎から29人が逃走した。食料配給が不円滑だったのに加え，工事資材のやりくりがつかず将来を憂慮したためだったという[31]。

　なお海拉爾地域にある索林旗牙克石地区の森林伐採労働者3571人は，11月中旬に食糧や物資が欠乏した。水切り労働者939人中の209人は，11月15日から馬鈴薯のみを食べており，残りの730人の食料は，あと3，4日で食べ尽くす状況にあること，その他の2632人の食料も，1週間から10日で欠乏してしまうとの報告がある[32]。

7　都市部

　都市部においては，農村と同様に行政機構を通して割り当てる方法も採用された。それだけで予定数に達しない場合，浮浪者を強制動員する

など相当強引な徴集が行われた。長春・間島・哈爾浜・奉天の順に，各市の状況を見ることにしよう。

長春（新京特別市）では，1943年度の割当外軍直備労働者として6月22日に1440人を動員した。動員命令に沿って，6月8日から12日の間の2日間に区長会議を開き，各区の割当数を決めた。6月23日，三不管広場に供出者1626人を集合させ，身体検査不合格者を除く1440人を新京駅で現地軍に引き渡した。忌避逃走者は217人，替玉供出者が250人であった。以下の様な言動があったことが報告されている[33]。

　　○十日前に荷馬車等の供出があり，更に引続き如斯多数の労働者を供出するは日蘇関係愈、切迫せるに因るものならん（大同　区満系組長二）。
　　○南方作戦も一段落し今後日本の鋭鋒は蘇連に転移さるべし。今回の労働者供出も之か準備ならん（長春区満系事務員）。
　　○最近日蘇関係険悪なる由，斯る際危険極まる国境地区軍工事に供出せらるるは真平なり（長春区逃走者二，大同区逃走者二）。
　　○供出に応せば重要物資配給通帳を得らるるも，危険なる国境軍工事に就労することは一考を要す（和順区華北難民五）。

次に間島省では7月初旬の軍命令に基づいて第2次軍工事使用労務者140人を引渡したが，農村の労働力を供出することは困難だったので市内の居住者を主要対象として動員した。間島市長は7月12日，逃走者等に対しては労働統制法十八条により三か月以下の徒刑か三百円以下の罰金又は拘留科料に処すことがあると伝えた。労働者中には一部徒食者などもいて，従来に比べて素質不良であると見られた。準備期間中に逃走者47人（間島43人，図們4人），疫病詐称4人（間島）を出した。なお都市住民を動員したこともあって，慣れない労働に無理に動員されることを批判する次のような反響があった[34]。

　　○中流以上の生活を為しある我々迄労務者に供出するとは当局も過酷なり（供出満人一）。
　　○地方の仕事にならば進んで行くが，軍の作業は監視厳重なる為吾人は努め難し（供出満人二）。
　　○未だ労働を為したる事なく，夏季中到底身体続かざるへし（供出朝鮮人一）。

○夫に行かれては爾後家族の生計を如何にせん。当局は強制的供出をなし家族のことは無関心なり（鮮人婦女一）。
○前回帰来者の言に依れば，給食不良の趣きなるか心配なり（供出朝鮮人二）。

　哈爾浜市の場合を見よう。駐哈第782部隊甲隊は，1943年6月以降着荷貨物の整理のため国際運輸から臨時労工40人を使用していた。しかし農繁期になって募集が困難になり，8月中旬から連日強制募集を行った。徒食浮浪者が密集している道外興街大観園付近にいる浮浪者を強制的に募集して就労させたという。そのため9月上旬頃から，関東軍が労働者を徴発するのは，国境に輸送するためであるとの流言が流された[35]。

　募集は，日本人を長として，募集係員5，6人と把頭若干人を使い，関東軍の労工募集であるとして大観園付近で「手当たり次第に之を逮捕」し，車に乗せたという。またその際暴力を行使したりしたため，付近の住民や徒食者は大きな不安を抱き，連行しようとすると哀訴し，金品を提供して釈放を懇願した。募集係員は金品を役得として受け取った場合があり，被害者は相当数にのぼったという。9月9日には募集係員が労働者50人に暴行投打される事件まで起こった。

　奉天市鉄西地区にある7補給廠では，1944年4月から10月までの間に5062人の強制動員が行われた。表8-10の出身地欄でわかるように，奉天市のほか鞍山市や本渓湖市など遠方からも集められている。逃走者は584人（11.5％），死亡は64人（1.3％），病気等の解雇者は570人（11.2％）で，合計1218人（24.1％）にのぼった。叱咤殴打に不満を抱いて逃走する人が多かった。労働者の大部分は浮浪者・独身者・低所得者・病弱者であった。替玉は790人で15.6％を占めていた[36]。

8　熱河・錦州地域

　熱河省では民政部の指令によって1943年8月13日から24日までの間に軍用労働者2000人を緊急募集した。募集の手順は以下の通りであった。

　民政部次長より熱河省に対して，7月29日に関東軍直傭および直営労働者を緊急供出して欲しいとの電報照会があった。追って2000人を

表8-10 奉天・軍補給廠動員調査（1944年4月～10月）

	防衛司令部割当人員	受領人員	逃亡者	病死等	病気等解雇	補充人員	現在人員	出勤率	出身地
581部隊	1,005	1,005	45		300	300	953	82%	奉天市, 興京県, 法常県
720部隊	1,300	1,300	279		109	400	1,304	90%	奉天市（鉄西区他）
532部隊	837	837	10		7	0	814	95%	奉天市, 蓋平県
237部隊	500	500	81		0	80	497	88%	奉天市, 本渓湖市, 鞍山市
743部隊	300	300	50		0	0	248	90%	海城市
374部隊	250	250	69		49	37	168	82%	復県
841部隊	870	870	50		105	150	827	87%	奉天省各県
計	5,062	5,062	584	64	570	967	4,811	87%	

注）奉天憲兵隊長「補給廠就労ノ供出労働者ノ実情ニ関スル件報告」（1944.11.8）所載の表より作成。

8月15日までに供出するよう指令があった。そこで熱河省公署は労務興国会に協力させて，各県旗への割り当て分労働者を最寄駅に輸送し，8月24日に引き渡しを完了したという。各県旗公署では，割り当てられた分を管下の村長にさらに割り当てて供出させたという。条件は，年令18歳より45歳迄で，体格が優秀な者や家事担当者ではない者とされたが，実際には農民は農繁期を目前に控へて供出に応ずる希望者はほとんどいなかった。緊急募集であったため，就労地や期間を隠していたことも疑心暗鬼を生んだ。やむを得ず「強制的に供出せる実状」であったという。その際次のような言動が見られたという[37]。まず，日ソ開戦を憶測するものである。

○先日飛行機が数機西方に飛んで行った。多分北満国境が緊迫し今度の供出となったのだろう。
○期間も知らされぬから多分軍工事で何日帰るか分からぬ。日蘇開戦に非ずや。
○今度の募集は就労期間及就労地等全然知らざる故多分北満国境の軍工事だろう。（以上被供出労工の言）

次に労働条件を杞憂したり，供出を忌避する事例を見よう。

○軍直轄管理の労工は軍の管理か完全なる故安心できるか大倉土木は音に聞こえた労工待遇の悪い組故心配だ。（敷漢旗労務係の言）。

第 8 章　「満州国」期の労働力強制動員

表 8-11　錦州省労力動員計画概要（1944 年度）

			合　計
軍関係興安北省向	40,000	9,400	49,400
軍関係興安西省向	2,650	2,030	4,700
計	42,650	11,450	54,100
炭鉱関係			32,500
鉄道工事			4,000
緊急増産			20,000
			31,000
			88,330
			19,000
			36,000
			116,900
計			168,000
合　計	42,650	11,450	310,830

注）錦州憲兵隊長「軍用労務者緊急供出状況」（1944.5.31）所載の表より作成。

○前回は七カ月と言って二年間も延びたか今農繁期を前に又二年も居ると実に困る。

○我々貧乏人でも行けと言われれは致し方なく行きますが家にある妻子の生活が心配だ。（以上供出労工数名の言）

　さらに12月3日に民政部から軍用労働者800人を緊急供出せよとの電報指令があり、直ちに承徳県に300人、凜平県に500人を割り当てた。熱河省公署より承徳、凜平両県に労働者1人につき動員工作費として5円が渡された。12月15日に、身体検査の結果不合格になった13人を除く787人を東寧満州第160部隊輸送指揮官に引き渡した[38]。

　翌1944年には軍用労働者の緊急動員数はさらに増え、上半期4万人、下半期3万4000人にのぼった。さすがに割当数の達成は困難で、各地で「強制供出を実施し割当数を充足」したという。残存資料は断片的にしか解読できないので全貌はわからないが、ある市では12％の不足分を「一斉検索」により確保したという。錦州県には5月16日に「強制力を発動して所要数を充足する状態」であった。錦州憲兵隊自身「斯種強制手段は民心に及ぼす影響大にして却て軍施策」の遂行を妨げかねないと憂えた。

　その錦州省における1944年度の労働力動員計画の一覧表がある（表8-11参照）。緊急増産以下の事業項目名等は文書自体の該当部分が欠けていて復元できないが、全体の枠組みはわかる。軍関係の動員は5万

4100人であった。地方関係が16万8000人で，合計31万人余になっているが，これは常用労働者を含む数かもしれない。それにしても膨大な規模の動員計画であった。軍関係については，ある程度実情がわかる。錦州省内の錦・錦西・興城・北鎮・黒山・彰武・綏中・台安等の各県に割り当てられたが，上半期の4万人分のうち錦州市では割当数の12％が不足したので3月に「一斉検索」による「強制供出」を実施して埋め合わせたという。軍工事用の労働力として興安北省と興安南省に送られた[39]。

第2節　特殊工人の強制動員

1　軍工事への動員

地域住民の強制動員と共に「満州国」における労働力不足を補うもう一つの手段は，いわゆる特殊工人の強制動員であった。特殊工人（特種工人）とは，1943年7月の関東軍総司令部「関東軍特種工人取扱規定」の扱う範囲では，華北の日本軍から関東軍に移管された「俘虜，帰順匪」を軍の作業に従事させる場合に用いられ，従ってその取り扱いは特に定めるもの以外は俘虜に準ずるとなっていた。ただ一般には従来から特殊工人を，より広い範囲で使っていたようである。前年の1942年9月9日には「満州国」の民生部大臣と治安部大臣によって，「輔導及保護工人取扱に関する件」という通牒が本渓湖煤鉄公司・満州炭鉱株式会社などの関係各社に送られている[40]。「輔導工人取扱要領」にいう輔導工人とは，華北・蒙疆地域において捕虜・投降兵・帰順匪として扱われ，北支那方面軍の訓練機関で訓練を受けた労働者である。また「保護工人取扱に関する件」の保護工人とは，日本軍の「特別工作」などによって捕らえられた現地の住民を指していた[41]。それらを含めて一般に特殊工人と呼んでいた。

輔導工人の動員先は民生部の指定する鉱工業会社と特殊工事関係に限られていたが，保護工人には，それほどの制約はなかったようである。保護工人も「自発的」に労働に応じたのではなく強制的に動員された労働者なので，「元来良民にして不逞なる分子に非ざるも特別工作の為急

激なる環境の変化に依り精神的に動揺し」ているので，監視を怠らないようにと記されている。

特殊工人が軍工事にどれくらい動員されたかは，はっきりしない。ここでは特殊工人の動員と逃亡の個別事例を検討しておこう。

第1は道路工事に従事した例である。6月9日に第5部隊長は山海関で第70部隊長から1000人を受け取った。彼らを特殊工人として道路工事に充当するために，東安省滴道地区に700人，牡丹江省馬橋河地区に300人送った[42]。

第2は，輸送途中の逃走の事例である。1943年6月28日に山海関で満州3619部隊の輸送指揮官が工人を輸送した際に，21両目に乗車中の工人が貨車小窓を破壊して逃走した。奉天駅に着いてから点呼したところ，147人が逃走していたことがわかった。彼らは徳州・天津・北京から乗車したが，出発時に小饅頭3個を与えられたが，あとは1日1回水を与えられるのみで，空腹のため苦悶していた。錦州駅付近を通ったときに工人の班長が，「乗車後現在まで既に二十数名の死亡者を出したり，我々は目的地到着迄には後四日を要し到着時迄には飢餓の為全員死亡に至るへし，列車より飛び降り逃走するに於ては負傷する程度にて生命には別状なきを以て逃走すべし」と同乗の工人を扇動し，自らも新民駅通過後貨車小窓より飛び降り逃走したという[43]。

第3に，東寧地区の2つの逃走の例を見よう。東寧満州第1271部隊には特殊工人として805人が配属され道路工事に従事していたが，6月25日に東寧県道河西方20キロ地点から南方45キロ山中への移動中に逃走した[44]。

もう1つは逃走に失敗した例である。7月5日には，東寧299部隊の築城作業隊に配属されている元将校の特種工人2人が首謀者となり配下工人2班55人によって作業場付近の日本軍衛兵所と兵舎を襲い，兵器弾薬を奪った上でソ連に逃走する計画をたてていたが，それを察知した憲兵が部隊と協力して捜査し，首謀者2名を検挙して「厳重処分」した。「厳重処分」とは殺害のことである。首謀者の工人隊長趙潤吾は，鮮烈な抗日意識を持っていたと報告されている[45]。

なお，この東寧地域には，1943年3月と5月に1935人の特殊工人が配置されている。7月初めまでに172人の事故者が出たので1763人に

減った。その内訳は表8-12の通りである。山東省付近の戦線で捕虜になった蒋直系軍約60％，その他八路軍と雑軍兵士であった。栄養不良により身体が極度に衰弱していたので，現地に到着直後に162人が死亡した。

表8-12 東寧地区特殊工人状況（1943年）

配属部隊	配属工人	死亡	逃走	現員	就労地
1271部隊	805	8	9	788	老黒山黒営付近道路工人
160部隊	559	30		529	自隊軍工事
844部隊	341	18		323	自隊軍工事
3611部隊	230	107		123	雑役並疾病者
計	1,935	163	9	1,763	

注）東寧憲兵隊長「特殊工人ノ状況ニ関スル件」（1943.7.5）所載の表より作成。

また逃走も8件53人出た。なお表8-12にある第844部隊に配置されていた特殊工人の移動状況がわかるので記しておこう。1941年6月以来国境付近の道路工事に就労していたが，1942年6月からは東寧県南天山・眼鏡山・黒岩山・菜営嶺・老黒山等で永久築城工事を，12月から寧安県横道河付近で陣地用木材伐採作業を行った。蒋介石直系軍の俘虜で抗日意識濃厚と見られたが，1943年1月に特種工人から一般工人に変更され，4月以降は東寧県石門子地区と南天在地区で永久築城工事に従事した[46]。

老黒山・黒営付近で国防道路建設作業等に従事していた彼らの言動を記しておこう。

　　○吾々を此様な山の中に押し込めて何時迄働かす積もりなりや。結局仕事が終れば殺されるものならん（160部隊工人数名の言）。
　　○吾々の戦友は毎日病気のため死亡するか俺達も此の身体で此処に居たら死するてあろう。一刻も早く安住の地へ解放されたきものなり（第3611部隊収容病人工人の言）。
　　○着隊直後は食料も充分てあったか漸次減給せられあり。将来はどうなる事やら何らかの解放策を講ずべきなり（第3611部隊工人多数の言）。
　　○同僚にして逃走逮捕せられ手酷い目に遭わされたる者数名あるか馬鹿な奴だ。此処で真面目に働いて居れは何時かは解放さるるならん（第160部隊工人二の言）。

○吾々は戦争に駆り立てられ随分危険なことをやって来たか此処へ来て生命の危険よりは逃れたので解放された様な気かする（第160部隊工人一の言）。

2　重工業への動員

　基幹労働力として特殊工人が強制動員されたのは，鉱山など重労働の職場であった。そのうち鞍山昭和製鋼所と撫順炭鉱の例を見ておこう。

　鉄鋼増産の支柱として期待された鞍山昭和製鋼所は，1941年に溶鉱炉を増設して生産設備のフル操業体制に入った。それまで同社の労働力は，華北から流入する労働者と南満農業地帯からの労働力動員によってまかなわれていたが，それではとても対応できなくなった。そこで同年6月25日に「満州国」民生部労務司主催により「昭和製鋼所フル操業ニ伴フ労務調達ニ関スル現地会議」を開き，行政機関を使って緊急動員を実施することになった。すでに特殊工人は導入されていたがさらに強化し，囚人もこれに加えた。

　1943年2月には緊急就労規則が公布された。3月には民生部訓令により募集地盤として遼陽・海城・蓋平・復県の四県が指定されたので，「労力補給に対する不安は一応解消」したという[47]。関東軍参謀長は通牒を発し，その方針変更に沿って1943年10月から11月にかけて，北辺の部隊で使用されている特殊工人6140人を，昭和製鋼所に1350人，撫順炭鉱に4790人，それぞれ移すことにした。そのうち10月上旬の時点で昭和製鋼所には800人を移すことになっていた[48]。1943年10月17日に，北安地域の山神府3619部隊の下で道路工事に従事していた777人のうち病疾者177人を除く600人の特殊工人が昭和製鋼所に移されたという。この報告の内容は，さきの通牒にある800人の強制移動の状況に一致する。彼らは第18集団軍所属で，5月に俘虜となったばかりであった[49]。なお残った177人の特殊工人のうち59人が急性肺炎や栄養不良で死亡し，118人は10月27日に哈爾浜収容所に移管された[50]。

　一方熱河省神武屯3619部隊からは，10月21日に597人の特殊工人が昭和製鋼所弓張採鉱所に送られた。輸送中の病死者は5人，逃走者1人であったが，全体に病弱で輸送による衰弱のため数日は就労不能の状

表 8-13 輔導工人逃亡状況（1942 年）

省別	箇所別	採鉱所別人	合計人員	摘　　要
吉林省	奶子山，蛟河，各採鉱所		24	入所以来逃亡合計 106
通化省			1,394	
	七道採鉱所	375		
	鉄廠子採鉱所	14		
	五道溝採鉱所	25		
	大栗子採鉱所	219		
	石人溝採鉱所	301		
錦州省			1,959	
間島省			19	
四平省			24	
奉天省	撫順，鞍山，本渓湖，遼陽		7,436	入所以来逃亡合計 10,611
合計			10,856	

注1）警務司法「輔導工人逃亡状況」（『満鉄輿労工』第二輯 3 巻，106-107 頁）より作成。
　2）1942 年 1 月〜10 月の状況。

態だったという[51]。

　次に撫順炭鉱の例を見よう。1941 年 12 月 21 日，撫順炭鉱万達屋採炭所に就労していた帰順兵約 50 人が逃走し，うち 49 人が逮捕された。反満抗日戦線の従軍の同士たちであったという[52]。

　撫順炭鉱で線路夫として就労していた北支剿共軍所属の特殊工人の高連升以下 42 人は，1942 年 5 月 2 日に賃金安と望郷心のため集団逃走した。彼らは華北掃共軍のメンバーで，3 月に日本軍によって武装解除された。4 月 22 日に 400 人が撫順炭鉱の西露天堀採炭所北部労務に採用され，線路夫として働いていた。捜索には警察官 277 人，自衛団 500 人が動員された。検問所を設置し，沿道の村を捜索し，県境を封鎖した[53]。

　1943 年の 10 月から 11 月にかけて，北満の部隊から撫順炭鉱に移管された特殊工人は 1776 人であった。老虎台採炭所に 196 人，萬遠屋採炭所に 164 人，大山採炭所に 459 人が配置されたが，大山採炭所から 31 人が逃走した。11 月 1 日に北満部隊から移送された 997 人のうち西露天掘に 416 人が配置され，そのうち 34 人（奉天隊の報告では 3 件，62 人）が逃亡した[54]。

　これらの輔導工人の逃走の全体状況はなお明らかではないが，表 8-13 により，地域別の概要をうかがうことが出来る。それによると，やはり撫順・鞍山・本渓湖・遼陽が 7436 人と全体の 68.5％を占めてお

り，錦州・通化が続いていた。

3 特殊工人数

俘虜等の特殊工人は，何人が，いつ，どこに強制動員されていたのであろうか。遼寧省档案館編『満鉄與労工』の第二輯3巻には，炭鉱などの大企業に限った統計であるが警務総司作成の1943年6月末時点の輔導工人と保護工人の使用事業者別実態調査の表が収録されている[55]。これはすでに解学詩の論文に掲載されており，氏はこれら一連のデータをもとに1941年から1943年までの2年間に重要企業で使役された特殊工人数を6万人近いと推定している[56]。

同表によると，1943年6月末までの輔導工人採用者数は4万402人で，この年の採用者数が3715人であるから，1941年から1942年の間に3万6687人が導入されていた。治安部警務司長の1942年4月の報告では，1942年2月中に撫順炭鉱に送られた特殊労工は994人，3月中は747人で，その他の重工業を合わせると2月に1581人，3月に2558人であったから，両者の状況から単純に推計すると1941年から1942年にかけて月平均2000人前後の特殊工人が導入されていたことになる。

一方吉林省档案館所蔵文書の中に，同じ警務総司作成の輔導工人と保護工人の1945年3月末現在の実態調査表がある[57]。表8-14と表8-15がそれである。1943年6月末現在の表とこの表は同じ様式で作られている。両者の表を比較することで，1943年6月末の時点から1945年3月末までの推移を追うことが出来る。1945年3月までの21カ月間における輔導工人の採用人数は，俘虜投降兵が7579人，帰順匪が904人，嫌疑者が55人の合計8602人であった。解雇者数は，普通工人編入が1464人，華北輔導が184人，逃亡が6237人，死亡が1333人，その他の1193人を合わせて合計1万191人であった。特殊工人の大企業への組織的投入が始まった1941年春から1943年6月までの2年間の輔導工人採用数は4万402人，解雇数は3万1810人であるから，その後の2年弱の間の採用数は4分の1に激減している。

他方保護工人の1943年6月から1945年3月までの採用者数は8人と異常に少なかった。解雇者数も，普通工人編入者17人，華北輔導

第Ⅲ部 「満州国」期の社会変容

表 8-14 輔導工人使用業者別実態調査表（1945 年 3 月末現在）

	入満開始以来の採用総人員					入満開始以来の解雇総人員							在籍人数			
	俘虜投降兵	帰順	容疑	計	普通工繰入	華北輔導	逃亡	死亡	その他	計	投降兵	帰順兵	容疑者	計		
阜新炭鉱	1,557	4,634	796	6,987	54	7	2,985	1,033	2,725	6,804	32	151	0	183		
北票炭鉱	127	7	555	689	0	0	359	128	200	687	1	0	1	2		
撫順炭鉱	17,621	3,650	0	21,271	2,301	169	13,976	1,768	151	18,365	2,639	267	0	2,906		
満州製鉄・本渓	681	7,028	209	7,918	1,443	269	2291	1,838	45	5,886	63	1,949	20	2,032		
満州製鉄・鞍山	4,504	1,435	0	5,939	1,041	2	2,644	428	1,748	5,863	76	0	0	76		
満州製鉄・東辺	5763	28	215	6,006	336	26	3,073	696	81	4,212	1,414	23	357	1,794		
西安炭鉱	133	0	16	149	22	0	43	30	54	149	0	0	0	0		
琿春炭鉱	18	0	27	45	0	0	20	15	0	35	5	0	5	10		
合計	30,404	16,782	1,818	49,004	5,197	473	25,391	5,936	5,004	42,001	4,230	2,390	383	7,003		

第 8 章 「満州国」期の労働力強制動員　　　237

表 8-15　保護工人使用業者別実態調査表（1945 年 3 月現在）

	入満開始以来の採用総人員	入満開始以来の解雇総人員					在籍人数	帯同家族
		普通工繰	華北帰還	逃亡	死亡	その他	計		
阜新炭鉱	3,836	0	0	3,111	444	281	3,836	0	
北票炭鉱	2,132	93	14	1,619	69	265	2,132	0	
撫順炭鉱	7,696	10	60	6,897	551	11	7,529	167	
満州製鉄・本渓	1,605	6	24	1,183	297	9	1,519	686	
満州製鉄・鞍山	1,016	0	0	690	123	203	1,016	0	
満州製鉄・東辺	1,923	0	103	1,519	151	107	1,880	43	
西安炭鉱	35	6	0	23	6	0	35	0	
琿春炭鉱	71	0	1	40	8	0	49	22	3
合計	18,314	115	202	15,154	1,649	876	17,996	918	3

注 1）表 8-14,8-15 とも、「保護工人使用業者別実態調査表」（1945 年 3 月末）（吉林省档案館所蔵）より作成。
2）本保護工人は 1941 年 10 月以降に入満したもの。

者 51 人、逃亡者 837 人、死亡者 113 人、その他 12 人の合計 1030 人であった。保護工人の場合は、1941 年 10 月から 1943 年 6 月までの 21 か月間の採用数 1 万 8306 人、解雇数 1 万 6966 人であるから、解雇数を前と後で比較すると後者は前者の 6％でしかなかった。保護工人は粛正工作等で拘束された一般住民であるから、この時期日本本土への強制動員労働者として海を渡った人が多く、そのために 8 人しか採用出来ない状況が生まれたのであろうか。

　また 1945 年 3 月末の時点で、輔導工人の総採用数 4 万 9004 人に占める逃亡者の割合は 51.8％、死亡者は 12.1％、普通工への繰り入れは 10.6％であった。2 年前の表と比較すると、逃亡者の割合が 4.4％、死亡者の割合が 0.7％増えている。新規採用数 8602 人に対比すると、1945 年にかけて逃亡者・死亡者が相対的に増加したことがわかる。保護工人の場合は、採用者数 1 万 8314 人中、逃亡者の割合は 82.7％、死亡者は 9％である。1943 年 6 月の表に比べて、逃亡者の割合は 4.5％増えたが、死亡者は 0.4％減った。それにしても逃亡者と死亡者を合わせると全体の 91.7％を占めた。それ以外はわずか 1511 人であったから、これらの重工業会社では採用した保護工人をほとんどまったく管理出来ていなかったことが明らかである。

おわりに

　日本では 1940 年 9 月に地域住民を部落会・町内会・隣保班に組み込み，配給統制をテコとした勤労奉仕や勤労動員の体制が強まった。国民徴用令も，何度かの改正を経て地方長官の命令権が強化された。1943 年 6 月には労務調整令も改正され，適用範囲を 40 歳未満の男子から 60 歳未満の男子に，25 歳未満の女子を 40 歳未満の女子に拡大した。さらに 1945 年 3 月の国民勤労動員令で，工場や事業場の従業者の雇用の権限を地方長官が握ることになった。地方長官は国民動員実施計画に基づき必要に応じて従業者を配置できるようになり，多くの地域住民が工場等への勤労動員にかり出されて呻吟をなめることになる。しかし日本では動員先での死亡例や激しい虐待，生命を脅かすほどの食糧不足があったわけではない。兵士として一家の基幹労働力が出征することは多かったが，生計の基盤が根こそぎ奪われることが，そうそうあったわけではない。

　それに対し「満州国」ではとくに 1941 年以降，労働力不足を背景に地域住民や俘虜等の強制動員体制が整備された。本章でとりあげた個別の強制動員の事例をそのまま一般化することは出来ないものの，動員規模の大きさ，労働環境の過酷さのみを勘案しても，「満州国」の地域住民が日本国内とは異質の極めて困難な状況に置かれていたことがわかる。

　アジア太平洋戦争にともなう総動員体制の強化は，南満州鉄道沿線の社会を劇的に変容させた。

注

序章

1) 『南満州鉄道株式会社第三次十年史（上）』（1938 年，復刻：不二出版，1976 年）178-179 頁。
2) 江口朴郎『世界史における現在』（大月書店，1980 年）50-51 頁。江口は，第一次世界大戦後になって初めて人民の解放要求が世界史を塗り替える起動力になる時代に入った，と指摘した。世界史の現在は，それぞれの地域の人民自身が，みずからの生き方を考え，そのための道を発見する能力をそなえつつある段階であると位置づけた。
3) 拙著『近代日本の地域と自治』（知泉書館，2007 年）97-109 頁。
4) 岡部牧夫編『南満州鉄道会社の研究』（日本経済評論社，2008 年），松村髙夫他編『満鉄の調査と研究』（青木書店，2008 年）など。
5) 日本植民地研究会編『日本植民地研究の現状と課題』（アテネ社，2008 年）。
6) 大庭柯公「在満露領の鮮人解放」（『柯公全集』第一巻，柯公全集刊行会，1925 年）194-195, 200 頁。
7) 拙著『環日本海地域社会の変容』（青木書店，2000 年）203-208 頁。なお柳条湖事件後の住民状態については，拙稿「柳条湖事件直後の現地社会と住民状況」（『環日本海研究年報』16 号，2009 年）を参照のこと。
8) 拙稿「満鉄培養線敷設問題」（『環日本海地域社会の変容』青木書店，2000 年）112-147 頁。
9) 「帝国議会説明資料　昭和二年別冊」（同資料は拙解説『南満州鉄道株式会社帝国議会説明資料　別冊』不二出版，2010 年，として復刻）28-29 頁。
10) 同前「昭和二年別冊」32-38 頁。
11) 『第五六回帝国議会説明材料』（満鉄史料叢書④ 2）304-305 頁。
12) 拙著『柳条湖事件への道』（高志書院，2010 年）108-109 頁。
13) 前掲「帝国議会説明資料　昭和五年一二月別冊」22 頁。
14) 拙稿「「満蒙」鉄道交渉と世論」（『人文科学研究』68 輯，1985 年）参照。
15) 東北交通委員会編「満州事変史「交通之部」」第 2 巻（「片倉衷関係文書」332, 国立国会図書館憲政資料室所蔵）24-31 頁。なお東北交通委員会については，鷦岡聡史「満州事変と満州鉄道利権問題」（『法学政治学論究』80 号）参照。
16) 前掲，「満州事変史「交通之部」」33-36 頁。なお片倉関東軍参謀は，柳条湖事件直前に「関東軍司令官の満鉄に関する指示権に付き（甲号）」において，満鉄

が営利経済本位になっていて国家経営の大局を見失い，軍の要求を充足する気がないので「軍は指示権を適用」すべきだと提言している（前掲「片倉衷関係文書」327）．
17）　拙稿「柳条湖事件後の満鉄新経営」（『環日本海研究年報』17 号，2010 年）72 頁．
18）　前掲「帝国議会説明資料　昭和六年別冊」1-2 頁．
19）　『南満州鉄道株式会社第三次十年史（中）』（1938 年，復刻：不二出版，1976 年）679-686 頁．『南満州鉄道株式会社第四次十年史』（龍渓書舎，1986 年）34-35 頁．
20）　「支那ニ於ケル電灯関係雑件　奉天電灯」（アジア歴史資料センター・レファレンスナンバー，以下すべて JACAR と記載：B0411205100）．
21）　鉄路総局『瀋海鉄路背後地の経済事情』（1933 年）260-262 頁．
22）　鉄路総局『図寧・寧佳・林密線及背後地概況』（1935 年）101，140-141 頁．
23）　「各論之部　第六部　奉天省管内　電気」（『満鉄付属地経営沿革史』）および「支那ニ於ケル電灯関係雑件　奉天電灯」（JACAR：B0411205100）．
24）　「外国電気事業関係雑件」（JACAR：B09041713100）．
25）　同前．
26）　「満州ニ於ケル排日運動実例」（満鉄調査課資料係「総合資料六第三〇号（昭和六年九月十五日）」，吉林省社会科学院満鉄資料館所蔵）．
27）　前掲「支那ニ於ケル電気事業関係雑件」所収．
28）　拙著『環日本海地域社会の変容』（青木書店，2000 年）31 頁．
29）　南満州鉄道『東省特別区行政一斑』（1930 年）29，41-42，48 頁．
30）　上田貴子「1926 年哈爾浜における自治権回収運動と地域社会」（『Ex Oriente』5 号，2001 年）215-216 頁．
31）　満鉄哈爾賓事務所調査課『哈爾賓市制問題資料』（1926 年）4-10 頁．
32）　「各国ニ於ケル水道及下水道関係雑件」（JACAR：B04121108700）．
33）　「支那ニ於ケル電気事業関係雑件」（JACAR：B04011201300）．
34）　青島日本商工会議所「山東労働者の移動状況」（1928 年）2 頁．
35）　「入満苦力と北支経済」（『満鉄與労工』第二輯 2 巻）489 頁．
36）　満州国民生部労務司「入離満労働者統計年報抜刷」（遼寧省档案館編『満鉄與労工』第二輯 3 巻，広西師範大学出版社，2005 年）95 頁．
37）　前掲『満鉄與労工』第二輯，3 巻 100 頁．
38）　満州労工協会整理部「入離満労働者統計月報」（吉林省档案館所蔵「労工档案」に所収．以下所蔵の記載を省略．）
39）　「満鉄及満州商工界根本建直しに関し要請の件」（吉林省社会科学院満鉄資料館所蔵　20028）．
40）　横地信果『寧古塔邦人史』（哈爾浜第一線連盟，1930 年）17-19，24 頁．
41）　布施辰治「青年大衆は如何に教育せらるべきか」（『廓清』26 巻 7 号，1936 年 7 月）8-9 頁．

第1章 「満蒙」問題の現出と洮索・索倫線沿線の社会変容

1) ウェ・ア・コルマゾフ『巴爾虎（呼倫貝爾）の経済概観』（満鉄編，大阪毎日新聞社，1930年）168頁。
2) シーシキン他『ノモンハンの戦い』（岩波現代文庫，2006年）117-118頁。ノモンハン事件については，アルヴィン・クックス『ノモンハン』（上下2冊，朝日新聞社，1989年），松本草平『诺门罕』（山東人民出版社，2005年）など参照。
3) 拙稿「満鉄培養線敷設問題」（『環日本海地域社会の変容』青木書店，2000年），および同「「満蒙」鉄道問題の展開と田中内閣」（『新潟大学人文科学研究』69輯，1986年）。なおモンゴル独立とフルンボイル地域の関係については，中見立夫「ナショナリズムからエスノ・ナショナリズムへ――モンゴル人メルセにとっての国家・地域・民族」（『現代中国の構造変動』第7巻，東京大学出版会，2001年，所収）など参照。
4) 井原真澄在斉々哈爾領事発内田康哉外務大臣宛，1911年1月22日付「蒙古人海拉爾占領ニ関スル件」（外務省文書「清国革命動乱ノ際蒙古独立宣言並ニ清国政府ニ対シ行政ニ関スル要求一件」所収）。
5) 同前，井原真澄発「蒙古人海拉爾占領ニ関スル件」。
6) 川上俊彦在哈爾賓総領事発内田康哉外務大臣宛，1912年1月26日「海拉爾蒙古人ノ態度ニ関シ宇道台談話ノ件」（同前，所収）。
7) 井原真澄在斉々哈爾領事発内田康哉外務大臣宛，1912年2月5日「満州里ニ於テ清蒙兵戦闘ニ関スル件報告」（同前，所収）。
8) クルペンスキー駐清中公使発ウサートウイ在海拉爾副領事宛，1914年1月20日「示達第二号」（外務省調査部『露国政府ノ極東外交機密文書』第3輯第2巻）83-84頁。なお本引用資料を含め，以下の引用資料は，カタカナをひらがなに直し，適宜句読点をつけてある。
9) 『満州国の現住民族』（満州事情案内所，1938年）51頁。
10) 関東都督府発参謀本部宛，1912年9月20日付（「蒙古情報」第2巻，外務省文書「各国内政関係雑纂 支那ノ部蒙古」所収）。なお9月3日付の哈爾賓通信によると，フルンボイルのハイラル付近のモンゴル人は中国人とその貨物に対して「ボイコット」を試みつつあるので，中国人の行商はほとんど見られなくなったのに対して，ロシア人の行商が急に増えたという（参謀本部宛，9月21付，同前所収）。
11) 本田総領事発内田外相宛，1912年10月5日（同前「蒙古情報」第2巻所収）。
12) 奉天領事館警察署長報告，1912年10月28日「袁総統ヨリ趙都督宛来電ノ件」（同前「蒙古情報」第2巻所収）。
13) 天野総領事代理発内田外相宛，1912年9月23日（外務省文書・松本記録「清国革命動乱後ニ於ケル帝国ノ対支那政策並ニ態度関係雑纂（別冊）対満蒙之部」所収）。
14) 阿部政務局長稿「対支那（満蒙）政策概要」（外務省文書・松本記録，「内田外務大臣ノ対支那（満蒙）政策ニ関シ伊集院公使ヘノ訓令」所収）。『日本外交年表竝主要文書・上』（原書房，1965年）369-376頁。

15）「鄭家屯洮南府間鉄道敷設ノ議」1913 年 3 月 8 日付（外務省文書「蒙古情報」第 3 巻，所収）。
16）「鉄道敷設開議」1913 年 4 月 2 日（同前「蒙古情報」第 3 巻，所収）。
17）「邦人ノ来洮」1913 年 4 月 20 日（同前「蒙古情報」第 3 巻，所収）
18）谷村正友・牛島正巳「東北蒙古踏査報告書」1913 年 8 月 3 日（外務省文書「自明治 43 年 2 月　蒙古視察関係雑纂」）所収。
19）『満蒙交界地方経済調査資料第三』（満鉄総務部調査課，1915 年）。なお 1913 年 7 月 3 日には，「四平街洮南間ノ軍用自動車ヲ使用スル計画」がたてられている。軽便鉄道敷設には費用がかさむので，当面道路を修繕して自動車用に整備することにしたという（「奉天都督府参謀長張鉄ノ談片」，前掲「蒙古情報」第 3 巻，所収）。
20）「対支問題ニ関シ山本内閣ノ執リタル措置要領（大正二年十一月稿）」（外務省文書・松本記録「対外政策並態度関係雑纂」所収）。
21）山座円次郎在中国公使発牧野伸顕外相宛，1913 年 8 月 15 日「日支関係ニ就テ曹外交部長ト談話要領報告」（前掲「清国革命動乱後ニ於ケル帝国ノ対支那政策並ニ態度関係雑纂（別冊）対満蒙之部」所収）。
22）同前。
23）前掲「対支問題ニ関シ山本内閣ノ執リタル措置要領（大正二年十一月稿）」。
24）同前。
25）落合謙太郎在奉天総領事発牧野伸顕外相宛，1913 年 6 月 14 日「独立守備隊第二大隊鄭家屯行軍施行通告方ニ関スル件」（前掲「蒙古情報」第 3 巻，所収）。
26）「ニコライ二世皇帝ニ対スル外務大臣サゾノフ上奏文」1914 年 1 月 19 日付（前掲『露国政府ノ極東外交機密文書』第 3 輯第 2 巻，所収）1-3 頁。
27）満鉄鉄道部渉外課「満蒙鉄道関係重要事項年表解説」（昭和四年十一月三十日，外務省文書「満蒙問題ニ関スル交渉一件　満蒙鉄道交渉問題」所収）。
28）前掲『満蒙交界地方経済調査資料第三』181 頁。
29）前掲「満蒙鉄道関係重要事項年表解説」。
30）「洮斉鉄道敷設私見」（1919 年 11 月，「大正八年十一月調　洮南斉々哈爾間鉄道予定線路踏査書」所収）12-13 頁。
31）「洮斉線ニ対スル露国抗議ノ件」（北京公所長発庶務部長宛「北公情秘 25 第 4 号の 3　大正 14 年 5 月 22 日」，「洮斉鉄道問題ト露支両国」所収）。
32）「満蒙鉄道問題高裁案説明書」（外務省文書・松本記録 PVM23/1104，1927 年，「満蒙問題ニ関スル交渉一件」所収）。
33）「満蒙懸案解決ニ関スル各委員ノ意見」（外務省文書・松本記録 PVM41/218，「東方会議関係一件」所収）。
34）「東方会議準備会議経済特別委員会」1927 年 6 月 26 日（同前，「東方会議関係一件」所収）。
35）関東軍参謀部「洮索沿線ヨリ呼倫貝爾方面ニ作戦スル部隊ノ編制装備其他ニ関スル意見」1933 年 4 月（「洮索沿線偵察報告（索倫支隊報告）昭和七年十一月」，「満密大日記 24 冊ノ内其 13」所収）。

36) 満鉄洮南公所「昭和七年三月　洮索沿線調査報告　洮南公所」(吉林省社会科学院満鉄資料館所蔵)。
37) 「洮索沿線地方経済事情(洮南出張員乾信報告)」(満州中央銀行調査課, 1935年6月, 黒竜江省図書館所蔵)。
38) 「洮索温沿線経済概況報告」1935年12月13日付(新京地方事務所長発地方部商工課長宛「当初勧業係藤井事務員ノ首題地方ニ関スル調査左記ノ通報告」, 黒竜江省図書館所蔵)。
39) 海拉爾憲兵隊本部「管内(興安北省)ニ於ケル労働者ノ現況ト対策」1939年5月15日調(吉林省档案館所蔵,「関東憲兵隊文書」所収)。
40) 満鉄斉々哈爾鉄道局「興安北省労働事情」(1941年, 黒竜江省図書館所蔵) 27頁。
41) 新京憲兵隊長発関東憲兵隊司令官宛「索温線鉄道工事従業苦力ノ逃走ニ関スル件報告」(1935年6月26日付, 前掲「関東憲兵隊文書」所収)。
42) 阿爾山独立憲兵分隊長「軍就労工人ノ党与逃亡ニ関スル件」(1943年8月21日, 同前「関東憲兵隊文書」所収)。
43) 阿爾山独立憲兵分隊長「労働報国隊員ノ党与不正入外蒙ニ関スル件」(1943年10月, 同前「関東憲兵隊文書」所収)。

第2章　瀋陽・吉林線の敷設と東部地域の都市化

1) 瀋吉線の2区間は, 奉天, 吉林両省によって別々に敷設され, かつ長期にわたってそれぞれ違う呼称で呼ばれていたため, 本稿では論述上の利便性を図り, 歴史的慣習に従って, それぞれ「奉海線」,「吉海線」という2つの呼称を用いることとする
2) 『(民国) 奉天通志』第164巻(交通四), 2004年活板印刷版, 第4冊, 3833頁。
3) 『(民国) 奉天通志』第164巻(交通四), 3838頁参照。
4) 「1909年吉林省府厅州县人口管辖区城乡市镇户口统计表」『吉林省志・公安志』吉林人民出版社, 1999年, 283頁。
5) 「1928年吉林省人口统计表」(『吉林省志・公安志』吉林人民出版社, 1999年) 297頁。
6) 民国初期, 東北地方当局が新しく敷設した鉄道のうち, 2本の短距離鉄道はまだ日本とロシアに制御されておらず, その民族資本の特徴を保ち続けていた。それはすなわち, 斉昂線(斉々哈爾―昂昂渓)と錦州通裕煤鉱公司が修築した炭鉱運搬用鉄道である通裕線(錦州女児河―大窯溝, 1949年後に南票線として改めて敷設した)である。
7) 王贵忠「张作霖与东北铁路」中国人民政治协商会议辽宁省委员会文史资料委员会编『辽宁文史资料』第一辑(总第22辑), 辽宁人民出版社, 1988年, 126頁。
8) 凌鴻勛『中国線志』台北, 世界書局, 1963年版, 306頁。
9) 東北文化年鑑編印処編輯『東北年鑑』1931年版, 372頁。
10) 瀋雲龍「東北之交通」『近代中国史料叢刊続輯』929号, 台北, 文海出版社, 140頁。

11) 『東北交通委員会文書』遼寧省档案館蔵東北政務委員会档案，第 7503 号巻。
12) 憶先「瀋海線之過去将来観」『東三省経済月刊』第 2 巻第 1 号。
13) 1928 年 3 月，奉海線工程局へと改称したことがある。東北で政権交代が行われた後，奉天省議会は旧制度への回復を求め，1930 年 3 月に再び奉海線公司という名称に改めた。
14) 「分募奉海路股本」(「盛京時報」1925 年 5 月 10 日)。
15) 「奉海路集股又訊」(「盛京時報」1925 年 5 月 14 日)。
16) 「分募奉海路股本」(「盛京時報」1925 年 5 月 10 日)。
17) 「西豊県蕭知事籌募股款」(「盛京時報」1925 年 4 月 17 日)。
18) 「分募奉海路股本」(「盛京時報」1925 年 5 月 10 日)。
19) 遼寧省档案館蔵奉天省長公署档案，第 3803 号巻。
20) 「線用地発股票」(「盛京時報」1925 年 8 月 12 日)。
21) 「奉海路開始測量」(「盛京時報」1925 年 5 月 10 日)。
22) 冯元午「东北第一条中国自建铁路」通化市政协文史学习委员编『东边道经济开发史略』(1998 年) 334 頁。
23) 憶先「瀋海線之過去将来観」『東三省経済月刊』第 2 巻第 1 号，6 頁。
24) 同前，7 頁。
25) 同前。
26) 「奉海線工程紀要」遼寧省档案館蔵民国資料第 738 号，民国年活字版，9 頁。
27) 同前，9 頁。
28) 梅西支線は 1928 年 1 月に開通した。
29) 中国工程師学会編『三十年来之中国工程・三十年来中国之線工程』(1948 年)。
30) 「吉省議修之各線」(「盛京時報」1926 年 6 月 3 日，4 面)。
31) 「吉海路籌弁中之盤海路」(「盛京時報」1926 年 11 月 17 日，4 面)。
32) 「興建吉海線之公文」(「盛京時報」1926 年 11 月 14 日，4 面)。
33) 同前。
34) 「吉海路籌弁処成立」(「盛京時報」1926 年 11 月 16 日，4 面)。
35) 1926 日 10 月 29 日吉海線工程局令による。
36) 「長春日領正式抗議吉海路」(「盛京時報」1926 年 11 月 19 日，4 面)。
37) 「吉海路工程人材」(「盛京時報」1927 年 6 月 19 日，4 面)。
38) 『吉海線籌備既要序』(1928 年) 吉海線総局刊行本。原本は遼寧省档案館に保存。
39) 「吉海路収買房地価」,「吉海路購地新章」(「盛京時報」1927 年 6 月 19 日，4 月 17 日，4 面)。
40) 「吉海路興工近訊」(「盛京時報」1927 年 6 月 8 日，4 面)。
41) 『吉海線籌備既要序』(1928 年) 吉海線総局刊行本。原本は遼寧省档案館所蔵。
42) 張作述「吉海路線遊記 (一)」(「盛京時報」1929 年 5 月 13 日，3 面)。
43) 「盛京時報」1927 年 5 月 8 日，4 面および「盛京時報」1927 年 6 月 13 日，4 面。
44) 「吉海路近事叢録」(「盛京時報」1927 年 12 月 22 日，4 面)。

45)　同前。
46)　「吉海路開工志聞」（『盛京時報』1927 年 7 月 13 日，4 面）。
47)　張作述「吉海路線遊記（二）」（『盛京時報』1929 年 5 月 14 日，7 面）。
48)　「(民国) 樺甸県公署訓令第 957 号（1929 年 1 月 6 日）」樺甸市档案館所蔵，実業類 85 号，総 2381 号巻。
49)　「吉海線局公函第 316 号（1929 年 1 月 4 日）」樺甸市档案館所蔵，実業類 85 号，総 2381 号巻。
50)　「(民国) 樺甸県公署公函第 872 号（1928 年 11 月 14 日）」樺甸市档案館所蔵，実業類 85 号，総 2381 号巻。
51)　張作述「吉海路線遊記（一）」（『盛京時報』1929 年 5 月 13 日，3 面）。
52)　張作述「吉海路線遊記（一）」（『盛京時報』1929 年 5 月 13 日，3 面）。
53)　張文嘗等編『交通経済帯』（科学出版社，2002 年）57 頁。
54)　遼寧省档案館保存「奉天省長公署档」第 3803 号巻。
55)　「奉海線工程紀要」遼寧省档案館蔵民国資料第 738 号，および陶俐「張作霖与奉海铁路」（『兰台世界』2006 年 4 月）。
56)　王貴忠「張学良与東北線建設」周毅，張德良編『张学良暨东北军事新论』（北京，华文出版社，1992 年）244 頁。
57)　「1936 年吉林省各県人口统计表」（『吉林省志・公安志』吉林人民出版社，1999 年）297 頁参照。
58)　「東辺開発之根幹―奉吉沿線之発展」（連載三）（『盛京時報』1938 年 4 月 24 日，11 面）。

第 3 章　満鉄の北鮮港湾建設と経営

1)　事変直後の満鉄の軍事輸送および東北交通委員会の設置経緯については，アジア経済研究所図書館編『史料　満鉄と満洲事変（下）満洲事変勃発後――山崎元幹文書』（岩波書店，2011 年 11 月）の第 1 章「満洲事変」，第 2 章「事変処理」を参照。
2)　「鉄道委任経営並新線建設等ニ関スル指示」関東軍司令官本庄繁南満洲鉄道株式会社総裁伯爵内田康哉宛　昭和 6 年 10 月 10 日（関参発第二八號第一）（村上文書 6B-4）。その第 6 項には「六，清津及以北ノ鉄道及港湾経営　清津及以北ノ鉄道及港湾ハ左記理由ニ依リ朝鮮総督府ヨリ買収又ハ委託ヲ受ケ総督府監督ノ下ニ満鉄ニ於テ経営スルコト　委託経営条件　（一）朝鮮総督府ハ満鉄会社ニ対シ清津及以北ノ鉄道並港湾ノ建設改良保存，運輸附帯業務一切ノ経営ヲ総督府監督ノ下ニ委託スルコト　（二）朝鮮総督府ハ建設改良ニ要スル資金ヲ負担スルコト　（三）満鉄ハ前項経営ニ依リ取得シタル利益金ノ相当額ヲ朝鮮総督府ニ納付スルコト」とある。なお，村上文書は慶應義塾図書館に所蔵されているが，本稿で利用したのは，そのマイクロフィルム版である。『マイクロフィルム版慶應義塾図書館所蔵　村上義一文書　収録文書目録』（雄松堂出版，2003 年）がある。村上義一は，満洲事変前後満鉄理事であり，鉄道部を主管していたため，村上文書には，羅津港建設経緯に関する様々の文書が含まれている。

3) 「鉄道関係問題処理方針竝現状」（昭和6年12月24日，特秘，村上理事とペン書き，村上文書6E-4）。
4) 本章で主に利用した満鉄『鉄道統計年報』には，輸移出入・輸送の金額は記されておらず，輸送数量を明らかにできるだけである。輸移出入額については，通関統計・貿易統計を利用する必要があるが，後に触れるように，北鮮3港，ことに羅津港では税関（海関）が複雑な制度を採ったこと，さらにそれら税関の統計はごく部分的に得られるだけであるため，北鮮3港経由の満洲国の輸出入については，年次を追って貿易額の経緯を明らかにすることは困難である。
5) 関本健「『北鮮ルート』と日本海航路」（『東アジア――歴史と文化』第6号，1997年3月）。
6) 芳井研一『環日本海地域社会の変容－「満蒙」・「間島」と「裏日本」』青木書店，2000年。
7) 田中隆一「満洲国下の満鉄と『日本海ルート』――行政一元化問題を中心に」（小林英夫編『近代日本と満鉄』吉川弘文館，2000年）。
8) 大宮誠「新潟港と清津・羅津・雄基間航路の果たした役割――1935（昭和10）年から1945（昭和20）年までの人とものの動き」（2006年度放送大学修士論文）。
9) 大宮誠「日中全面戦争期の日本海航路」（『環東アジア研究センター年報』第7号，2012年3月）。
10) 風間秀人「満洲国期における満鉄の港湾」（岡部牧夫編『南満州鉄道会社の研究』日本経済評論社，2008年）。
11) 広瀬貞三「植民地期朝鮮における羅津港建設と土地収用令」（『環日本海研究年報』第17号，2010年3月）。
12) 「朝鮮北東岸ニ於ケル北満及蒙古ニ対スル物資呑吐港ニ関スル海軍側意見送附」昭和七年一月二十六日　海軍次官左近司政三発　南満洲鉄道株式会社総裁伯爵内田康哉宛（官房機密第九二号ノ三）（村上文書6F-4）。
13) 南満洲鉄道株式会社『南満洲鉄道株式会社第三次十年史』（1938年）1575頁。
14) 『南満洲鉄道株式会社第三次十年史』1576頁。
15) 朝鮮総督府鉄道局「吉敦延長線ニ関スル朝鮮側ノ希望条件要綱」昭和7年1月（村上文書6G-1）。
16) 朝鮮総督府政務総監「吉会鉄道（吉敦延長線）敷設ニ関スル件」昭和7年2月18日　陸軍次官，参謀次官，関東軍司令官，海軍次官，外務次官，拓務次官宛（村上文書6G-5）。
17) 拓務省「吉敦延長線建設ニ関スル方針要綱」（昭和7年3月）（村上文書6H-7）。「四月十五日拓務省案ニ依ル幹事会決議」と手書きで付記。
18) 「北鮮ノ港湾ト吉敦延長線トノ関係（極秘）」編纂者の記入なし（村上文書6I-11）。
19) 「吉敦延長線建設ニ関スル方針要綱第六項訂正案（七,四,一五）」（村上文書7A-9）。
20) 「海軍省意見」「吉敦延長線建設ニ関スル方針要綱第六項訂正案（七,四,一五）」

注　　　　　　　　　　　　　　　　　　　　247

　　　（村上文書 7A-9）の 4 枚目。
21)　「吉敦延長線建造方針要綱閣議決定経緯」（村上文書 7B-5）。
22)　拓務省「吉敦延長線建設ニ関スル方針要綱（四月二十一日五省会議本会議決定　四月二十五日閣議決定」（村上文書 7B-1）。
23)　南満洲鉄道株式会社『南満洲鉄道株式会社第三次十年史』1576 頁。
24)　「吉敦延長線建設ニ関スル方針要綱」（村上文書 7B-4）。
25)　「吉敦延長線建設ニ関シテハ左記方針要綱ニ依リ処理相成度此段及通牒候也」（昭和 7 年 5 月 11 日, 拓務大臣秦豊助発南満洲鉄道株式会社総裁伯爵内田康哉殿宛, 村上文書 7B-7）。
26)　「満鉄ニ対スル指令案第一稿」後宮大佐, 昭和 7 年 5 月 15 日（村上文書 7B-10）。
27)　「新線用車輛打合会議事録　昭和七年五月十二日九時車務課長室ニ於テ」（山崎文書 7B-8）。
28)　「新線鉄道建設施行計画要綱」（村上文書 7C-2）。
29)　「協議の経過」（村上文書 7E-6）。
30)　「北鮮鉄道及港湾ノ経営竝施設ニ関シ朝鮮総督府ト下打合ニ関スル件」（村上文書 7F-1）。
31)　「新線建設ニ関スル調書」（山崎文書 7M-3）。
32)　加藤圭木「一九三〇年代朝鮮における港湾都市羅津の「開発」と地域有力者」『朝鮮史研究会論文集』No.49, 2011 年 10 月, 209 頁。また, たとえば羅津雄基土地工業株式會社『営業案内（昭和九年）』ゆまに書房, 2002 年（社史で見る日本経済史　植民地編　第 9 巻）によると, 同社は, 羅津, 雄基, 図們あわせて 140 万坪あまりの土地を所有しているとされている。
33)　秋山健治『東亞の大羅津　附雄基港』(1933 年, ソウル, 景仁文化社, 1973 年影印, 韓国地理風俗誌叢書 296』28-33 頁。
34)　南満州鉄道株式会社『南満州鉄道株式会社第三次十年史』1567-1569 頁。土地収用と買収については, 広瀬貞三「植民地期朝鮮における羅津港と土地収用令」(『環日本海研究年報』第 17 号) が詳しい。
35)　「羅津築港ニ伴フ陸軍対満鉄仮協定ノ件」(朝鮮軍司令部調製, 昭和 7 年 9 月 1 日, 村上文書 7J-1）。
36)　「北鮮ノ鉄道及終端施設委託経営ニ関スル根本方針」（村上文書 8G-1）。なお, 本文書は 1933 年 8 月 3 日付けで朝鮮総督府鉄道局長吉田浩と満鉄理事村上義一の間で調印されたもの。
37)　「満鮮運輸連絡懇談会議題送付の件」昭和 8 年 8 月 1 日　鉄道部長発, 村上理事宛（村上文書 8F-1），「満鮮運輸連絡懇談会議題骨子大要」（村上文書 8F-2），「満鮮運輸連絡懇談会ニ関スル準備打合報告」（村上文書 8F-4）。
38)　「満洲国税関ヲ北鮮三港（羅津, 清津, 雄基）ニ設置セムトスル問題ノ経緯」昭和 8 年 8 月 16 日　鉄道部長（村上文書 8H-2）。また, 満鉄経済調査会第三部第一班「北鮮ト東満通貨旅客, 荷物ニ対スル税関設置箇所ニ就テ」（執筆年月日不明）（村上文書 8XII-3）は, 羅津, 清津, 雄基に税関を設置することの必要性

を満鉄側の立場からまとめている。なお、「北満ト北鮮海港ヲ結フ新線開通後ノ税関手続ニ関スル件」（執筆年月日，執筆者とも不明。ただし，鉄道部営業課連運係の押印あり）（村上文書 8XIII-4）も税関の海港設置の必要をまとめている。

39)　「国境列車直通運転ニ関スル協約案（満鉄修正案）」（村上文書 8 XI-6）。
40)　「新京通関会議」昭和 8 年 8 月 26 日開催（村上文書 8H-12）。
41)　「日満両国間ニ図們江国境ヲ通過スル列車直通運転及税関手続簡捷ニ関スル協定締結ノ件審査報告」枢密院書記官長，昭和 10 年 5 月 11 日，JACAR：A03033425800）。
42)　満洲国史編纂刊行会『満洲国史』各論（1971 年）473 頁。
43)　「新線建設ニ関スル調書」（山崎文書 7M-3）。
44)　「満洲国国有鉄道建設工事概況　昭和八年九月十五日現在」（村上文書 8K-2）。
45)　同上書，1569-1570 頁。
46)　谷川正之「天の加護あり，千三百浬」（南満洲鉄道株式会社鉄道総局建設局『満洲鉄道建設秘話』昭和 14 年）799-800 頁。
47)　杉浦文雄「運命賭けたケイソン進水の一瞬」（同上書）777 頁。
48)　『南満洲鉄道株式会社第三次十年史』1373 頁。
49)　羅津税関『羅津港概覧』昭和 13 年（ソウル，景仁文化社 1995 年影印，韓国地理風俗叢書 296）6-7 頁。
50)　羅津商工会『建設途上にある大羅津』昭和 10 年（ソウル，景仁文化社 1989 年復刻）23-30 頁。なお，雄羅線・羅津港建設工事については，『南満洲鉄道株式会社第三次十年史』が詳しい。
51)　同前，104 頁。
52)　満史会編『満洲開発四十年史』上巻（1964 年）610 頁。
53)　「新線建設状況ニ関スル件」昭和 7 年 7 月 18 日　鉄道部長発，副総裁宛（山崎文書 7G-5）。敦図線（敦化－灰漠洞間　吉敦線敦化を起点とし延吉を経て図們江江岸灰漠洞に至り，図們江を渉り朝鮮鉄道図們線南陽駅に連絡する延長 192 キロ 3 の線路）については，「本鉄道沿線ハ交通不便且物資乏シク又沿線ノ治安維持サレス頻々トシテ匪賊ニ襲ハレ加フルニ連日ノ降雨ニ支障サレツツ工事従事員及請負人共懸命ニ努力シツツアリ　本工事従事ノ六月末使役人夫数ハ苦力一七，〇〇〇人，鮮人約二，五〇〇日本人五〇〇名内外ニシテ」ともされている。
54)　陸軍省軍務局防備課「日本海定期航路設置ノ件」昭和 10 年 5 月 17 日，JACAR：C04012149300。陸軍省軍務局防備課「日本海軍用定期航路設置ノ件」昭和 10 年 5 月 8 日（JACAR：C04012149100）。
55)　陸軍省軍務局軍務課「日本海航路問題ニ関スル件」（昭和 13 年 8 月 25 日，JACAR：C01003396700）。
56)　「東北満洲対裏日本交通革新並北鮮三港開発ニ関スル件」（閣甲第 288 号　昭和 13 年 11 月 10 日，JACAR：A02030084300，公文類纂）。
57)　大宮誠「日中全面戦争期の日本海航路」が，日本海航路について詳述している。
58)　西村実造（満鉄鉄道総局水運局長）「北鮮三港より見たる内地関係各港再検討」（南満洲鉄道株式会社総裁室弘報課『弘報内報』第 10 号，昭和 16 年 3 月）。

注   249

59) 羅津商工会『建設途上にある大羅津』13 頁。
60) 同前, 46-47 頁。
61) 同前, 22-23 頁。
62) 「北鮮三港ノ地理的性格－満洲港湾調査ノ序トシテ」(昭和18年3月31日序, 南満洲鉄道株式会社調査局『社業調査彙報』第7号 [出版年の記入なし]) 7 頁。
63) 「次長宛　発信者関東軍参謀長　秘電報」(関参満電第541号) 昭和14年5月27日発, JACAR：C01003612500, 防衛省防衛研究所によると, 朝鮮総督府は北鮮産業開発のために, 南陽, 清津間の返還を強く要求したが, 関東軍参謀部としては, 異存はないが, できるだけ早くに現地調査を行うべきとしていた。
64) 「北鮮三港ノ地理的性格－満洲港湾調査ノ序トシテ」8頁。
65) 河上胤三「日満を結ぶ仲継港北鮮三港の再検討」(南満洲鉄道株式会社総裁室弘報課『弘報内報』第10号, 昭和16年3月)。
66) 南満洲鉄道株式会社経済調査委員会満洲産業開発五箇年計画小委員会「北鮮三港ノ現状及対策 (満洲産業開発五箇年計画関係)」岡崎弘文担当, 昭和12年10月, 11-12 頁。
67) 同前, 38-39 頁。
68) 同前, 36 頁。
69) 同前, 37 頁。
70) 同前, 33-34 頁。
71) 南満洲鉄道株式会社新京事務局業務課『北鮮三港及図佳, 京図線視察報告』(枝村栄担当, 1936年) 25-26 頁。
72) 同前, 32 頁。
73) 同前, 51-52 頁。
74) 同前, 67 頁。
75) 南満洲鉄道株式会社経済調査委員会満洲産業開発五箇年計画小委員会「北鮮三港ノ現状及対策」71 頁。
76) 同前, 70-71 頁。
77) 南満洲鉄道株式会社鉄道総局調査局「名古屋 (貨物取扱駅タル笹島駅) 発想満洲仕向日本海港湾及北鮮, 羅津, 清津中継貨物船車連帯運送状態ト羅津, 清津二港中継状態ニ対スル内地関係運輸機関ノ意見」(昭和14年12月) 8-10 頁。
78) 同前, 12-16 頁。
79) 尾崎久市「満鉄貨物運賃引下の意義」(『協和』第224号, 1938年9月1日)。
80) 尾崎久市「貨物運賃政策」(井村哲郎編『満鉄調査部：関係者の回想』アジア経済研究所, 1996年) 364-365 頁。
81) 1930年代の営業収入と営業支出の比率は, ほぼ120％台であるが, 1941年以降は, 黒字こそ維持しているが, 108％に低下した (「附表3　満鉄鉄道営業収入支出年度別内訳表」(同上資料) 374 頁。
82) 南満洲鉄道株式会社鉄道総局『鉄道統計年報　第5編　水運　昭和12年度』1-3 頁。
83) 南満洲鉄道株式会社鉄道総局『鉄道統計年報　第5編　港湾　昭和13年度』1

-3 頁。
84) 同前。
85) 南満洲鉄道株式会社鉄道総局『鉄道統計年報　第 5 編　港湾　昭和 14 年度』1-6 頁。
86) 南満洲鉄道株式会社鉄道総局『鉄道統計年報　第 5 編　港湾　昭和 16 年度』1-8 頁。
87) 南満洲鉄道株式会社鉄道総局『鉄道統計年報　第 5 編　港湾　昭和 17 年度』3 頁。
88) ただし，吉林省社会科学院満鉄資料館が「鉄道統計年報」の昭和 18 年版を所蔵しているとみられ，今後，1943 年の輸送状況が明らかになるであろう。
89) 満鉄会編『在籍社員統計　昭和 19 年 9 月末現在』(龍渓書舎，1989 年)。
90) 満史会編『満洲開発四十年史』上巻 (1964 年) 609 頁。
91) 福島三七治手記，武勇抄「羅津より撫順まで」(満鉄会編『満鉄社員終戦記録』1997 年) 421 頁。
92) 飯塚浩二「満蒙紀行」(『飯塚浩二著作集　第 10 巻』平凡社，1976 年) 445 頁。
93) 大宮誠「新潟港と清津・羅津・雄基間航路の果たした役割——1935 (昭和 10) 年から 1945 (昭和 20) 年までの人とものの動き」参照。
94) 「日満支海陸輸送施設整備方策要綱」(昭和 20 年 3 月 19 日閣議決定，運輸通信相海運総局船舶局長「裏日本輸送施設緊急整備ニ関スル件」昭和 20 年 4 月 25 日)。
95) 福島三七治手記，武勇抄「羅津より撫順まで」(『満鉄社員終戦記録』) 421-429 頁。
96) 『満洲開発四十年史』上巻，609 頁。
97) 山根米助「北鮮よサラバ」(『満鉄社員終戦記録』) 443-445 頁。
98) 榊原初次「日本人撤退後の羅鉄局」(同上書) 449-450 頁。

第 4 章　長春市の都市形成

1) 長春近代化の時期区分について，湯士安・楊照遠は，近代前期，近代，現代の 3 つの時期に分けている (湯士安・楊照遠在『東北城市企画史』遼寧大学出版社，1995 年)。また，于維聯は，建治初期，露国附属地時期，満鉄附属地時期，偽満洲国時期，新中国の 4 つの時期に区分している (于維聯『長春近代建築』長春出版社，2001 年)。劉亦師は，辺疆集鎮時期，鉄道都市時期，偽政治中心時期，総合工業都市時期の 4 期に分けている (刘亦师「近代長春都市発展歴史研究」清華大学修士学位論文，2006 年)。本稿では，この劉の時期区分を採用する。
2) 「中國地方志集成」編輯委委員『中國地方志集成・吉林府縣志輯』(鳳凰出版社，2006 年) 36 頁。
3) 6 鎮とは，永清鎮，徳安鎮，綏恩鎮，来遠鎮，泰和鎮，恒平鎮，14 郷は，安仁郷，裕民郷，裕信郷，恒富郷，撫順郷，裕国郷，恒清郷，恒豊郷，撫靖郷，裕忠郷，恒慶郷，裕生郷，裕順郷，恒昇郷である。
4) 関東都督府陸軍経理部『満洲誌草稿』第 2 輯，『満洲地方誌』巻 6 (吉林省，ク

注　251

レス出版，2001年）1183-1184頁。
5)　『中國地方志集成・吉林府縣志輯』（2006年）410-411頁。
6)　同上，135頁。
7)　南満洲鉄道株式会社殖産部商工課『満洲商工概覧』（満洲日報社，1930年）382頁。
8)　『中國地方志集成・吉林府縣志輯』187-190頁。
9)　同上書，196-199頁。
10)　唐継革・王野光・王健・姜杰『長春二百年　1800-2000』（長春，長春市政協文史と学習委員会，2000年）2頁。
11)　曹海波「1912-1931年東北民族工商業発展研究」（吉林大学2004-2005年度修士学位論文）21頁。
12)　外務省通商局『長春事情』（1929年）58頁。
13)　南満洲鉄道株式会社副総裁ヨリ寛城子－哈爾濱間線路付近概況調書呈出ノ件」（JACAR：A04018113400）2-3頁。
14)　『長春二百年　1800-2000』19頁。
15)　井上信翁『長春沿革史』（1922年）18-19頁。
16)　塚瀬進『中国東北経済史研究』（東方書店，1993年）56頁。
17)　同前，62-66頁。
18)　同前，66-69頁。
19)　「長春事情送付ノ件」（JACAR：B03050392900）15-17頁。
20)　前掲『長春事情』58頁。
21)　『中國地方志集成・吉林府縣志輯』133頁。
22)　同前，97-98頁。また，曲曉範『近代東北城市的历史変迁』（东北师范大学出版社，2001年，82頁）参照。
23)　南満洲鉄道株式会社総裁室地方部残務整理委員会『満鉄附属地経営沿革全史』下巻（龍渓書舎，1977年）464頁。
24)　「管内事情提出ノ件3」（JACAR：B03050394400）59-62頁。
25)　「長春事情送付ノ件」（JACAR：B03050392900）80-81頁。
26)　同前，33頁。
27)　同前，34頁。
28)　「満蒙経済事情」第5号（JACAR：A06033518100）3-4頁。
29)　南満洲鉄道株式会社総裁室地方部残務整理委員会『満鉄附属地経営沿革全史』下巻（龍渓書舎，1977年）516-522頁。
30)　「長春事情送付ノ件」（JACAR：B03050392900）35-36頁。
31)　前掲『満鉄附属地経営沿革全史』547頁。
32)　前掲『長春事情』，58頁。
33)　「長春事情送付ノ件」（JACAR：B03050392900）12頁。
34)　唐凌等『自开商埠与中国近代经济变迁』（广西人民出版社，2002年）4-6頁。
35)　『中國地方志集成・吉林府縣志輯』93-94頁。
36)　同前，126頁。

37) 同前，127 頁。
38) 田平「長春商埠地の電力工業」(『長春史志』1986 年第 1 期) 27 頁。
39) 『中國地方志集成・吉林府縣志輯』229 頁。
40) 越沢明『満洲国の首都計画』(日本経済評論社，1988 年) 85 頁。
41) 石田興平『満洲における植民地経済の史的展開』(ミネルヴァ書房，1964 年) 431-434 頁。
42) 風間秀人『満州民族資本の研究』(東京，緑蔭書房，1993 年，前言)。

第 5 章　奉天市内の交通整備問題

1) 葛俊「瀋陽交通百年」，(『城建与档案』，2001 年第 3 期) 43 頁。
2) 曲暁範「清末民初東北城市近代化運動与区域城市変遷」(『東北師範大学学報』哲学社会科学版，2001 年第 4 期) 45 頁。
3) 李鴻祺「奉天都市計画に就て」，(『建築雑誌』，昭和 11 年 8 月) 104 頁。
4) 「林外務大臣から萩原への電文第 24 号」JACAR：B04011204000-496) 奉天ニ於ケル道路修繕，電灯及馬車鉄道営業ノ日清合資会社組織一件 (1.7.10))。
5) 「奉天ニ於ケル日清合同馬車鉄道会社設立ニ関スル件」(JACAR：B04011204000-512)。
6) 同前。
7) 「萩原総領事から林外務大臣への電文第 88 号」前掲 (JACAR：B04011204000-499)。
8) 西澤泰彦『「満洲」都市物語』，(河出書房新社，2006 年) 86 頁。
9) 「城内軽便鉄道ニ関スル件」JACAR：B04010920400 (第 0012 画像目) 支那電気軽便鉄道関係雑件 満蒙ノ部 第一巻 1. 奉天軽便及馬車鉄道 (1.7.3) (外務省外交史料館)。
10) 前掲，「奉天ニ於ケル日清合同馬車鉄道会社設立ニ関スル件」(JACAR：B04011204000-511)。
11) 同前 (JACAR：B04011204000-511)。
12) 「萩原総領事から林外務大臣への電文第 121 号」前掲 (JACAR：B04011204000-502)。
13) 前掲，「奉天ニ於ケル日清合同馬車鉄道会社設立ニ関スル件」(JACAR：B04011204000-513)。
14) 同前 (JACAR：B04011204000-513)。
15) 同前 (JACAR：B04011204000-515)。
16) 「中日商辦瀋陽馬車鉄道株式会社条規」(JACAR：B04010920400-41)。
17) 「中日商辦瀋陽馬車鉄道股份有限公司章程」(JACAR：B04010920400-45-52)。
18) 張欣悦「瀋陽的馬車鉄道」(『蘭台世界』，1999 年 3 月)。
19) 銅元 10 枚計小洋 1 角，小洋 12 角計大洋 1 元。
20) 『青島其他諸都市視察報告』(1914 年 3 月) 47 頁。
21) 厖鉄明「百年前，馬鉄鉄道進瀋陽」(『瀋陽日報』) 2007 年 7 月 27 日付。
22) 「「管理馬車章程」(前掲 JACAR：B04010920400-54-59)。瀋陽馬車鉄道株式会

社事業成績其他ニ関シテ報告ノ件」(JACAR：B04010920400-19)。
23)「民国三年度瀋陽馬車鉄道会社営業成績ニ関スル件」(JACAR：B04010920400-24)。
24)「外交部奉天交渉署公函第1169号訳文」(JACAR：B04010920400-35)。
25)「奉天鉄道馬車公司ノ件」(JACAR：B04010920400-38)。
26)「馬車鉄道公司ノ件」(JACAR：B04010920400-68)。
27)「東方通信」1921年11月2日第4号 (JACAR：B04010920400-80)。
28)「請願書」(前掲JACAR：B04010920400-83)。
29)「馬鉄会社ヲ取リ消ス建議理由書」(JACAR：B04010920400-89)。
30)「中日合弁瀋陽馬車鉄道ニ関スル件」(JACAR：B04010920400-90)。
31)「开办电车之预闻」(「盛京時報」1923年1月10日)。
32)「省垣路政計划」(「盛京時報」1923年2月24日)。
33)「张司令办市政」(「盛京時報」1923年3月14日)。
34)「奉垣筹划进行之市政」(「盛京時報」1923年3月25日)。
35)「市政所长已发表」(「盛京時報」1923年5月4日)。
36)「市政公所三要务」(「盛京時報」1923年5月5日)。
37)「计划中电车线路」(「盛京時報」1923年6月20日)。
38)「电车水道新计划」(「盛京時報」1923年8月31日)。
39)「曾子敬市长之谈话」(「盛京時報」1923年12月7日)。
40)「市政公所之新年宴」(「盛京時報」1924年1月25日)。
41)「奉天市第一期电车路」(「盛京時報」1924年2月2日)。
42)「奉天市電車敷設計画ニ関スル件」(JACAR：B04010920400-83，支那電気軽便鉄道関係雑件 満蒙ノ部 第一巻, 1. 奉天軽便及馬車鉄道 (1.7.3))。
43)「电车全部之路线」(「盛京時報」1924年2月16日)。
44)「奉天電車敷設計画」(JACAR：B030341583500-322，関東都督府政況報告並雑報第十七巻 (1.5.3))。
45)「奉天電車収入状況」(JACAR：B030341593300-322，関東都督府政況報告並雑報第十七巻 (1.5.3))。
46)「电车开幕礼誌盛」(「盛京時報」1925年11月1日)。
47)「电车收入」(「盛京時報」1925年10月14日)。
48)「电车发达」(「盛京時報」1925年6月13日)。
49)「東方通信」，1923年2月24日第一号 (JACAR：B04010920400-96)。
50)「張作霖ノ新聞記者団歓迎演説ニ関スル件」(JACAR：B04010920400-97)。
51)「張作霖ノ新聞記者団歓迎演説ノ訳文」(JACAR：B04010920400-98)。
52)「敷設电车之谈话」(「盛京時報」1925年6月7日)。
53)「日本側电车計画」(「盛京時報」1925年9月21日)。
54)「合弁か単独経営か―岐路に立てる商埠地電車問題」(JACAR：B04010920500-481)。
55)「奉天市電車第一期線ノ件」(JACAR：B04010920400-99)。
56)「奉天市電車布設計画ニ関スル件」(JACAR：B04010920400-103-104)。

注

57)「奉天電車ノ成行」(JACAR：B04010920500-117)。
58)「奉天電車問題之件」(JACAR：B04010920500-116)。
59)「奉天電鉄日支合弁経営ニ関スル件」(JACAR：B04010920500-119)。
60)「再交渉马铁問題」(「盛京時報」1924年4月20日)。
61)「布告房屋撤除期」(「盛京時報」1924年4月22日)。
62)「外交部交渉署公函第795号」(JACAR：B04010920500-135)。
63)「東方通信」1924年5月25日 (JACAR：B04010920500-122)。
64) 東三省交通委員会は1924年5月8日をもって公式に創立が発表されたものである。その性質は日本の鉄道省，逓信省を合わせた権限を有し，東三省交通及び通信の最高機関として設立された。該委員会は利権回収の観点から電車の中日合弁に激しく反対した。しかし，大倉組はこれはただ王永江の口実でしかないと批判した。その理由は以下の通りである。1，該委員会は東三省交通及び通信の最高機関であるが創立後まだ一か月に足らず，特に奉天省当局者としてはこれに遠慮気嫌のいるほどに権威のあるものではない。2，自治体に基づく民意の機関ではなく，張，王両氏が勝手に作り上げた官憲の機関ではないか。3，其の委員会の顔触れについて見る。王樹翰，于馴興の吉，黒両省長代理を除く外楊宇霆，張学良，姜登選，曾有翼等全部奉天官場の人物であり張作霖，王永江両氏の乾分のみである。いわんや委員長は王永江その人ではないか。仮に同委員会に如何に権威があった処で張，王両氏の意志に反する行動をとるものとは絶対に信ぜられない。4，また，交通委員会の全部が反対を表決したところで，張，王両氏さえ誠心誠意真に日本側との合弁経営に賛成すれば，同委員会を説得するのは決して至難事ではない。説いて聞かなかったら解散を命じても差支えない機関ではないか。ところが該機関の反対を拒絶の口実とするのは，王永江氏などが最初より合弁の誠意がなく，ただ馬車鉄道を解散させる方便として電車合弁を誓約したものと見なければならない。「電車合弁拒絶（一）」(JACAR：B04010920500-123)。
65)「支那利権回収熱」(『朝日新聞』1924年5月26日，JACAR：B04010920500-123)。
66)「電車合弁拒絶（三）」(JACAR：B04010920500-126)。「電車合弁拒絶（四）」(JACAR：B04010920500-126)。
67)「奉天電鉄日支合弁経営ニ関スル件」(JACAR：B04010920500-127)。
68)「支那側電車敷設ニ関シ報告ノ件」(JACAR：B04010920500-132)。
69)「中日合弁瀋陽馬車鉄道運転停止ニ関スル件」(JACAR：B04010920500-483)。
70)「拆除铁轨」(「盛京時報」，1925年8月16日)。
71)「马铁取消」(「盛京時報」，1925年8月20日)。
72)「奉天電車敷設問題ニ関スル件」(JACAR：B04010920500-486)。
73) 同前。
74)「趣旨書」(JACAR：B04010920500-486)。
75) 同前 (0487)。
76)「東方通信」1925年11月11日 (JACAR：B04010920500-492)。

77) 「延长电车已动工」(「盛京時報」1926年4月13日)。
78) 「中日联络电车始业志」(「盛京時報」1926年6月16日)。
79) 「奉天日支電車連絡運転開始ノ件」(JACAR：B04010920500-506)。
80) 福田實『満洲奉天日本人史』(謙光社, 1976年) 59頁。

第6章　大連市華人の社会的生活基盤
1) 越沢明「大連の都市計画史 (1898～1945)」(『日中経済協力会会報』134-136号, 1984年)。N.A. サモイロフ「ロシアの大連市統治計画――ロシア国立歴史文書館の資料から」(『環日本海研究年報』第12号, 2005年) 38頁-44頁。柳沢遊『日本人の植民地経験：大連日本人商工業者の歴史』(青木書店, 1999年)。
2) Perrins, Robert John: Great connections : the creation of a city, Dalian, 1905-1931. China and Japan on the Liaodong Peninsula (UMI 1997) (Reprint of the author's thesis (Ph.D.)　York University 1996)。
3) 松重充浩「植民地大連における華人社会の展開――一九二〇年代初頭大連華商団体の活動を中心に」, 曽田三郎編著『近代中国と日本：提携と敵対の半世紀』(御茶の水書房, 2001年)。松重充浩「第一次戦前後における大連の「山東幇」中国人商人」(本庄比佐子編纂『日本の青島占領と山東の社会経済1914-22年』東洋文庫, 2006年)。
4) 「2. 租借地内ニ支那選挙法施行シタキ件」(JACAR：B03041512100-463-464) 外務省記録 (1.5.3) 関東州内行政問題関係雑件)。
5) 「関東州における支那人の生活」(「満州日報」1932.6.3-1932.6.5,「新聞記事文庫」生活費問題 (3-125))。
6) 「大連市制撤廃の是否」(南満洲鉄道株式会社庶務部調査課『調査時報』第八巻第九号, 1928年9月25日, 47頁,『復刻版　満鉄調査時報』第21巻, 不二出版, 1987年)。
7) 同前, 50頁。
8) 同前, 54頁。
9) 同前, 49頁。
10) 　中国の公議会についての研究史整理は, 大野太幹「中国東北における商人団体――公議会から商会へ」(『満鉄附属地華商商務会の研究』愛知大学博士学位論文, 2006年, 第一章第二節②) に詳しい。個別研究には以下のものがある。佐々木正哉「営口商人の研究」(『近代中国研究』(1) 1958年4) 213-267頁。倉橋正直「営口の公議会」(『歴史学研究』No.481, 1980年6月) 18-32,50頁。上田貴子「樹状組織形成史としてみた奉天総商会の歴史的諸段階」(『近代中国東北地域に於ける華人商工業資本の研究』大阪外国語大学博士学位論文シリーズvol18, 2003年　第6章)。陳来幸「民国初期における商会の改組と商民統合」(『人文論集』神戸商科大学第33巻第4号, 1998年3月) 71-97頁。大野太幹『満鉄附属地華商商務会の研究』(愛知大学博士学位論文, 2006年)。また, 大連の公議会の概況は, 前掲, 松重充浩「植民地大連における華人社会の展開――一九二〇年代初頭大連華商団体の活動を中心に」(110-117頁) を参照。ただし,

大連華商公議会の成立年について，松重充浩の論文では1900年と書いているが，光緒二十四年（1898年）の説もある。（「大連における支那側の経済的勢力を観る」（『満州日報』1931.8.15-1931.8.19 神戸大学附属図書館デジタル新聞記事文庫 中国（12-048））．

11) 前掲，倉橋正直「営口の公議会」，前掲，上田貴子「樹状組織形成史としてみた奉天総商会の歴史的諸段階」．
12) 仁井田陞『中国の社会とギルド』（岩波書店，1951年）22頁。前掲，倉橋正直「営口の公議会」，前掲陳来幸「民国初期における商会の改組と商民統合」は，同じ論点を持っている。
13) 芳井研一『近代日本の地域と自治』（知泉書館，2008年）4-6頁。
14) 「9旬報第二〇号」（JACAR：B02031466100-115，外務省記録A.5.3 東庁報告書雑纂）．
15) 大連西崗商会『大連西崗商会三十年沿革史』（1938年12月1日発行，非売品）22頁。
16) 「本埠華商挙办之日皇圣恙早癒祈祷会」（『泰東日報』1926年12月25日）．
17) 「両公議会挙行之大行天皇遙拝式　極其荘厳」（『泰東日報』1926年12月30日）．
18) 「両公議会新年団拝式」（『泰東日報』1927年1月1日）．
19) 「3 関東都督府民政事務成績並管内状況／2」（JACAR：B03041519100-38，外務省記録（1.5.3）関東都督府政況報告並雑報，第一巻）．
20) 「3 関東都督府民政事務成績並管内状況／2」（JACAR：B03041519100-35，外務省記録（1.5.3）関東都督府政況報告並雑報，第一巻）．
21) 大連西崗商会『大連西崗商会三十年沿革史』1938年12月1日発行，非売品，9頁。
22) 前掲『大連西崗商会三十年沿革史』5頁。
23) 同前。
24) 同前。
25) 同前，7頁。
26) 同前，9，10頁。
27) 同前，14頁。
28) 同前，10頁。
29) 同前，9頁。
30) 同前，17頁。「小崗子貨物車駅4月1日起開弁」（『泰東日報』1927年3月23日）．
31) 前掲『大連西崗商会三十年沿革史』17頁。
32) 同前，18頁。
33) 関東局文書課編「関東局施政30年業績調査資料」（大連：満州日日新聞社（印刷）1937年）611頁。
34) 「泥海化之小崗区」（『泰東日報』1927年3月11日）．
35) 「污穢如泥海之小崗子街道問題　市當局漠不關心」（『泰東日報』1927年3月16

日）。
36)　1927年1月1日現在，小崗子警察署の人事によると，吉田小崗子署保安主任は吉田大吉（警部補）であったと考えられる（『旧植民地人事総覧（関東州編）』386頁）。
37)　「小崗子道路太壊　官庁置于度外耶」（『泰東日報』1927年5月5日）。
38)　「新開路的変化」（政協大連市西崗区委員会文史資料委員会『西崗区文史資料』第四輯，1997年，195-198頁）。「資料拾綴」（政協大連市西崗区委員会文史資料委員会『西崗区文史資料』（第二輯），1990年）116頁。
39)　前掲『大連西崗商会三十年沿革史』23頁。
40)　「小崗子増設街灯」（『泰東日報』1927年1月27日）。
41)　「増設街灯之困難」（『泰東日報』（1927年2月25日）。
42)　前掲『大連西崗商会三十年沿革史』23頁。
43)　満洲通信協会編『関東通信三十年史』（満洲通信協会，1936年）138，268頁。
44)　「真山明ヲ関東庁郵便所長ニ再就職追認ノ件」（JACAR：A04018492900，内閣・公文雑纂・昭和十三年・第三十五巻・鉄道省・鉄道省，厚生省，朝鮮総督府，台湾総督府，関東局，衆議院）。前掲『関東通信三十年史』369頁。
45)　「小崗郵便所須升格 市民頗感不便 公議会拟请愿」（『泰東日報』1927年5月14日。
46)　王建华：「日伪时期统治西岗地区的警特机构」（政協大連市西崗区委員会文史資料委員会『西崗区文史資料』第四輯，1997年）113頁。
47)　「大連沙河口警察署」（『旧植民地人事総覧（関東州編）』日本書センター，1997年）483頁。
48)　前掲『大連西崗商会三十年沿革史』23，24頁。
49)　「大連小崗子警察署」（前掲『旧植民地人事総覧（関東州編）』）496頁。

第7章　「満州国」統制経済下の農村闇市場問題

1)　「満州国」についての研究は，浅田喬二・小林英夫編『日本帝国主義の満洲支配——十五年戦争期を中心に』（時潮社，1986年），山本有造編『「満州国」の研究』（緑蔭書房，1995年）など総合的な成果が出され，近年では「満州国」に対する研究成果が一層進んできた。山本有造『「満州国」経済史研究』（名古屋大学出版会，2003年），田中隆一『満州国と日本の帝国支配』（有志社，2007年），日本の殖民地文化学会と中国の東北淪陥十四年史総編室共編『「満州国」とは何だったか』（小学館，2008年）などの大きな進展があった。
2)　塚瀬進「1940年代における満州国統治の社会への浸透」（『アジア経済』第39巻7号）11頁。
3)　風間秀人『満州民族資本の研究——日本帝国主義と土着流通資本』（緑蔭書房，1993年）。
4)　同前，186頁。
5)　山本有造『「満州国」経済史研究』（名古屋大学出版会，2003年）。
6)　同前，66頁。

7) 塚瀬進, 前掲, 2 頁。
8) 解学詩『偽満洲国新編』(人民出版社, 1995 年)。
9) 同前, 769 頁。
10) 本格的な統制経済は, 1937 年日中前面戦争前後に始まった。1937 年 5 月の「重要産業統制法」公布, 同年 10 月実施, 10 月の「綿花統制法」, 1938 年 2 月の「国家総動員法」, 4 月の「鉄鋼類統制法」, 10 月の「米穀管理法」, 12 月の「毛皮皮革類統制法」, 1939 年に入って, 「原綿, 綿製品統制法」・「主要米穀統制法」・「小麦及び製粉業統制法」などである。
11) 農村配給機構調査第九班『通陽県配給機構調査報告書』(康徳 9 年 7 月) 10 頁。
12) 1940 年 6 月〜1943 年 4 月偽満州国遼陽市警務科経済保管股長を勤めていた藤田順三の供述。中央档案館, 中国第二歴史档案館, 吉林省社会科学院合編『日本帝国主義侵華档案資料選編 (7) 偽満憲警統治』(中華書局, 1993 年) 651 頁。
13) 前掲, 『通陽県配給機構調査報告書』11 頁。
14) 農村配給機構調査海城班『海城県配給機構調査報告書』(康徳 9 年 7 月) 18 頁。
15) 前掲, 『通陽県配給機構調査報告書』56 頁。
16) 前掲, 『海城県配給機構調査報告書』33 頁。
17) 同前, 31 頁。
18) 農村配給機構調査開原班『開原県配給機構調査報告書』(康徳 9 年 7 月) 13 頁。
19) 前掲, 『通陽県配給機構調査報告書』58 頁。
20) 前掲, 『海城県配給機構調査報告書』32 頁。
21) 前掲, 『開原県配給機構調査報告書』13 頁。
22) 間島省延吉県班『生必物資ノ農村配給機構調査報告書』(康徳 9 年 7 月) 53 頁。
23) 前掲, 『通陽県配給機構調査報告書』31 頁。
24) 前掲, 『海城県配給機構調査報告書』32 頁。
25) 満洲国実業部臨時産業調査局『農村実態調査報告書』第四巻 (龍渓書舎, 1989 年復刻) 71, 72 頁。
26) 前掲, 『満州民族資本の研究——日本帝国主義と土着流通資本』186 頁。
27) 前掲, 『海城県配給機構調査報告書』38 頁。
28) 同前。
29) 同前, 53 頁。
30) 前掲, 『通陽県配給機構調査報告書』62 頁。
31) 同前, 71 頁。
32) 同前, 60 頁。
33) 同前, 61 頁。
34) 前掲, 『海城県配給機構調査報告書』47 頁。
35) 東北物資調節委員会研究組『東北経済小叢書③ (流通篇・上)』1948 年, 114 頁。
36) 興農合作社中央会『糧桟組合及組合員ニ関スル調査　統計篇』(1943 年の統計)。
37) 前掲, 『海城県配給機構調査報告書』47 頁。

38) 警務総局経済保安科編『満州国の経済警察』(1944年) 72頁。
39) 前掲,『海城県配給機構調査報告書』73頁。
40) 同前, 35頁。
41) 同前, 35頁。
42) 同前, 35頁。
43) 満州中央銀行調査部『全満都市の生活必需物資配給事情と闇価問題』(康徳11年7月) 40-47頁。
44) 満州中央銀行調査部『都市購買力実態調査報告書』(康徳11年7月) 210頁。
45) 王振経「農民の衣」(『満洲評論』第27巻第5号, 昭和19年8月) 22頁。
46) 前掲,『日本帝国主義侵華档案資料選編 (7) 偽満憲警統治』650頁。
47) 前掲,『農村生必品物資配給機構調査報告書』80頁。

第8章 「満州国」期の労働力強制動員

1) 松村高夫「日本帝国主義下における「満州」への中国人移動について」(『三田学会雑誌』64巻9号, 1971年。同「満州国成立以降における移民・労働政策の形成と展開」(満州史研究会編『日本帝国主義下の満州』所収, お茶の水書房, 1972年) など。
2) 松村高夫・解学詩・江田憲治編『満鉄労働史の研究』(日本経済評論社, 2002年)。
3) 遼寧省档案館編『満鉄與労工』(第一輯全10巻, 第二輯全8巻, 広西師範大学出版社, 2005年, 以下『満鉄與労工』と記載)。居之分・庄建平主編『日本略奪華北強制労工档案史料集』上・下巻 (社会科学文献出版社, 2003年) など。
4) 労働統制法等の条文については,『満鉄與労工』第二輯2巻, 161-164頁。児嶋俊郎「満州国の労働統制政策」(前掲『満鉄労働史の研究』所収) 43頁。
5) 満鉄調査部「昭和十五年 現下満州に於ける労働問題」(『満鉄與労工』第二輯4巻) 119-120頁。
6) 解学詩「満州国末期の強制労働」(前掲『満鉄労働史の研究』所収) 73頁。
7) 満州国民生部労務司「入離満労働者統計年報抜刷」(『満鉄與労工』第二輯3巻) 95頁。
8) 横浜正金銀行調査部「満州に於ける北支労働者及労働統制に就て」(調査報告130号, 1943年5月) (『満鉄與労工』第二輯4巻) 250頁。
9) 「対満労働需給に関する諸問題参考統計」(満州国労工協会, 1940年) (『満鉄與労工』第二輯4巻) 253頁。
10) 新京憲兵隊長「在満労働者ノ動向ニ関スル件」(1943.4.21)。本章で使用している関東憲兵隊文書は吉林省档案館所蔵「労工档案」に所収されているものである。以下同文書については所蔵の記載を省略する。
11) 前掲「満州に於ける北支労働者及労働統制に就て」, 251頁。
12) 関東憲兵隊司令官「独蘇開戦後ニ於ケル軍工事其他労働者ノ逃走乃至罷業状況ニ関スル件」(1941.8.16)。
13) 関東憲兵隊司令官「軍及地方関係労働者逃走罷業等発生状況並之カ対策ニ関ス

ル件」(1941.8.26)。
14)「労働統制法修正之件」(『満鉄與労工』第二輯 2 巻) 190-199 頁。兒嶋俊郎「社会政策史の一断面」(『長岡短大研究紀要』38 号, 2000 年) 73 頁。
15)「労働人緊急就労規則」他 (『満鉄與労工』第二輯 2 巻) 200-206 頁。
16) 通化憲兵隊長「東辺道開発会社工人募集ニ関スル件」(1942.2.22)。
17) 通化憲兵隊長「五道江採炭所勤労奉仕隊員ノ逃走ニ関スル件」(1942.4.3)。
18) 治安部「俘虜及農民強制募集状況ノ件」(年月日不明)。
19) 通化憲兵隊長「東辺道開発会社工人募集状況ニ関スル件」(1942.3.26)。
20) 斉々哈爾憲兵隊長「軍直傭労働者ノ動向ノ件」(1943.8.2)。
21) 斉々哈爾憲兵隊長「軍労務者供出状況」(1943.6.30)。
22) 斉々哈爾憲兵隊長「在斉補給廠直傭労務者ノ帰還並入廠状況ニ関スル件」(1943.10.21)。
23) 斉々哈爾憲兵隊長「軍関係労働者供出状況ニ関スル件」(1943.7.7)。
24) 斉々哈爾憲兵隊長「訥河県ニ於ケル軍用労務者ノ緊急供出ニ伴フ動向ニ関スル件」(1943.6.28)。
25) 薙寧憲兵隊長「党与逃走軍工事就労工人ノ逮捕取調ノ件」(1943.6.2)。
26) 牡丹江憲兵隊長「供出労働報国隊員党与逃走手配ニ関スル件報告」(1943.9.2)。
27)「東安憲兵隊命令」(1943.10.1)。
28) 孫呉憲兵隊長「軍供出労働者帰還状況ニ関スル件」(1943.10.29)。
29) 孫呉憲兵隊長「軍工事就労供出工人ノ党与逃走ニ関スル件」(1943.12.15)。
30) 孫呉憲兵隊長「軍工事苦力ノ党与逃走ニ関スル件」(1943.12.21)。
31) 海拉爾憲兵隊長「軍関係工事労務者ノ党与逃亡ニ関スル件」(1943.7.2)。
32) 海拉爾憲兵隊長「食料不足ニ依ル伐採労働者ノ動揺ニ関スル件」(1943.12.17)。
33) 新京憲兵隊長「軍直傭労働者供出ニ伴フ反響ニ関スル件」(1943.7.2)。
34) 間島憲兵隊長「労務者供出状況ニ関スル件」(1943.8.2)。
35) 哈爾賓憲兵隊長「部隊就労臨時労工強制募集ニ関スル件」(1943.9.28)。
36) 奉天憲兵隊長「補給廠就労ノ供出労務者ノ実情ニ関スル件報告」(1944.11.8)。
37) 承徳憲兵隊長「軍用労工募集状況並之力反響ニ関スル件」(1943.9.21)。
38) 承徳憲兵隊長「緊急軍事用労工供出状況ニ関スル件」(1943.12.23)。
39) 錦州憲兵隊長「軍用労務者緊急供出状況」(1944.5.31)。
40) 民生部大臣・治安部大臣「輔導及保護工人取扱ニ関スル件」(1942.9.9)。
41) 民生部次長・治安部次長「輔導及保護工人取扱協力方依頼ノ件」(1942.9.9)。
42)「関東軍命令」(1943.6.5)。
43) 奉天憲兵隊長「輸送中ノ輔導工人逃走状況ニ関スル件報告」(1943.7.14)。
44) 東寧憲兵隊長「特殊工人党与逃走ニ関スル件」(1943.6.28)。
45) 東寧憲兵隊長「陣地構築作業就労特種工人ノ党与入蘇未遂事件ニ関スル件」(1943.7.13)。
46) 東寧憲兵隊長「特種工人ノ状況ニ関スル件」(1943.7.5)。
47) 奉天省労務興国会「昭和製鋼所に於ける満系労務者の輔導に就て」(『満鉄與労工』第二輯 3 巻) 143 頁。

48) 警務総局長発奉天省警務庁長宛「軍用特種工人ヲ事業体ヘ移管ニ関スル件」(1943.10.14)。
49) 孫呉憲兵隊長「特殊工人移管状況ニ関スル件」(1943.10.28)。
50) 孫呉憲兵隊長「特殊工人移管状況ニ関スル件」(1943.11.9)。
51) 奉天憲兵隊長「軍使用特殊工人ノ地方側移管状況ニ関スル件報告通牒」(1943.10.26)。
52) 治安部警務司「集団逃走特殊労務者ノ処置ニ関スル件」(1942.4.7)。
53) 奉天憲兵隊長「撫順炭鉱就労特殊工人ノ党与逃走状況ニ関スル件報告」(1942.5.4)。
54) 警務総局長発関東憲兵隊司令官宛「撫順炭鉱ニ於ケル軍移管輔導工人ノ就労状況」(1943.11.26)。
55) 『満鉄與労工』第二輯3巻, 143-165頁。
56) 前掲, 解詩学, 105-106頁。
57) 「輔導工人使用業者別実態調査表」「保護工人使用業者別実態調査表」(1945.3末)。

あとがき

　本書は，科学研究費基盤 B 海外学術調査「南満・中東鉄道沿線の社会変動と人口移動に関する史料調査研究」（代表芳井研一，2005 年度〜2007 年度），および同基盤 B 海外学術調査「戦時期南満州鉄道沿線の社会変容」（代表芳井研一，2008 年度〜2011 年度）の成果に基づいて，「南満州鉄道沿線の社会変容」を解明することを目的とした。

　本論文集の執筆者は，本海外学術調査に代表者と分担者として参加した研究者，および本調査に直接・間接協力した研究者である。本課題研究の中国における泰斗である曲暁範は，人文学部と学術交流協定を締結している東北師範大学歴史文化学院の教員である。武向平は，吉林省社会科学院満鉄資料館の副館長であるが，人文学部に一年間客員研究員として滞在した間に同課題についての共同研究を行った。殷志強・宋芳芳・陳祥は，いずれも新潟大学大学院現代社会文化研究科博士後期課程に在学している間に本課題に協力し，関連の研究成果を発表した。井村哲郎は本課題の研究分担者である。

　本研究の目的は，アジア太平洋戦争期までの南満・中東鉄道沿線の社会変動と社会変容を歴史的に分析することにあった。本書では，それらの成果のうち「南満州鉄道沿線の社会変容」に的をしぼり，3 つの側面から検討することにした。

　もとになった論文は以下の通りである。

　　序章　芳井研一「山東省から「満州国」への労働力移動」（環東アジア研究センター年報，1 号，2006 年，103-115 頁）

　　第 1 章　芳井研一「満蒙問題の現出と洮索・索倫沿線の社会変容」（環日本海研究年報，14 号，2007 年，78-103 頁）

　　第 2 章　曲暁範「瀋陽・吉林鉄路の建設と 1920 年代奉天，吉林両省東部地域の都市化」（環東アジア研究センター年報，5 号，2010 年，34-51 頁）

第３章　井村哲郎「満鉄の北鮮港経営」(環日本海研究年報, 15号, 2008年, 117-138頁。「村上義一文書に見る北鮮鉄道・港湾建設──満鉄の北鮮港湾経営・再論」環東アジア研究センター年報, 7号, 2012年, 57-70頁)

第４章　武向平「19世紀末～1920年代の長春都市形成」(環東アジア研究センター年報, 5号, 2010年, 52-64頁)

第５章　殷志強, 九・一八事変以前の奉天市内交通整備問題, (環東アジア研究センター年報, 5号, 2010年, 65-77頁)

第６章　宋芳芳「日本租借地時代における大連華人の社会的生活基盤の形成」(環東アジア研究センター年報, 5号, 2010年, 97-110頁)

第７章　陳祥「「満州国」統制経済下の農村闇市場問題」(環東アジア研究センター年報, 7号, 2011年, 78-91頁)

第８章　芳井研一「「満州国」期の労働力強制動員」(環日本海研究年報, 13号, 2006年, 70-93頁)

　本研究課題に沿った成果は, 他にも多々ある。研究分担者のサヴェリエフ・イゴリ, 塚瀬進, 児嶋俊郎, 小林元裕, 広川佐保の研究成果については, 環東アジア研究年報の1～7号, 環日本海研究年報の14～19号等を参照されたい。国際ワークショップは, 毎年開催した。毎週水曜夜の報告と討論は, 時には4時間を超えた。たび重なる修正や改訂を踏まえて, 本書は成立した。

　その結果として本書は, これまでの東北地域史研究や満鉄史研究, 日本の植民地支配史研究ではほとんど見られなかった新たな枠組みに沿って問題を解明した実証的成果となった。今後の関連研究発展のための基盤的成果を提供するという当初の目的に沿ったものであり, 望外の喜びである。

　本書がなるまでに, 多くの人々にお世話になった。海外学術調査先の吉林省社会科学院満鉄資料館, 吉林省档案館, 遼寧省档案館, 社会科学院近代史研究所図書館を始めとする, 多くの資料保存機関のスタッフから温かい支援を頂いた。北京大学の徐勇氏などからもご協力をいただいた。それらによって遅々としてではあるが何とか作業を続けることが出来たことに深く感謝したい。

あとがき

　本書の刊行にあたって，知泉書館社長の小山光夫氏から多大のご支援を得たことにお礼したい。また本研究を厳しくチェックしていただいた本研究叢書の編集を担う研究推進委員会と，長年の研究活動を支えていただいた新潟大学人文学部のスタッフに深く感謝する。

　　2013年3月

芳井　研一

執筆者紹介

芳井研一
1948 年，石川県生。新潟大学大学院現代社会文化研究科・人文学部教授。1975 年，一橋大学大学院社会学研究科単位修得退学。博士（社会学）。日本近現代史，地域社会形成論。『環日本海地域社会の変容』（青木書店，2000 年），『「日本海」という呼称』（新潟日報事業社，2002 年），『近代日本の地域と自治』（知泉書館，2008 年）他。

曲　暁範
1955 年，中国吉林省生。東北師範大学歴史文化学院中国史教授。1988 年，東北師範大学歴史系卒。歴史学修士。中国近代史，中国東北都市史，中外関係史，交通社会史。『近代東北都市的歴史変遷』，『吉林省志・僑務志』，「近代遼河航運業的衰落與沿岸城鎮的変遷」（『東北師大学報』1999 年第 4 期），「満鉄附属地與近代東北城市空間和社会結構的演変」（『社会科学戦線』2003 年第 1 期），「1938 年日蘇張鼓峰事件新論」（『東北師大学報』2012 年第 5 期）他。

井村哲郎
1943 年，富山県生。国際日本文化研究センター・特任教授。京都大学文学部卒。満鉄調査部史，日本殖民地史資料論。『史料　満鉄と満洲事変　山﨑元幹文書』（アジア経済研究所図書館編，岩波書店，2011 年，2 冊，加藤聖文氏とともに編集協力），『満鉄調査部と中国農村調査　天野元之助中国研究回顧』（不二出版，2008 年，天野弘之氏と共編）他。

武　向平
1974 年，中国吉林省生。吉林省社会科学院日本研究所副所長兼満鉄資料館副館長。2008 年東北師範大学歴史文化学院博士課程修了。博士。近現代日本外交政策史，満鉄史。「日徳意蘇「四国同盟」構想及演進述考」（『東北師範大学学報（哲学社会科学版）』，2012 年第 6 期），「1936-1941 年日本対徳政策及影響」（『世界歴史』2010 年第 1 期），「満鉄対満鮮歴史地理的「調査」及実質」（『社会科学戦線』2011 年第 8 期）他。

殷　志強
1981 年，中国湖南省生。首都師範大学専任講師。2012 年，新潟大学現代社会文化研究科博士後期課程修了。博士（文学），植民地都市史，近代日中関係史。「「満洲国」期における奉天の社会変容」（『環東アジア研究センター年報』7 号，2012 年），「1920 年代における奉天市電車敷設をめぐる曲折」（『現代社会文化研究』53 号，2012 年），「日中戦争期における奉天市民生活の実態」（『環東アジア研究センター年報』6 号，2011 年）他。

宋　芳芳
1979 年，山東省煙台市生。北京航空航天大学思想政治理論学院専任講師。北京大学歴史系大学院修士修了。2010 年，新潟大学大学院現代社会文化研究科博士後期課程修了。博士（文学）。近現代中日関係史。「「日満支ブロック」下の大連港」（『現代社会文化研究』No.45，2009 年），「日中全面戦争期における日本の中国海関支配政策と実施」（『環東アジア研究センター年報』7 号，2012 年）他。

陳　祥
1980 年，中国福建省生。中国安徽大学歴史系専任講師。2008 年，新潟大学大学院現代社会研究科博士後期課程修了。博士（文学）。日中近現代関係史，「満州国」史。「『満洲国』初期の農村租税公課に関する考察─北満地方を中心に」（『現代社会文化研究』48 号，2010 年），「「満洲国」地方財政に関する考察」（『現代社会文化研究』50 号，2011 年），「両次直奉戦争期間張作霖整合东北地方权力研究」（『东北史地』2012 年），「両次直奉戦争間張作霖整合東北地方權力研究」（『東北史地』，2012 年）他。

索　引

（本文中の「」に入っている用語については，カッコを省略した）

あ　行

赤塚総領事　　155, 156, 164
朝日新聞　　165, 241, 254
阿部守太郎　　43
安達県　　191, 196, 206
安東　　3, 21, 22, 62, 68, 92, 103, 126, 202, 210, 217, 214
安奉線　　22, 68, 149
阿爾山　　35-37, 55, 57, 59, 60, 63, 64
板垣征四郎　　16
井原真澄　　37, 44
鰮　　105-07, 111-13, 115, 116, 118-21
内田康哉　　98
内モンゴル東部　　7, 36, 37, 41-44, 49, 63, 64
内山清　　163
ウラジオストク　　7, 35, 37, 103, 113
裏日本　　92, 104, 105, 109
裏日本3港　　109
延海線　　91, 102
袁世凱　　45, 71
王永江　　19, 69, 72-74, 147, 156-58, 160, 161, 164-66, 171
王正廷　　51
鴨緑江　　68, 70
大倉喜八郎　　151
大倉組　　17, 18, 148-51, 154-56, 161, 163-71
大爺廟　　55, 56, 219
大庭柯公　　8
岡部牧夫　　4
落合謙太郎　　42

か　行

解学詩　　192, 209, 210, 235
海吉線　　10, 13, 15
海城県　　191, 194, 195, 197-99, 201, 202, 204, 206
海軍　　94, 97, 98, 126, 140
開原・海龍線　　45, 46, 69
街村経済統制委員会　　200
開原［県］　　50, 69, 87, 88, 191, 197
外務省　　4, 9, 10, 14, 15, 17, 32, 41, 43, 44, 47, 48, 52, 64, 148, 149, 155, 161, 163-66
海龍　　13, 45-47, 50, 67-69, 72, 75, 77-79, 82, 85, 87, 88
学生勤労奉公法　　216
樺甸県　　70
片倉衷　　15, 16
河北省　　30, 61, 217
上三峯　　96, 98, 100, 102, 106
川越茂　　9, 80
為替管理強化政策　　211
河野久太郎　　154, 166
川本静夫　　164, 169
関東軍　　15, 16, 26, 53, 60, 64, 72, 91, 99, 101-03, 119, 123, 125, 212, 218, 222, 227, 230, 233
関東軍特種演習　　119, 212
関東憲兵隊司令官　　212, 213
関東州　　27, 29, 117, 174-76, 178, 179, 185, 187
関東庁　　4, 30, 138, 159, 184-86
関東都督府　　48, 49, 139, 159, 174, 179, 185, 186, 241
寛城子　　18, 131, 132, 135-39, 145, 146
間島省　　27, 215, 226, 234

270　　　　　　　　　　　索　　引

吉海線　　68, 71, 72, 77-86
北日本汽船会社　　109
北満州　　36, 37, 40, 41, 51, 52, 64
行商人　　25, 182, 197-200, 203, 204, 207
曲暁範　　148
吉会鉄道　　9, 10
吉長道尹　　132, 144, 145
吉林　　5, 7-9, 15, 20, 27, 28, 31, 45-47, 50, 67-70, 72, 73, 77-85, 87-89, 137, 143-45, 194, 222, 235
吉林省　　7-9, 20, 27, 28, 31, 49, 61, 67, 68, 72, 73, 77, 79-81, 83, 84, 87, 144, 194, 213, 222, 223, 234, 235, 237
吉林黄旗屯　　84, 89
吉林省議会　　9
吉林地方政府　　81
吉長鉄道　　46
吉敦延長線　　91, 97, 98, 100
木村鋭市　　16
9.18事変　　85
義和団事件　　70
錦州［省］　　27, 47, 210, 213, 218, 227, 229, 230, 231, 234, 235
慶安県　　224
経済統制委員会　　194, 195, 200
京図線　　92, 103, 108, 123, 126
軽便鉄道　　8, 47, 48, 51, 96, 148, 149, 150
京奉線　　13, 46, 71, 72, 77
気比丸　　106, 121
興安東省　　62
興安北省　　55, 60-62, 230, 229, 243
好仁飛行場　　59
公定価格　　25, 192, 193, 196, 198, 199, 205
興農合作社　　195, 196, 198, 222
国家総動員法　　210
国際連盟　　175
黒龍江省　　38, 134
国境　　5, 8, 15, 30, 32, 35-39, 48, 57, 60, 63, 68, 70, 92, 102, 115, 135, 209, 212, 218, 222, 225-28, 232
国民勤労奉公法　　216
国民徴用令　　210, 238
五叉溝　　59, 62, 219
呼蘭　　213, 214
庫倫　　38, 48
葫蘆島　　13, 77, 103

　　　　　　　さ　行

西園寺内閣　　43
索温線　　5, 36, 37, 49, 53, 57, 59, 60, 62, 64
索倫　　36-38, 41, 49, 52, 53, 55-57, 59, 62-65
索倫線　　37, 52, 64, 65
山海関　　71, 211, 231
山城鎮　　20, 68, 75, 85, 87
薩摩商会　　148, 149
山東省　　25, 26, 30, 216, 217, 232
市政公所　　147, 157-60, 163, 165, 167-69, 171
莞市　　201, 203, 204, 206, 207
四洮線　　10, 12, 49
四平街　　12, 43-46, 48, 51, 99, 214
四平街・洮南線　　46
シベリア鉄道　　7
社会的生活基盤　　3, 4, 8, 10, 16-20, 22, 23, 30, 173, 174, 177, 179, 187
幣原［喜重郎］　　10, 12, 15, 22, 30, 168
松花江　　68, 70, 84, 88
省議会　　9, 80, 156, 164
商股　　74, 79, 80
城内区　　170
商埠地　　18, 70, 82, 131, 139, 143-46, 150, 157, 159, 163, 170
徐世昌　　143
昭和製鋼所　　233
小崗子華商公議会　　174, 177-85, 187
小崗子警察署　　180, 181, 184, 185
小崗子郵便局　　185
瀋海線　　10, 13, 14, 15, 20, 68, 87

索　引　271

瀋陽　5, 13-15, 67, 68, 73, 75, 80, 85, 87, 88, 148, 151, 153, 154, 156, 159
西安　20, 68, 74, 77, 85, 88, 237
西安炭鉱　237
生活自治　17, 32, 177
盛京時報　83, 157, 158, 162, 165
西崗華人社会　174, 179-82, 187
西崗商会　178, 184, 185, 187, 188
清津［港］　91-94, 96-98, 100-11, 113-19, 122, 126
西豊県　74
選挙権　18, 23, 174, 176-78, 181, 187
戦時海運管理令　119, 121
全満商工会議所連合会　31
曾有翼　147, 158, 163, 164, 169
曹外交次長　45-47
双河鎮　68, 82, 84, 88
総力戦体制　64, 209

た　行

大豆　85, 92, 104, 107, 109-11, 113-21, 123, 125, 134, 135, 137, 142, 182, 202
大石橋　21, 198
対ソ戦　10, 26, 30, 51, 53, 55, 64, 94, 103, 109, 125, 212, 213, 222
泰東日報　183
大陸日々新聞　163
大連港　7, 91-93, 102, 103, 109, 112, 114, 119, 123, 125, 127, 173
大連の公議会　173, 174, 177, 178
大連市　16, 17, 174-76, 178, 179, 181-84, 187
大連市商会　178
大連市制撤廃論争　175
大連ルート　91
拓務省　32, 96-98
竹中政一　162
打通線　10, 13
田中義一　14, 37
斉々哈爾　37, 45, 49-52, 62, 99, 143, 214, 215, 218-22, 225

中東鉄道附属地　24, 37, 64, 135
中東鉄道　3, 10, 12, 13, 16, 18, 23, 24, 31, 35-40, 45, 50, 51, 60, 64, 69-71, 103, 113, 127, 131, 133-38, 146
中日合弁馬車鉄道　148, 151, 169
中日商弁瀋陽馬車鉄道株式会社章程　151
中日奉天電車連絡運輸契約書　161
中露合弁東省鉄路公司合同章程　135
中露密約　71, 135
張学良　9, 19, 20, 91
張作霖　9, 19, 20, 41, 42, 50, 51, 53, 64, 67, 69, 72, 155, 157, 158, 161-63, 166, 167, 206
長春城　131
長春［市］　3, 16, 18, 22, 37, 40, 46, 47, 50, 52, 55, 71, 80, 88, 102, 103, 131-46, 226
長春庁　132, 133
長春商埠地　143-45
長春・大賚線　52
長春頭道溝商務会　141
長春満鉄附属地　137-43, 145, 146
趙璽巽　149, 151, 171
朝鮮軍　99-101
朝鮮総督府　91, 96, 98-100, 102, 105, 106, 118, 119
朝鮮族　197
朝鮮鉄道　96, 98, 99, 102, 123
朝陽鎮　67-69, 75, 77, 82-85, 87, 88
通帳切符制　195
通陽県　191, 194-96, 198, 201
塚瀬進　192
敦賀港　105, 125
鄭家屯　12, 43-49, 51
出淵勝次　164
電灯事業　19-22, 24
天図鉄道　9
洮安［県］　45, 49, 50, 55, 56
東安省　27, 28, 61, 222, 225, 231
統制配給機構　198, 207
東寧　229, 231, 232

索　引

東豊　　68, 77, 85, 87, 88
図佳線　　93, 103, 126
東三省交通委員会　　13, 15, 16, 67, 72, 79, 86, 165
東三省自治政府　　69
東三省政権　　7, 20, 31
洮昂線　　10, 12, 13
洮斉線　　10, 49, 51
洮南・索倫線　　52
洮南・熱河線　　46, 50
洮南府　　41, 43-47, 49, 50
東辺　　68, 70, 216, 217
東辺道開発会社　　216, 217
東北軍　　72
東北交通委員会　　15, 16, 77, 91
東方会議　　14, 51, 52, 53
東方通信　　155, 161, 165, 169
特殊工人　　30, 230-35
独ソ戦　　119, 212
訥河県　　202, 218-21
土地収用令　　93, 99, 100
土着資本　　192, 198, 201-04, 206
図們　　92, 96, 98, 100, 102, 103, 108, 126, 226
屯長　　195, 198, 200, 201, 220
敦図線　　99, 102, 103

な　行

中村大尉事件　　56
ナショナリズム　　7, 19, 173
新潟港　　92, 93, 104, 105, 109, 123, 125
新潟・北鮮航路　　116
二十一か条　　81
日満支経済ブロック　　118, 121
日露協商　　37, 41, 43, 44, 64
日露講和条約　　7, 37, 40, 138
日露戦争　　3, 7, 8, 35, 64, 70, 71, 91, 137, 138, 145, 147, 149, 170
日本海汽船会社　　116
日本海ルート　　7, 91, 92, 93, 105, 126
日本植民地研究会　　4

日本陸軍　　10, 36, 59, 64
寧古塔　　20, 31, 32
熱河　　27, 45-47, 50, 61, 210, 213, 218, 225, 227-29, 233,
ネルチンスク条約　　5
農村生活必需品配給機構調査　　191
農村土着資本　　198, 201
ノモンハン　　7, 36, 37, 55, 60, 64, 116
嫩江県　　225

は　行

配給統制機構　　192, 207
梅西支線　　68, 77, 78
拝泉県　　51
灰漠洞　　100, 102
ハイラル［海拉爾］　　23, 35-40, 45, 57, 60-62, 214, 218, 225
萩原守一　　148
白阿線　　64, 65
馬車管理章程　　153
ハルハ河　　36
哈爾浜　　16, 20, 22-24, 31, 50, 51, 91-93, 99, 107, 110, 125, 126, 135, 136, 146, 214, 215, 226, 227, 233
白狼　　59, 62
秦豊助　　98
林董外務大臣　　148
潘振麟　　158
磐石・海龍線　　78
磐石［県］　　68-70, 78, 79, 82, 84, 86, 88, 145
七道溝　　59, 217
浜江省　　61, 222, 223
馮玉祥　　51
福田雅太郎　　48
伏木　　93, 104, 109
撫順［炭鉱］　　21, 31, 52, 68, 75, 85, 233-35, 237
布施辰治　　32
船津総領事　　164-68
フランス公使　　174

索　引

フルンボイル　35-40, 53, 55, 64
北京条約　5
ペスト　38, 143
奉海線　10, 68, 72-87
奉吉線　72
鳳城県　19, 20, 217
奉直戦争　69
奉天軍　72
奉天交渉署　154, 155, 162, 167
奉天市　16-18, 21, 147, 155, 157-61, 163, 165, 167, 170, 171, 204, 227, 228
奉天市政公所　157, 158, 160, 163, 165, 167
奉天商務総会　148, 151
奉天市第1期電車路線　159
奉天市電車計画第1期　163
奉天省　7, 14, 18, 19, 21, 27, 28, 30, 61, 67-69, 72-75, 77, 81, 84, 87, 156-58, 161, 164, 166, 169, 194, 228, 234
奉天省議会　156, 244
奉天省政府　77, 161
奉天総領事館　81, 145, 171
奉天総領事　14, 42, 44, 47, 72, 80, 145, 148, 154, 161, 163-65, 169, 171
北安省　27, 215, 223
北鮮西部線　106, 118
北鮮ルート　92, 99, 103, 104, 121, 123, 125
北辺振興三カ年計画　110, 116
北満　7, 24, 32, 36, 37, 40, 41, 46, 49, 51, 52, 64, 92, 94, 103, 104, 106, 107, 109, 110, 112-14, 125, 126, 142, 213, 214, 228, 234
保護工人　230, 235, 237
輔導工人　217, 230, 234, 235, 237
牡丹江　27, 28, 61, 93, 108, 214, 221, 222, 231

ま　行

牧野外相　45
桝田憲道　175

松井慶四郎［外相］　163, 166, 167
松重充浩　173
松村高夫　209
満州国　3, 4, 16, 24, 25, 26, 30, 35, 53, 57, 60, 62, 178, 189, 191-96, 198, 199-202, 204-07, 209-12, 214, 216, 225, 230, 233
満州国為替管理法　211
満州国の5カ年計画　109, 115
満州国鉄道　102
満州国農産物専管法　118
満州国貿易統制法　118
満州に関する日清条約　13
満州産業五カ年計画　26, 209
満州事変　170, 178
満州里　23, 35, 38, 39, 45, 49
満州労工協会　29, 210, 211, 216
満鉄包囲網キャンペーン　5, 18, 31
満鉄附属地　18, 137-43, 145, 146, 178
満鉄奉天公所　161
満鉄奉天地方事務所　162, 165
満鉄総務部調査課　45, 49, 50
満蒙特殊権益　7, 18, 30
満蒙問題　42
南満州　3, 4, 18, 19, 22, 30, 33, 35, 37, 41, 49, 52, 127, 129, 169, 204
宮越正良　168
民生部　26, 216, 230, 233
民族資本　85, 134, 135, 144, 192
民族商工業　143, 145, 146
蒙蔵交通公司　47
モンゴル　7, 35-45, 47-50, 52, 55-57, 59, 60, 63, 64, 94, 131
モンゴル人民共和国　35, 36

や　行

山口十助　16
山座円次郎　45
ヤマトホテル　142
山本条太郎　14
山本有造　192

闇価格　192, 193, 196, 198-200, 204
闇市場問題　191, 192, 193, 196, 198
雄基［港］　92-94, 96-98, 100-05, 107, 108, 111, 113, 115, 117, 118, 120-22, 125, 126
雄羅線　98-102, 126
横地信果　32
吉川組　62, 63
芳沢［謙吉］　14, 155
吉田茂　14, 169

ら　行

羅津港　7, 92, 93, 94, 96-108, 110-12, 114, 116, 119, 121-23, 125-27
李鴻祺　148
李鴻章　71
龍江省　27, 38, 61, 134, 202, 218-20
柳条湖事件　13, 15, 21, 22, 31
遼河　19, 48, 69, 134, 137
糧穀管理法　118
糧棧　134, 138, 139, 192, 195, 196, 201-03
遼寧省　19, 84, 134, 209, 235
遼陽市　206
旅大租借条約　135
李力　209
流民　25, 133, 137
労働報国隊　63, 216, 222
労働統制法　210, 215, 216, 226
労務興国会　215, 216, 228
盧溝橋事件　26
ロシア　3, 5, 7, 8, 16, 18, 23, 24, 35-42, 45-47, 51, 60, 64, 70, 71, 74, 85, 92, 131, 135-38, 140, 143-46, 170
ロシア商人　137

〈新潟大学人文学部研究叢書9〉

〔南満州鉄道沿線の社会変容〕　　　　　　ISBN978-4-86285-150-5

2013年3月25日　第1刷印刷
2013年3月30日　第1刷発行

編　者　芳　井　研　一
発行者　小　山　光　夫
製　版　ジャット

発行所　〒113-0033 東京都文京区本郷1-13-2　株式会社 知泉書館
　　　　電話03(3814)6161 振替00120-6-117170
　　　　http://www.chisen.co.jp

Printed in Japan　　　　　　　　　　　　印刷・製本／藤原印刷

新潟大学人文学部研究叢書の
刊行にあたって

　社会が高度化し，複雑化すればするほど，明快な語り口で未来社会を描く智が求められます。しかしその明快さは，地道な，地をはうような研究の蓄積によってしか生まれないでしょう。であれば，わたしたちは，これまで培った知の体系を総結集して，持続可能な社会を模索する協同の船を運航する努力を着実に続けるしかありません。

　わたしたち新潟大学人文学部の教員は，これまで様々な研究に取り組む中で，今日の時代が求めている役割を果たすべく努力してきました。このたび刊行にこぎつけた「人文学部研究叢書」シリーズも，このような課題に応えるための一環として位置づけられています。人文学部が蓄積してきた多彩で豊かな研究の実績をふまえつつ，研究の成果を読者に提供することを目ざしています。

　人文学部は，人文科学の伝統を継承しながら，21世紀の地球社会をリードしうる先端的研究までを視野におさめた幅広い充実した教育研究を行ってきました。哲学・史学・文学を柱とした人文科学の分野を基盤としながら，文献研究をはじめ実験やフィールドワーク，コンピュータ科学やサブカルチャーの分析を含む新しい研究方法を積極的に取り入れた教育研究拠点としての活動を続けています。

　人文学部では，2004年4月に国立大学法人新潟大学となると同時に，四つの基軸となる研究分野を立ち上げました。人間行動研究，環日本海地域研究，テキスト論研究，比較メディア研究です。その具体的な研究成果は，学部の紀要である『人文科学研究』をはじめ各種の報告書や学術雑誌等に公表されつつあります。また活動概要は，人文学部のWebページ等に随時紹介しております。

　このような日常的研究活動のなかで得られた豊かな果実は，大学内はもとより，社会や，さらには世界で共有されることが望ましいでしょう。この叢書が，そのようなものとして広く受け入れられることを心から願っています。

2006年3月

新潟大学人文学部長
芳 井 研 一